未名湖畔大师谈

上

# 演讲

主　编　陈永利

中国人民大学出版社
·北京·

# 目　录

# 韦伯论儒家思想的评析[①]

林毓生*

各位女士、各位先生：

我很高兴能到这儿与大家共同讨论一些大家都很关心的问题。我今天想向大家报告的是一个十分具体的问题。10 年以前，我在北大哲学系曾讲过关于韦伯的课，所以我知道至少 10 年前韦伯在国内很受重视。10 年后我想国内对韦伯应该有更深切的了解，因为韦伯的著作好几本也已经翻译成中文了，而且台湾地区翻译的在大陆也已经翻版了，所以关于韦伯著作的中文翻译版本也比较多了。但是，由于没有跟大家长期相处，不了解在座的各位对韦伯的了解到了一个什么程度，所以我准备用一个半钟头的时间讲一讲韦伯关于中国的研究。

韦伯不懂中文，也不是研究中国的专家。他是关怀他的问题，在关怀他的问题的范畴当中，写过印度，也写过中国。他是用他的观点来研究非西方文明。并且韦伯于 1920 年就故去了，所以他引用的西方关于中国的许多材料不一定很准确。但是，由

---

① 本文为林毓生先生 1999 年 5 月 6 日在北京大学社会学人类学研究所所作的学术报告，由刘玉照根据录音整理而成，并作了简单的文字处理。

* 林毓生：原籍山东，1934 年生于沈阳，1958 年毕业于台湾大学历史系，1970 年获芝加哥大学社会思想委员会哲学博士学位，后在哈佛大学东亚研究中心从事博士后研究并任弗吉尼亚大学访问助理教授，1970 年开始执教于威斯康星大学麦迪逊校区历史学系。著有《中国意识的危机》《中国传统的创造性转化》《政治秩序与多元社会》等。

于思想比较深刻，他关于中国的很多意见还是很值得参考的。大家都晓得韦伯是20世纪最伟大的社会学家，至少我认为比涂尔干等人要更重要、更有原创性。现在大家都知道韦伯是社会学家了，但是他从来不认为自己是社会学家，他最初接受的训练是历史学训练，但是他这个历史也不是普通的历史。当然韦伯就是韦伯了，很难用什么符号来表示。他受的基本训练是史学的训练，他的博士论文是研究罗马经济史方面的东西，但是他的关怀不是一个普通的、一般意义上的历史的关怀。这一点我为什么特别要向各位报告呢？就是因为他的比较分析、他的理论上的贡献有很强的史学上的背景，虽然他本身不是一个普通的史学家，但是我觉得这是提高他理论的深度的一个资源。涂尔干也是一个很尖锐的社会学家，是社会学的 founder fathers 之一。涂尔干也非常 brilliant，但是他的理论深度很难与韦伯相比。韦伯研究中国是从他自己的观点来研究，并且有那么多的限制，所以在西方的中国研究中，有的认为韦伯影响很大，有的认为没有什么影响。认为他影响很大的有点牵强附会。比如，我看到有本中国香港或台湾的中文著作，说前一段刚刚逝世的一个研究中国的哈佛大学教授费正清，受了韦伯的影响。但是，据我所知，费正清连韦伯的东西看都没有看过，所以这就是这位作者自己想象的了。据我几年在国外研究中国史的经验，韦伯对西方研究中国这个行当并没有太大的影响，而且西方研究中国的专家们，包括英国的、法国的、德国的等，大部分都没有看过韦伯研究中国的东西——当然可能看过他研究西方的东西，那是另一个问题——西方研究中国这个领域，对于韦伯并不是很重视。有的也引用，那是因为韦伯很有名。西方对于韦伯的中国研究并不是很严肃，虽然关于韦伯的研究，西方社会学界开过几次会，也有些论文，但影响不大。

我为什么对韦伯特别有兴趣呢？原因很多。就我自己的分析，我认为中国文化方面基本模式是一元式的，以思想文化解决问题。这是我自己的一些研究结论。韦伯也认为中国文明基本上是一元的，所以我就要参考一下他的思想。我过去对韦伯关于西方的说明做了相当多的研究，因为我的老师辈都非常重视韦伯。比如，阿伦特——一个非常杰出的政治思想家，在一本书中说：西方文明变成今天这样，当然有个历史的过程。西方文明为什么变成这样？是什么样的原因使西方文明变成这样？它将来蕴含的可能性是什么？是自我毁灭呢，还是越来越好呢？阿伦特说，从历史的观点来了解西方文明的特质，关于这个问题，只有韦伯在《新教伦理与资本主义精神》这本书里提出了对于这个重大问题的相应的重大解答。解答得对不对，可以讨论，但是对于西方资本主义的起源、走向以及可能产生的各种问题等重大问题，也就是“以经济为主导的西方文明中表现出的一种历史性的特性是什么”，这个问题当然很重大了——作出一个深刻性的回答，只有韦伯这本书。我基本上同意我老师的这句话。

我研读韦伯很多年了，也正是芝加哥大学社会思想委员会这样一种学术气氛使我觉得韦伯很有意思。我是1960年到芝加哥大学社会思想委员会的，当时是秋天，注册以后，因为一个礼拜后才开课，我就到大学书店去看书。后来碰到几个朋友，都提到韦伯，我就把韦伯的书拿来看。我看了几十页，大概有二三十页吧，我全身衬衫都湿了，震动得使我觉得惭愧，惭愧到使我浑身发汗。为什么？因为我不知道谁是韦伯。我从（中国）台湾来，那时老师告诉我罗素最重要，我就发奋一年念了10本罗素的书。自以为了解了西方文化。但是当我到芝加哥以后才发现，对于西方人了解西方最重要的资源之一，我连听说过都没有。真是惭愧得无地自容。我为什么会有这种感觉呢？因为看了二三十页韦伯的书后，觉得真是深刻。相对来说，罗素就不必上场了，层次太不一样了。

现在我就给大家报告韦伯关于中国的分析。首先给大家报告一下他的出发点。他觉得世界的文明有两种：有一种叫悲剧性文明，有悲剧意识；有一种文明没有悲剧意识。举例来讲，日本文明就没有悲剧意识，古埃及文明也没有悲剧意识，并且大部分受了巫术影响的文明，好比墨西哥的印加文明，悲剧意识极弱。世界上有悲剧意识的文明，无所谓高级、低级，有一个共同的特性，就是都达到了哲学上的突破。什么是哲学上的突破？哲学上的突破基本上要达到两个条件：第一个就是达成一种 universalistic principle，即具有普遍性的一种原则，它超越时间，超越地域，超越各种人。好比说人应该诚恳，不管你是帝王也好，穷人也好，所有人都应该诚恳，而且诚恳不是骗人的，必须对诚恳负责。第二个是 accountable，交代，就是必须对应用这个原则以后产生的结果负责。有了这个原则以后就要有个交代，没有交代就是假的、是骗人的。普适原则超地域、超时间，必须有结果，对结果有交代。

那么为什么有悲剧意识呢？因为产生了两个世界。悲剧意识的兴起必须有两个世界，没有两个世界，不可能有悲剧意识。哪两个世界呢？一个是超越世界，永恒的世界；另一个是不永恒的、属于时间的、欲世的世界。超越世界，超越时间、地域、肤色，假如这个原则适用于所有人的话，你承认了这个原则，就要有个交代。这就会与俗世的世界产生一个极大的落差。当你为永恒世界的永恒的普适原则所启发，你如果认同了这一世界，自然就会发现你所生活的这个世界，你个人或一些相关的人都 for short of your attention。你认同了这一原则，可是你永远达不到。因为这个原则是十全十美的，而人不可能十全十美。比如你想做一个最好的父亲，但你永远达不到成为一个最好的父亲的目标，所以就产生一个落差，好比两个山之间有一个山谷一样，永远跨不过去，那个更高，永远在那，这个更低，永远在这。于是你说：算了罢，管它高不高的，把它扔掉算了。但是人很奇怪，总忘不掉。既然那个超越原则是对的，那么就要努力达到，但是你又永远达不到，于是就会产生悲剧意识，而这个悲剧意识是界定高度文明的一个条件。韦伯认为，西洋资本主义文明之所以兴起，除了物质条件已经配备以外，还有一个精神思想的因素，带领西方突破了原来的经济组织和经济生活，产生了新式的产业革命式的资本主义。资本主义有两种，一种是 commercialism，另一种是 industrialism，韦伯说的是 industrialism。想赚钱的人，每个社会都有，出现在各个文明之中。但是为什么西方人在 16 世纪末、17 世纪初产生了一个突破？大家都喜欢赚钱，但是西方人特别能赚钱、特别有效率。我们中国文明在 8 世纪～14 世纪是世界上最伟大的文明，在经济发展上，主要是 capitalism 和农业；并且在技术方面中国文明都走在其他文明的前面。在资产阶级革命之前我们是最强大的文明，而正是在西方实现 industrialism 的时候中国停滞不前了。这时，西方在社会结构等方面超越了中国。到了 19 世纪，西方已经进步很多，而中国还停留在工业革命前期。

韦伯讲现代资本主义的起源，他分析的结果是与新教改革关系很大。新教改革当然有很多派，韦伯认为主要是两派：一派是路德教派，一派是加尔文教派。路德教派产生一种“天职”的观念，就是不管你生在什么地方，不管什么原因，比如我是一个公共汽车司机，如果我相信路德教派，我就觉得作为一个司机而为市政府做事是神圣的，specialization discipline 已经是现代社会的一个特色了。虽然路德教派对资本主义作了很多贡献，包括天职观念，但是要实现突破，路德教会不可能，受路德教会影响的人也不可能。为什么呢？因为路德教派还有神秘主义，还可以把自己的痛苦跟上帝讲，因此，人间的 tension 不会那么大。因此，韦伯说真正的突破来自加尔文教派。

加尔文教派之所以能突破，最主要的一点就是加尔文教派受了《旧约》的影响，发扬《旧约》的精神，而《旧约》最主要的就是对先知的提升。《旧约》讲，公元前 8 世纪出了一些先知，这些先知产生、出现以后，代表上帝讲话，使得这个世界变得没有意义。路德教会的人们不可能把这个世界变得没有意义，你去祷告上帝，可以跟上帝沟通；你是现世界的人，你跟上帝去祷告，上帝可以听到你。既然作为现世的人可以跟上帝沟通，现世就不可能没有意义。但是加尔文教派认为现世没有意义，意义只是来自超越界，并且我们不可能知道超越界的什么东西，只有先知代替我们知道意义是什么东西，然后告诉我们。这是加尔文教派逻辑上最主要的特色。为什么加尔文教派有一个突破性呢？加尔文教派的突破性来自下面的逻辑。

假若我们都是相信加尔文教派的教徒，加尔文教派的教义就是这样的：第一点，绝对的超越界，就是上帝在超越界，上帝代表永恒。第二点，上帝真正的意思，你们并不能完全了解。我们相信上帝，但是我们并没有办法完全了解。从人间来讲，这是一个最不合理、最不人道的东西；但是从历史影响来讲，这里面却产生了一个最深刻的东西，产生了最深刻的影响。加尔文教派根据《旧约》的教义，认为我们虽然是基督徒，相信基督，但是我们将来是否能够得到拯救是由上帝决定的，而不是由我们自己来决定。在我们出生之前，上帝已经决定了将来你是上天堂还是下地狱，但是我们不知道。我相信这个事，但是对于我将来是上天堂还是下地狱，第一我不知道，第二也不能完全由我来决定。从中国的观念来讲，世界上还没有比这更不合理的事，但是根据韦伯的分析，正是这个教义导致了加尔文教派对于经济组织产生了突破，这是产生近代经济组织的精神力量。当然你可以不相信加尔文教派，但是问题是刚好历史上有一批人相信加尔文教派，他们不相信其他的，连路德教那一派都不相信，他们就相信加尔文教派。加尔文教派告诉他：你将来是否得到拯救，在你出生之前上帝就决定了，但是你自己不知道。结果会怎么样？这种人就会产生一种极大的紧张、极大的困惑。当然这张力来自你的信仰。那么在生活的层次怎么解决这种紧张呢？根据韦伯的分析，就是你要使你变成上帝的奴仆，你要用你现世的生活来光耀上帝、来增强你的信心，这种信心是上帝的赠予。你虽然不知道将来是否会上天堂，但是作为人，你要把自己变成上帝的奴仆来光耀上帝。在现世中努力做事，得到一些成就，这种成就使你觉得比较有信心。你的信心在加尔文教派看来就是上帝的一种赐予。在现世层次上，就是靠这种信心来对付你的精神危机。

当然，这是很粗浅的一个逻辑了，不晓得你们能否用想象来理解这一逻辑。我举另一个例子，好比你相信加尔文教派，你内心中就会产生一种非常强烈的寂寞和孤独感。这种寂寞和孤独感，你的家人、朋友没有办法给你消除，因为作为加尔文教派来讲，你现世的关系是没有意义的，换句话说，你跟你的朋友、家人之间的这种现世的关系是非常 limited、非常有限的一种关系，没有永恒的意义。唯一永恒的意义来自上帝，而你与上帝又没有办法沟通。加尔文教会不许人祷告，但是你相信。古代有很多教派，拜太阳的，拜蛇的，拜树的，但是相信《旧约》的先知以后，这些都变得没有意义了，所有的世界都不迷人了。你拜一个石头，就是因为石头迷人吗？但是你相信加尔文教派以后，石头就是石头，因为超越界的上帝是唯一意义的来源，所以不是上帝就一切都没有意义。假如你相信这一点，现世的各种关系都是没有太大意义的，而你对于有意义的事情又没有办法沟通，你想一想这苦不苦？人世间最苦的一种人就是相信加尔文教派的基督徒，心里面最苦，最寂寞、最孤独。这种苦怎么承担呢？怎么解决这种苦？唯一的解决办法就是到个人的外面世界去努力工作，产生一种成就感。你在世界上有了成就以后，这种成就本身是一种荣耀。正是这种最不合理的张力，这种 tension，促使加尔文教派的人去征服世界。资本主义为什么在西方出现了突破？就是因为只有西方有这么不合理的东西，而就是这个不合理的东西产生了一种新的东西，韦伯叫 rationalism。理性有两种：一种是工具理性，一种是价值理性。价值理性是真善美，真善美不需要其他的东西来替它解释，本身就可以解释。如果是真正追求真、真正追求善、真正追求美的话，不需要其他的说明，本身就行了。这就是价值理性。什么是工具理性呢？工具理性就是要用理性来作基础，达到你所要达到的目的，就是要采用最好的手段来达到你的目的。目的可能不是很理性，可能不是真善美，不是价值理性，但是你为了达到目的，必须根据理性采用最有效的手段，根据这种最有效的手段达到自己的目的。韦伯把它叫作工具理性，即用理性产生最好的工具，用这个工具达到你的目的，至于目的合理不合理它不问。这就是工具理性。韦伯说，加尔文教派这种最不人道、不理性的东西，却产生了最强的理性、最强的工具理性、最有效率的工具。这种工具是干什么呢？赚钱，最好的赚钱的办法。根据韦伯的分析，现代资本主义是一个最不理性的东西，但是来自最理性的工具。韦伯认为现代资本主义是一个铁笼，使人间没有意义。我个人认为这与韦伯比较有悲剧意识有关。有悲剧意识不一定能解决问题，但是看得比较深。换句话说，韦伯对于现代文明，基本上是相当悲观的。我对此比较容易认同。资本主义来自17世纪的突破，来自一种精神文明，这种精神文明促成一种工具理性，工具理性使人第一找不到意义，第二自我毁灭。这是韦伯的一个悲观的看法。我觉得这种悲观意识是比较合理的，是可以接受的。举个例子，人作为一种动物，我们是什么、来自什么不知道，将来走到哪里也不知道。我们就这么生了，100年之后，或90年、80年以后完了。但我们有一个特色，跟动物不一样，就是容易组织起来，还有一种思辨能力，这不是一种动物本能。按理说，有组织、有思辨能力应该搞好啊，但是我们产生了一种资本主义，这种资本主义使得我们就好像背后有一种力量在推动我们，要效率，要赚钱：你能赚钱，我比你还能赚钱；你有效率，我比你还有效率。讲究效率产生什么结果呢？过去我们人类没有汽车，最多自行车就很好，现在有了汽车，汽车就要用石油，造成污染，而石油又从哪里来的呢？是几十万年前埋在地下的，用完了怎么办？再比如吃汉堡、吃牛肉，可是因为吃汉堡养牛，把中南美的原始森林已经毁坏得差不多了。我们说要有效率，但是资源就完了，将来大地反扑，大地就完了。完了就完了，这就是自我毁灭。人们不知道为什么，就觉得有个机器在往前推：我就跟着走，你有汽车我也有汽车，没有什么理由的。资源用完了，最后就自我毁灭了。这种力量是一种非常不理性的力量，但却是最理性的效率，而且没有一个人可以控制得了：开会没有用，口号也没有用，国际会议也没有用，什么也没有用。大家就是往前走，把资源都毁掉了。

韦伯对中国的分析是怎么回事呢？韦伯认为，中国传统的文化，尤其是儒家思想，为什么没有产生西方式的有实质性的突破，没有产生现代资本主义的经济组织和生活方式？西方产生这种有效率的文明，产生世界上最大的一个 power，是因为它有个突破，这种突破来自一种精神资源。加尔文教派虽然并不要求赚钱，但是这种精神资源的一个未预期的结果是产生了资本主义的文明。而中国没有精神资源使得传统的中国产生这种突破，所以尽管传统的中国在资产阶级革命之前很有效率，但是没有办法产生一种结构性的改变。为什么不能产生结构性的改变呢？因为中国的宇宙观主要是一元的，跟加尔文教派相比，儒家思想的核心是天人合一，人间世界是最好的世界，我们没有必要去想另一个世界来取代这个世界，我们所能做的就是去适应这个世界的要求。

韦伯的这个观点在学术界引起了很多争论，我认为他的这个观点不对。韦伯认为，因为中国的宇宙观是天人合一，人间世界是最好的世界，所以没有力量来指导你、促使你、命令你去征服这个世界。因为这个世界本身很好，唯一能做的就是适应这个世界，所以，韦伯说在中国不可能产生结构性的改变，因为结构性改变必须有一个放弃这个世界的前提，现在接受了这个世界，你唯一的可能就是适应这个世界，而不是要征服这个世界。不是利用更高世界的资源来征服这个世界，而是受儒家思想影响的人去适应这个世界、接受这个世界，所以不能产生结构性的改变。我个人看法有一点不一样：假若韦伯的语言可以在刚才我讲的这个层次来理解的话，那么韦伯对中国的了解不但是不足，而且有很多错误，必须修正。那么他有哪些错误和不足呢？从语言这个层次上理解，如果只有一个世界，那么逻辑上就应该接受这个世界、适应这个世界，但这是对儒家的误解，因为儒家思想里面也有一个超越界，也有悲剧意识。超越界是永恒的，现世界是不足的，所以要根据超越界来对付这个世界。相信儒家思想的人，并不是全部要求适应这个世界，而是有内部的超越界，根据对这个超越界的信仰来改变现世界。换句话讲，我们受儒家思想影响的人，并不是对现世中的所有东西都接受的。当我们发现这个世界的不公和不对时，我们有内在的资源使得我们对这种不公平进行批评，要求改善。这种资源我们有。比如我们认为什么不好，我们有资源要求进行改进，但是这种资源的表示方式没有像加尔文教派那样有力。为什么加尔文教派那么有力呢？根据韦伯的观点，正是因为加尔文教派不合理、不人道的缘故。而儒家思想不是这么怪，但是我们也有一个超越界和一个人间的世界，也有一种悲剧意识，“天”的观念就是代表了一个超越界。举例来讲，根据《诗经》的记录，周朝征服商朝以后，就采用了天命的观念。有人说这只是一种宣传的伎俩，是在征服商朝以后，周公为了 justify 自己的 conquer，搞一点政治的宣传罢了：为什么征服你呢？因为我比较有道德，所以我征服你是合理的。虽然可能有这么一面，但是天命的出现不能简单地化约为就是这件事。天命的意义是什么呢？天命的观念在思想史和宇宙观的层面上建立了一个超越界，它代表了一种哲学突破。因为作为一个胜利者，正是大碗喝酒、大块吃肉、神气得不得了的时候，哪有像周朝那样在征服了以后却搞得紧紧张张的，产生非常强的忧患意识，说：我这个胜利要小心翼翼，不好好搞的话，将来人家要征服你。这是很奇特的，也正是中国人文思想的黎明。我征服了你，我相信有一种天命。为什么这种天命给了我？因为有一个普遍性的原理，就是政治必须根据道德才具有合理性，要不然就是霸道。虽然拿你没有办法，但是你不合理、不正当。国内把 legitimacy 翻译成合法性是错的，不能这样用，因为 legality 跟 legitimacy 不一样，legality 是合乎法律但未必是正当，所以 legality 可以翻译成合法性，但 legitimacy 应该翻译成正当性，合乎法律的未必是正当的，legitimacy 就是天命。你现在用强权来统治我，但是未必合乎天命，将来肯定有一个更有道德的人来取代你，所以产生了一种哲学突破。妙就妙在这里。但是这种突破是一种内在突破，是一种内在超越而不是一种外在超越。“天”代表了一种超越。但是这种超越是一种内在超越。孟子说：“尽其心者知其性也，知其性则知天矣。”《中庸》说：“天命之谓性，率性之谓道，修道之谓教。”中国人认为：“天”是一种超越的东西，但是真正了解“天”，不必用先知。天这种超越的东西既不是属于你的，也不是属于我的。在西方，other 是一种彼岸的东西，是 beyond，是一种外在，真正的上帝、真正的永恒在那边。而中国不一样，经过了儒家思想的理性化以后，中国的天成了一种人的内在力量。孟子说“尽其心者知其性也”，这是内省的功夫，我们人会想，狗不会想。我们可以用内省的功夫来了解我们的人性是什么。而在西方，上帝告诉先知，先知告诉我，先知不是好好做人就可以变成的。《旧约》里面的先知是各种各样的，他本身没有意义，不是说一个人“修齐治平”，上帝就派他做先知。先知本身仅仅是个交通工具而已，先知自己不能决定自己是先知，是上帝选择了这样一个人，这与这个人好不好并不相干。但是儒家不是这样，任何人只要了解人性里的超越界，也就是儒家里面的义理之性，他就得到了道，成为一个 civilization。只要你发挥人性的光辉，你就发挥了“天”的光辉，发挥了超越界的永恒。“尽其心者知其性也”，所以只要了解了心中最好的东西，尽了最大的努力，你就知道了你的“性”是什么，当你知道了“性”之后，“则知天矣。”怎么了解“天”？内在了解人性就可以了，不要有先知。西方一个很有名的汉学家曾经写过一本书，叫 *The Trouble of Confucian*，他认为儒家思想里没有先知，但是有先知的声音，自己很得意。但是这位先生没有看过韦伯的书，认为韦伯说只有一种先知。实际上不是这样，韦伯认为先知有两种：一种叫作 ethical（伦理性的）先知，一种叫作 exemplary（模范性的）先知。韦伯说，周公、孔子、孟子也是一种先知，但是这种先知与《旧约》里面的摩西等先知是不一样的。西方基督教的先知是一种伦理性的先知：我是摩西，上帝跟我讲你们不能怎么样。我代表上帝讲话，传达上帝的意思，你必须服从。这里面有一种伦理性的要求、一种强迫性的伦理要求，你必须服从我代表上帝讲的话。换句话说，假如你相信我是先知的话，你就必须服从我代表上帝讲的话，上帝是超越的、永远对的。西方的先知，不管是好人还是坏蛋，你都必须服从。这里面有一个伦理的强迫性。因为我是上帝，绝对正确，你不能怀疑。这有一种外在的强迫性。儒家是一种示范性的先知，这种先知诉诸你个人的兴趣，而不是外在的强制性。孔子也好，孟子也好，周公也好，讲了一些话，但不是你必须服从，听不听取决于你自己。你心有戚戚焉，觉得有道理、受了启发，你就服从。如果你不相信孔子，也可以相信老子。孔子发现了一些有启发性的东西。为什么有启发性？因为你自己有困惑，所以中国的老师很重视学生的修养，注重内在的东西，所以才有程门立雪。但是这种内在超越的思想资源使你产生结构性改变的力量很弱。我们传统几千年，从来就没有产生一种思想可以作为结构性改革的主导性资源。韦伯表面上的意思我认为是错误的。假如接受了他表面上的意思，就会产生下面的结果，那就是我们是适应世界的，不合理的事情也要适应。但是实际上，中国也有悲剧意识，也有不合理的事情，也要改变，所以朱子说，“孔孟周公圣贤之道，未尝一日行于天地之间也”，意思是孔孟周公的道理，从来就没有一天在世界上实现过。换句话说，这些在超越界里也都是假的。韦伯的很多句子很容易产生误解，应该修正。

但是诚实地讲，在实际的（personal）层次上，我们的两个世界实际上是一个世界的两个层次，而不是两个世界。不是可以比附于加尔文教派的两个世界，我们没有一个真正的超越界。举例来讲，儒家认为人间是不公的，我们要从一个不公平、不合理的世界达到一个合理的、幸福的世界。从儒家这里，我们也得到一个十全十美的世界，没有不公，只有快乐和幸福。这个世界是什么呢？尧舜时代。也就是说儒家的超越界是人间性的，就是从现在的人间到一个可能的人间。但是，尧是一个人，舜也是一个人，并不跟我们不一样，只是他的 charisma 带领我们到了一个美好的社会，所以我们并没有一个真正超越的世界，不能产生一种结构性的改变。我们只能要求自己达到尧、舜的地步；我们不能产生一种想象力，使得我们突破这个世界，到达另一个世界。但是也不能认为西方是高级的，我们是落后的；西方有超越界，中国没有；西方有真正的悲剧意识，中国没有真正的悲剧意识，是骗人的悲剧意识。这是文化帝国主义观点，不能接受。中国的境界并不是假的，中国的先知先烈为了理想而作出的牺牲并不比西方差，问题在于我们的悲剧意识的性质是人间性的，是不能与西方相比附的。这就是一种限制，使得不能产生一种绝大的精神力量而形成一种突破。我们的不合理是人间性的不合理，不是一种宇宙性的不合理。换句话说，我们这种自我改造的能力，超脱自己的现世来达到一种结构性改变的资源相当有限。我很严肃地讲，根据韦伯的分析，中国革命几十年的结果，正反映了我们缺乏一种强大的精神资源来产生结构性的变革。根据韦伯的分析，我们两个世界的 tension 没有西方那么大，所以产生不出真正的力量来改变自己。至于什么乌托邦主义、为全世界造幸福，结果只不过是口号，自我陶醉而已，没有什么力量，结果是很糟糕的。如果我们不是为了否定韦伯，认为韦伯也没有什么了不起的话，他的这点思想资源还是值得思考的。我今天就讲到这里。

# 如何看日本[①]

孙歌[*]

同学们好！很高兴有这样一个机会，在这儿和同学们面对面地讨论一下我们大家都非常关心的“如何看日本”的问题。我不知道大家看到这样一个题目的时候如何想。其实呢，这个题目有两种解读的方式：第一种方式是我们把重点放在“日本”上，也就是说这个日本对我们来说是一个充满了不可解的未知数的对象，所以我们关心的是：日本到底是什么？为什么今年的中日关系会变成这样一个局面？日本为什么不能像德国那样向它在战争时期的被害国认错道歉？可是这个题目其实还有另外一种理解方式，就是“如何看”是重点。可能到目前为止，在我们思考中国和日本关系的时候，我们会觉得“日本”是一个关键词，因为我们觉得最希望了解的是这个日本到底是怎么一回事。但是我今天要讲的是另外一个层面的问题，就是如何去看这个我们看不清楚的日本。所以今天我要讲的是两个问题：第一个问题是历史的公共使用的问题，第二个问题是政治的公共使用的问题。这是一直

---

① 本文是2005年4月15日孙歌老师在《北京大学研究生学志》创刊20周年庆祝大会上所作讲演的录音整理。

* 孙歌：中国社会科学院文学研究所研究员，日本东京都立大学法学部政治学博士，曾任日本东京大学、美国华盛顿大学客座研究员，日本东京外国语大学、一桥大学、德国海德堡大学客座教授等。主要著作有《主体弥散的空间》《竹内好的悖论》《文学的位置》《我们为什么要谈东亚》《亚洲意味着什么》《求错集》等。

困扰着我本人的两个基本问题，我愿意在这里和同学们共享我个人的思考与困惑。

我现在先讲第一个问题，关于历史的公共使用问题。

我们都知道，历史既是客观的，也就是说它不以人的主观意志为转移，同时它又不是一个实在的东西，不是一个“在那儿”的物质存在。历史是一个流动的过程，这个流动的过程是依靠主体的介入方式，才能呈现出来的。所以，任何人想要接近历史，想要进入历史，都不能用直观的方式。我们举一个最简单的例子：大家都知道以史为鉴这样一个说法，在常识意义上来理解，以史为鉴就是把历史当成一面镜子，如果把这面镜子去照我们现在的社会过程的话，我们会发现有一些现象和历史惊人地相似。那么在这种情况下我们不多加以考虑什么叫历史的公共使用的问题的话，我们可能就会用一个简单比附的方式把一些历史的现象简单套用在当下的政治选择和社会过程分析里面。

比如说我们怎么看当下的日本。如果从日本这个日益右倾化的政府在今年（2005年）出台的一系列的决策，以及这些决策体现的政治决定这个方面看，那么我觉得恐怕有足够的理由说日本政治现在回到了“二战”之前、日本发动侵华战争前的那样一个状态。为什么这么说呢？是因为日本的右翼政府现在对整个国际的政治关系、对东北亚的政治结构缺少清醒的认识，对中国仍然有盲目的歧视和优越感。在这样的情况下它可以不顾联合国有119票否定了安理会常任理事国急于扩大的方案，不顾多数国家乃至联合国的安南秘书长对日本提出来的向邻国就侵略历史进行谢罪的要求，而继续推进右翼化的政策。现在日本又在以批准民间开采东海石油这样一个所谓的经济政策的方式直接向中国挑衅。如果我们仅仅从这样一个角度来看，我们恐怕有充分的理由来说日本现在回到了“二战”之前。当时的执政者不了解国际局势，贸然决定了举兵侵略中国。接下去又因为在中国他们无法收拾这样一场日益扩大的战局，又去向美国宣战，用转移目标这样一个方式把战争的难题无限拖下去。这是一个很愚蠢的自我毁灭的过程。日本似乎又回到了这种状态。

但是假如我们再考虑一下，先不用这样简单和直观的方式来套用，我们要用历史的眼光来分析历史和分析现状的话，我们就会发现这样的断言似乎有点简化。为什么呢？现在整个的国际局势和“二战”之前的国际局势是不一样的，而日本国内的政治结构也和“二战”之前的政治结构是不一样的。经历了那一场战争之后，在日本的现代史里发生了一些巨大的变化，我觉得这样的变化是我们在今天、在当下使用这段历史的时候不可以绕过去、不可以忽略掉、不可以假装它不存在的要素，而恰恰是这些要素的存在，使得今天的日本不再可能单纯地回到“二战”前的状态。

首先要向大家简单介绍一下，在第二次世界大战结束之后，在日本的整个社会进程和历史进程里面究竟发生了一种什么样的基本变化，基本的社会结构是怎样一步一步地走到今天的。大家知道，“二战”之后决定了东北亚历史起点的是一个法律性事件，那就是东京审判。我觉得很遗憾的就是中国的法律、法学界似乎还没有把精力集中到对这场审判的研究上，所以我们能够直接使用的资源非常有限。如果查一下现代史词典的话，我们可以看到的评价是，这场审判是由中国、美国、英国等一系列的反轴心国所进行的一场代表正义的审判。我们都知道这个审判是有些问题的，不过觉得问题不是主要的。但是事实上如果我们能够下一些功夫去看一下东京审判的资料的话，我们会发现，这一场审判是美国和英国操纵的以西方的价值标准所作的一场审判。在这场审判当中亚洲只有3个国家派出了代表，而这3个国家的代表在这场审判中的声音没有成为主要的部分，所以东京审判所审判的甲级战犯，他们主要的罪行是太平洋战争中的罪行，而主要不是在那之前的侵华战争中的罪行。至于日本对于朝鲜半岛的殖民统治，在这场审判里根本没有位置。

尽管这场审判也审判了日本在华罪行，比如南京大屠杀，但是我们也知道，对中国人民来说有切肤之痛的细菌战在这场审判当中完全被遮掩过去，细菌战的总头目石井四郎在这场审判里被免予起诉，因为他们所做的细菌试验的资料被美国据为己有了。后来的朝鲜战争、越战乃至伊拉克战争中，这些资料都不同程度地被美国使用。而且在这样的一场审判里面还赦免了事实上的甲级战犯，比如说岸信介。这个人被释放之后，自1957年开始连任两届日本的首相，他在1960年不顾日本国民的大规模反对，强行通过了日美安保条约。而且对日本人来说，有一个重要的制度性的结构，也是通过这个审判建立的，日本真正的战争的罪魁祸首昭和天皇在东京审判里没有受到起诉。大家知道，另外两个轴心国的战犯希特勒与墨索里尼在战败的时候都罪有应得，而日本天皇裕仁却在战后逍遥法外。

所以在这个意义上来说，日本战后史的起点不是一个真正的民族国家的起点，而是一个被美国直接操纵的起点。对于这样一个复杂的结构，我们很难给它一个准确的说法：它似乎是一个民族国家的历史，很快地拥有了自己的合法政权，但是同时它又不是一个真正意义上的独立的民族国家的历史。在这个结构里，日本最大限度地反向利用了美国的占领。这也是我要强调的。当我们用历史的眼光去看历史过程里的事件的时候，其实我们一直要有一个最基本的感觉方式，就是这个历史是由不同的立场、不同的力量关系构成的一个紧张关系的场域，在这个场域里面不断地由于它的紧张关系产生了一些对抗的效果，这些效果呈现为历史事件。我们需要透过历史事件去寻找其后的紧张关系，建立有流动感的结构意识。这种结构意识，我愿意把它叫作历史观念。日本的战后历史是一个锤炼我们历史感觉和历史观念的很好的媒介，我们可以透过这段历史的表象去研究它的结构关系。于是我们首先会看到的是，战后日本本土的左翼、右翼和保守势力或者中间势力，在他们的错综复杂的对抗关系中各自反向利用了美国的占领，并且试图把历史过程推向自己所希望的方向。

在东京审判之后，美国合法地占领了日本。我们知道到今天为止美国在世界上最大的军事基地就在日本，日本的最大军事基地就是冲绳。几年前海南岛发生的撞机事件，大家可能都还没有忘记，那个事件中的美国飞机就是在日本冲绳起飞的。所以对日本左翼来说，在战后初期他们的课题是利用美国的占领获得言论自由，从而合法对抗右翼政权，而接下来的课题就是把美国从日本的领土上赶出去，不让日本充当美国称霸世界的帮凶。对于日本右翼来说，依靠美国的保护为历届政府节省巨大的军费开支，不仅可以在朝鲜战争和越南战争中发战争财，而且可以在必要的时候依靠美国的力量在世界上推进他们变相的军国主义。日本政府给自己确定的国策是把自己变成一个经济大国，但是很长的一段时间内，由于日本没有合法的军队，不能够把自己设想为一个军事大国，也不能够把自己设计成一个政治大国，所以它一直在利用各种手段来推进所谓的经济发展，而且应该说，相对来讲，这个目的达到了。

我们知道日本一直到20世纪80年代末泡沫经济开始崩溃为

止，整个社会现代化的速度特别快，但是这个社会有一个最基本的问题，就是说如果作为一个独立的民族国家，不能够具有自己最基本的一些功能，比如说，不能够有军队，不能够有一部分法律上的权力，比如说不能够制裁在日本本土美军的犯罪，这是显性的问题。而隐性的问题是这个国家的许多决策是按照美国的意志作出的，比如派自卫队去伊拉克。可以说日本的政治自决程度是不够高的，所以有许多内外人士都在批评日本不是独立国家。一种看法认为，日本应该成为独立国家，这样才能在亚洲事务中承担责任。但是，反过来说，又有很多进步人士（也包括有良知的日本人）担心日本如果独立了会更危险，特别是现在日本的右翼在鼓动极端民族主义。所以人们感到这个独立的问题很棘手。比如说，日本的右翼近年来鼓吹否定东京审判，理由是美国操纵了审判，日本应该自己处理这场战争，但是他们的目的是为被制裁了的战犯翻案。左翼并不敢同样地批评东京审判中的西方中心主义问题，因为害怕跟右翼搅到一起。关于日本独立也是一样。在现行政府的控制之下，脱离美国操纵的日本会负起对于亚洲的责任么？所以有些日本人甚至无奈地说：日本不要独立，最好是毁灭。可见，依靠二元对立的思维方式，我们根本无法接近日本内部政治斗争的复杂性。

在这样的情况下，对于日本左翼来说，他们的国内政治斗争的主要问题其实还不是我们当下所关心的那些问题，比如说钓鱼岛，比如说“入常”，而是如何为了保卫东亚的和平和世界的和平，把美国，如果不能迅速地从日本赶出去，至少也要牵制美国在日本的这样一个军事部署，但是同时又要牵制日本右翼的极端民族主义。这是日本的民间进步势力从战后一直持续下来的一个最基本的斗争策略，这个斗争策略在不同的时期有不同的表现，其中最突出的一次事件发生在1960年。稍微知道一点日本史的人，都会了解，那个时候日本有一个大规模的群众运动，叫作“安保运动”，就是反对《日美安保条约》签署的这样一个民间的运动。那是日本社会上的一次真正意义上的民主主义的演练。

可能有同学就要问了：既然日本有那么多的和平运动和民间势力，为什么他们不能制止日本社会的右倾化？这是一个真问题，也是我们每个人要面对的问题。如果要给一个简单答案的话，我们得说日本的进步势力还不足以左右他们的右翼政府。但是这个答案没有意义。假如我们这样来回答的话，我们就会让战后那么长的一段历史失去了它存在的理由，你不能说每一段历史在过去之后一定要有一个“好的”结果，不能说只有与好的结果相应部分的努力才是有意义的。如果这样的话，历史和历史学都会变得极为简单，而我们也不可能从历史中学习到智慧。

那么我们现在要怎么对待历史呢？这里是北京大学，我们是以知识为业的公民，所以我要提的第一个建议就是，我们的工作可能会关涉到中国社会关于历史的公共使用问题。我建议有兴趣、有精力的同学，要更多关注历史过程本身而不是今天的一个简单的结论或者结局。如果我们去关注了那一段历史的话，我们会有非常不同的发言。比如说在那一段时间，日本有一些非常杰出的思想家，而这些杰出的思想家当时所面对的课题和我们今天面对的课题非常相似，比如说他们如何建立一部属于自己的保护日本民众的民主主义的宪法。日本战后的新宪法是由美国授意起草的，当时参加起草的一些人，甚至包括美国的一些女议员，曾经很羡慕地说，要是我们美国有这么一部新宪法多好啊。因为日本的新宪法规定了妇女享有和男性同等的权利，而美国的宪法在20世纪50年代的时候还没有这一条。也就是说那是一部非常漂亮的宪法。因此，简单地说这部宪法是美国强加给日本的并不准确，应该说日本各种势力相应地借助了当时这样一个美国介入的情势，试图把日本社会从战败后的困境中解脱出来。

在1960年安保运动的时候，日本的一位思想家叫竹内好，他提出了一个非常尖锐的问题。他说，在民主主义宪法的保护下产生了一个独裁者，就是岸信介。因为大家知道安保斗争的结果是，尽管从2月份开始，每天都有数以十几万乃至几十万的市民上街游行请愿，但是一直到5月18日为止，他们都被日本政府置之不理。在5月19日的深夜，在国会外有2万余人静坐示威的情况下，国会强行通过了《日美安保条约》，并且在一个月后，该条约仍然在市民不断的游行示威中生效。那个条约使得美军在日本的军事基地进一步合法化，把日本捆绑在美国军事策略的战车上，所以日本的独裁者是使用了民主的方式通过了一个强加给民众的条约。竹内好当时就讲，仅仅有宪法的保护还不行，这个宪法没有成为我们日本民众真正改变社会的武器。但是他同时说安保运动收获很大，因为民众知道了什么才是民主的斗争。我们读竹内好的这样一些论述，有助于我们去理解日本社会一步一步走到现在的政治过程。也就是说，一个社会要建立自己的民主机制，整个社会必须要付出长时期而且非常艰难的努力。显然，日本的这个过程到现在还没有完结。但是，其实问题还不是这么简单的。即使民主机制建立起来了，它如何阻止日本社会的右倾化，恐怕还是一个需要细致讨论的问题，而不是自明的。更何况，民主机制并不必然保障社会公正与正义，它需要有一系列的政治要素（比如说，有相对成熟的政党和政治素质较高的选民，以及有效的制度保障等）配合才能真正发挥其积极作用。日本的现政府就是民众选举产生的，美国的布什政府也是一样。你能说民主选举就一定意味着一个国家可以有明智的抉择吗？

日本的进步知识分子一直在摸索，如何通过建立民主机制，锻炼政治素质较好的国民。战后从20世纪50年代开始一直到今天为止，日本的知识分子建立了一个最基本的思想训练方式，叫作“市民讲座”。这是值得我们学习的。在推进任何一个社会运动的时候，日本人，首先是知识分子，都会首先组织一系列的研究会。比如说50年代最多的研究会就叫宪法研究会。因为在50年代初就有一些人，有右翼，也有其他立场的市民要求修改宪法，说因为这是美国人强加给我们的宪法。可是当时日本的进步势力一直在保护这个宪法，因为宪法第9条规定了日本不可以拥有军队，不可以合法拥有武器，所以这样的一个宪法对于日本的进步势力来讲，是他们有效牵制日本军国主义的法律武器，所以当时在50年代就出现了“护宪”和“改宪”的对立。这种对立对全体民众来说，只有他理解了这个对立的内容，它才会是真实的。所以日本从那个时候开始就有一个全民性的学习宪法运动，很多人都自发地一条一条地学习宪法、讨论宪法。到了1960年形成了一个高潮，1960年前后的日本公民多数阅读、学习了宪法。当然我不能说是百分之百，因为我没做过这个调查，但是就我读到的资料看，当时在社会上，宪法学习会这样性质的组织非常普遍。

那么，和这个学习会相关的就是知识分子的讲座。这个讲座不是在大学的教室里，而是在各种市民的活动场所举办，叫作“市民学习讲座”。著名的政治思想史学家丸山真男，就专门举办过系列的关于和平宪法的市民讲座，针对普通市民讲授相关的知识。这个传统一直持续到今天。大家知道，前不久加藤周一等几位知识分子访问了清华大学。加藤先生和其他8位著名的学者文化人，在日本组织了一个研究会，叫作“宪法九条之会”，在全国有很多的分支，专门讨论宪法第 9 条，然后用市民讲座的形式在全社会宣讲当下修改日本宪法第 9 条是多么的危险。他们的这个活动究竟有多大的实际效果是一回事，通过这个活动让日本的市民关注社会则是另一回事。我希望指出的是，市民讲座这个形式，对于民主社会的形成是非常重要的一个环节。

问题进行到这儿，我想往前推进一步，谈这样的一个问题：在日本的历史逻辑里面，在日本当下的政治局势里面，日本的民间进步力量所面对的基本课题未必和我们关心的问题是一致的。我们究竟应该怎么看这个问题？比如说，中国人都很关心钓鱼岛的问题，但是，在日本，甚至很多进步知识分子都不知道，没有听说过。如果他们的传媒不在相当的范围内炒作这件事的话，整个日本社会很难关心这件事。而日本进步知识分子最关心的是如何推进和平运动，如何让美国的军事基地从日本撤出的问题。那么今年（2005 年），“入常”在日本仅仅是几个事件之一，而且对于日本的社会进步力量来说，它还不是最紧迫的问题。最紧迫的问题，举例来说，是大家都知道的修改教科书的问题。按照日本的教育体制，文部科学省的教科书审批这件事情每 4 年发生一次，有两个环节是有可能改变这个事情的。

第一个环节是文部科学省的审批。由于日本政府顺应右倾化的社会思潮，文部科学省以所谓的学术自由和政府不介入任何学术操作这样一个口实，它每一次都会批准这个右翼的教科书。那么我们有一些同学会问：政府为什么不出来阻止这些教科书呢？这里面有一个很复杂的历史过程。20 世纪 50 年代日本的文部省曾经干涉过教科书，但是当时在审查的时候被卡掉的恰恰是左翼的教科书。比如著名的历史学家家永三郎，他曾经在 20 世纪 60

年代起诉过日本政府，理由是政府非法干涉言论自由，使得他编写的历史教科书无法通过审查。这样的起诉他后来一直坚持，可以说一直伴随了家永先生的后半生。大家也许还记得 20 世纪 80 年代初期日本文部省把历史教材中的“侵略”改成了“进出”，引起中国和韩国政府抗议的事情吧。可见，问题不在于日本政府是否干涉，而在于它如何干涉。后冷战时期，由于家永先生这样的有识之士的努力和国际局势变化，日本文部科学省不再干涉左翼和中间派的教材了，但是同时它也并不控制右翼的教材。所以就教科书审查这个环节而言，历史地看，其实应该说日本政府面对国内的进步势力有很有限的一点让步。虽然我们都不满意这种程度的让步，但是简单地要求日本政府进行“干预”这样的说法很难触及关键问题。

接下来是另外一个环节，那就是日本的教科书在文部科学省被审批的时候，通常都有七八种，这七八种当中肯定也有左翼的和中间派的教科书，接下来，各个（用我们的话说就是）省教委、市教委，还有教育局和各个区教育局，一层一层的教育机构，它要讨论采用哪一种教科书。在这种情况下他们可以不采用右翼的教科书。所以，现在的市民运动里面相当一部分力量被牵制在这个问题上，也就是说，很多有良知的市民和知识分子现在把自己的全部精力投入到游说各个层次的教育管理部门上。不仅仅是游说，它必须施加压力，借助于各种抗议形式。4 年前的教科书被审查通过之后，日本的进步知识分子在第二个环节上干得非常漂亮，当时，一方面他们借助了外力。韩国社会为了教科书的事情，民众不仅游行，甚至还有一些激烈的表示，但是确实韩国没有发生跟日本的，比如说日本驻韩国大使馆的直接冲突。韩国人运用了合法的示威手段把事情的压力提到了一个他们能提到的最高限度，这些事就成功地支援了日本国内的进步知识分子。中国当时也有民间的抗议活动和政府的抗议，这对于日本国内的这一部分进步知识分子来说是非常好的增援，于是他们说：我们的邻国都有这么大的义愤出来了，你们还要用这样的教科书来教育我们的后代，那我们的后代长大后他们会自绝于东北亚。于是那年的右翼教科书采用率接近于零。但是今年（2005 年），他们必须把这件事情再做一遍，而今年是不是能取得同样的效果，取决于日本国内进步势力的努力和我们邻国有良知的市民的配合。

这样的事情也可以类推到其他的问题上。日本现在最大的问题是国会正在考虑修宪，而且已经起草了一个方案，这里面的一个要点就是他们要废除宪法第 9 条，要让他们的军队合法化。一旦日本的自卫队变成了日本的正规军，我们可想而知，那会是一个怎样的局面，那就不仅仅是日本给美国为虎作伥充当帮凶了，它会具有更多的破坏性，甚至发动战争。日本国内的进步势力已经是动员到了极限的程度，全社会能动员的进步力量现在都投入到保护宪法第 9 条这样的运作里面。因为修的是日本的宪法，我们作为外国人不能直接干预。但是我们也有同样的责任，因为如果日本的宪法第 9 条真的修改了，那么最直接受到威胁的首先是邻国。

当然日本还有其他的一些问题。比如说伊拉克战争之后，最先决定向伊拉克派兵的是日本。尽管日本国内的反对，进步势力各种各样的运作，使得他们实际的派兵时间被拖延，但最后还是派兵了。包括迫使政府从伊拉克撤出自卫队这样的事情都是日本进步势力需要努力的，此外还有在日本冲绳旷日持久的反对美军基地的斗争。他们反对美军以转移地点的方式实际扩大基地，这是冲绳一直在进行的非常艰难的市民运动。

今天我给大家传达这样一些信息，其实是帮大家了解在我们的邻国日本，他们战后历史是怎么过来的。其实我今天只提了一些最简单的线索，如果我们从这个线索出发再去阅读相关资料的话，你会发现日本战后的历史绝对不是铁板一块，绝对不是一个简单的日本军国主义的历史。它是内部斗争非常激烈的一个动态的政治过程。在这个政治过程里，应该说日本的进步势力起的作用其实是非常大的，如果日本没有这些进步势力的话，我们很难设想日本今天还会在宪法第 9 条的控制之下不能够合法拥有军队，我们也很难设想日本的对外政策里面会有这么多的顾忌。也就是说，日本国内的进步势力在一定程度上仍然左右了日本的历史进程。可是我们仍然有理由说，我们对日本今天的结局是遗憾的，我们是不满的。日本的进步势力也是这样说的，但是，他们并没有因此停止他们自己的斗争。

如果我们用这样一种眼光看历史的话，我想可能回过头来我们就要讨论历史的公共使用的问题了。也就是说，如果我们要使用这一段日本历史的话，我们似乎没有理由很简单地说日本战后的历史就是日本整个民族都不认罪的历史，因为它不符合事实。那么，我们可能要讨论的是，如果日本的现代史是这样一个充满了内在冲突的历史的话，我们有没有可能在今天这样一个局势下，作为东亚的邻国，再加上韩国，至少民间的和平力量进行共同的思考，就是我们能不能共有这一段历史。

我想历史的公共使用的第一个障碍就是狭隘的国族主义的思考。如果我们认为一个国家的历史仅仅属于这一个国家，那么我们就不可能理解什么叫作世界史。但是如果我们说别人的历史就是我们的历史，那其实也是违反历史规则，所以这是一个非常复杂的悖论关系。就是说每个人要对自己的同时代史负责，然后你才会有一种世界史的立场。换句话说，你的民族史观必须具有开放性，而让你开放的是一种能够公共使用自己历史的能力，这样你才可以把你进入自己同时代史的能力转换为理解他民族历史的动力。

公共使用历史的第二个障碍是对于历史的观念化和抽象化想象。这个问题我不打算多谈，谈起来太需要时间，我只简单地提一点我个人的想法，就是说在处理历史问题的时候，我们通常会比较先在地观念性地去想，这个历史过来之后是好是坏，有多少不如意的结局？在这种情况下，最容易产生的一种感觉方式就是把自己的想象投射到历史对象当中去，让它变成一个铁板一块的静态的存在物。如果大家比较留意现在通行的日本论述的话，我觉得一点也不难理解，在我们中文的日本论述里面，那个日本是单数的。我认为，任何单数的国族都没有意义，它只有在国际关系这样一个场域里才有价值。但是对于历史来说你把一个国家、一个民族看成是单数的，就说明你没有进入历史。因为历史永远是一个不同立场、不同力学关系集结的那样一个空间，这个空间每时每刻都在流动，而且由于各种力量的力学关系并不确定，它们之间的紧张关系也难于被个别的意志掌控。在这个意义上我们说每一个历史事件都不可重复。有了这样的历史感觉我们才可以去公共性地使用历史，因为你必须理解，历史不会因为任何一个个体或者集团的意志而决定自己的演进方向，它是众多不同力量抗衡的产物。如果不能理解这一点，你可能是一厢情愿地使用被观念化、被意识形态化的历史残骸而已。这个问题还需要展开讨论，至少我希望在我们的讨论里面要有这样的一个基本点。

下一个问题，我想也是同学们最关心的，就是关于政治的公共使用问题。大家都知道前几天有过一次游行，不知道在座同学有没有参加。应该说这样的游行对于日本国内的进步势力构成了一种声援，而且对于日本的右翼政府构成了一种压力。但是我们也知道游行过后，未必是我们同学们的所为，具体是谁我们不知道，总之发生了一些失控的事件，而这些失控的事件反过来又给了日本的右翼非常有效的口实。所以在游行发生的第二天，日本的传媒几乎用了绝大部分的篇幅和画面来报道日本大使馆被砸，日本的商社受到攻击这样的一部分，也就是说失控的部分被最大限度地夸张、被强化。

这样的一个现象值得我们来思考，我们每个人作为一个国民，如果试图参与同时代历史，就是说参与当下事件进程的话，我们必须清楚我们在做的是一个政治性的选择，而政治性的选择不可以情绪化地操作。这句话的意思是说，任何政治性的选择都必须排除私人性的要素，排除个人的好恶，因为政治判断与道德判断和美学判断不同，它的公共性在于对于非个人性的敌对关系进行区分，并要考虑可能发生的后果，而对于这个可能有的后果你能不能够作出相对正确的判断，就取决于你的政治判断能力。比如说，我们对改革开放以后一直走到今天的中国政治过程是不是有判断力，我们是不是情绪性地对于改革开放里面的成功的部分和不成功的部分作出一些直观的判断；我们是不是可以对改革开放的整个潜在的结构和它在当下呈现的一些方向性的调整有把握能力，如果有的话，恐怕我们应该考虑到在今天，东北亚最需要的是和平而不是战争。而和平作为一种政治手段，它和胆小、怯懦、妥协是没有任何相似之处的。

我可以举一个例子，其实这个例子非常重要，好像现在还没有足够的分析工具去讨论它。这就是1956年中国最高人民法院特别军事法庭组织了一场特别的审判，审判了一批日本的战犯。当时中国作为一个新的国家在国际上还没有得到像今天这样的承认，在东京审判的时候国民党政府已经代表中国参加了甲级战犯的审判，同时在战后国民党政府也在南京和上海举行了两次审判。可是在新中国成立之后，我们面对着如何代表中国这个最广大的受害者来进行一次审判的问题。这个时候斯大林在毛泽东主席访问苏联的时候提出来说：我们现在在西伯利亚还关着一批战犯，我们把他们引渡给你们，希望你们以一个国家的名义进行审判。这是在 1950 年。那么这批战犯被引渡到中国之后，朝鲜战争爆发了，于是这些战犯非常猖狂，说你们是不可能打败美国的，美国是打败了我们，我们是向他们低头，但是恐怕这次是美国和日本合起来打你们，你们大概是打不过的。他们颐指气使地说：好好对待我们，日本国会跟你们交涉的。

但是当时的周恩来总理下了这样一个指令：所有的战犯一律不能被虐待，他们应该得到作为人的待遇，就是我们不能伤害所有战犯的尊严，同时他们必须完成思想改造。这是一个非常困难的课题。我问过当时和这件事情有关的前辈：你们那个时候是怎么接受这件事的？前辈说了一些很具体的事情，如：日本战犯说，你们给我们吃高粱米，我们日本人没吃过这个东西，这是喂马的。大家知道 20 世纪 50 年代初期的时候生活非常艰难，我们的干部和士兵，就是关押这些战犯的人，吃的都是高粱米。而日本战犯说他们只能吃大米，于是周恩来总理下了一道命令：让所有的战犯吃大米。而管理人员、看守人员仍然在吃高粱米。这件事情应该如何理解呢？如果仅仅作为人道主义来理解是远远不够的。我问了当时的相关人员：你们那个时候怎么就服从了？他说我们开始也不服从。还有人说：反正他们迟早要挨枪子儿，还不如我们吃。于是就闯进厨房里去吃起来了。但是后来周恩来总理强调说这是命令，于是他们经过了一个很艰苦的调整，全体服从了这个命令。我问他们为什么要服从，他说：因为我们的任务是要改造这些战犯，我们不能让他们因为这件事情绝食而死或者因为这件事情产生各种各样的骚乱。

在这个过程当中，朝鲜战争结束，日本的战犯受到了很大的打击，他们知道中国是有能力打败美国的。可是你说仅仅是因为朝鲜战争这样的一个因素他才认罪的吗？其实不是。从1950年到1956年这6年时间里战犯管理所给这些战犯做非常艰苦、细致的工作，最后在法庭上，除了一个人以外，其余的全部都认罪了，而且其中有几个人主动说判我极刑，说自己“死有余辜”。在这种情况下，1956年特别军事法庭对一千多名战犯进行宣判，其中除了45名被判刑以外，其余全部释放回国，而且这45人里面最重的战犯也只判了20年，还把宣判前的6年也算进了服刑期。当时很多人无法理解。抚顺战犯管理所一线的人员在审判之前曾经上书中央，要求把这些战犯判处极刑，说哪怕我们伺候了他们几年，还是要把他们枪毙了。周总理说，把他们枪毙了也就枪毙了，但是他们回到日本国内之后，有可能成为日本的和平力量。

周总理这句话说对了，这些战犯回国后组织了简称叫“中归联”的组织，就是从中国归国的日本战俘联合会。“中归联”一直活动到今天，他们是日本社会参与战争的一批人中唯一能够正视这段历史、承认自己有罪的势力。所以这个和平势力，不是简单地说“我不打仗”或者说“过去就过去了我们忏悔”吧，不是这样，他们回到日本之后不断提起那一段历史，说我们在中国犯下了滔天的罪行，但是中国人民如此宽大对待，所以我们要正视那段历史。现在“中归联”已经是第二代了，还在活动。在日本社会右倾化、否定战争责任的状态下，可以说这样的组织是非常可贵的，因为他们在见证历史。

那么我在这里要说的是，1956 年这种处理战犯的方式其实在很大意义上象征了在中国传统的制度操作里面，和平主义作为一种政治手段的功能。它不应该仅仅被理解为人道主义的文化传统，它同时经常是一种政治安排。在这个意义上，我们面对的一个课题是在今天如何继承这样的遗产。我觉得如果我们大家愿意的话，应该一起去思考什么叫政治的公共使用问题。和平作为一种有效的政治手段，在今天的世界上它会越来越被需求。我们知道美国打伊拉克是源自一种当代社会公认的政治模式：复仇模式。这是一种暴力模式，它让很多人以为哪个地方有邪恶，哪个地方就应该有战争。但是我们应该看到伊拉克战争的结果到底是什么，直到今天早上打开电视机新闻里还在报道伊拉克的袭击事件，战争一旦开始就很难结束。

那么，在这样的一个世界里有没有另外一种政治斗争的模式？毛泽东和周恩来给我们留下了这样的一笔遗产，这是政治的遗产，而不是人道主义的遗产。也可能有的同学说那是因为朝鲜战争的时候我们打赢了，然后才可以有这样的和平。但是在中日恢复邦交的时候，中国并没有去打朝鲜或者日本；而且中国当时正处于“文化大革命”后期，面临一个非常不利的局面。在那个时候中日恢复邦交，周总理又一次重复了这样一个和平的政治斗争模式。在中日会谈中，周总理说我们放弃官方索赔的要求（当然没说放弃民间的索赔），理由是我们中国人民经历过被索赔的痛苦。大家知道那是在 20 世纪 60 年代初期中国赔付苏联的很艰难的过程中。周总理说我们经历了这样的痛苦，不想让日本人民再承受一次痛苦。但是，他同时要求日本必须对过去的侵略进行充分的正面道歉。他说不如此没有办法向中国人民交代。

在这样的一个模式里面，我们可以找一些当今世界仍然有政治活力的要素。比如说，这些要素也存在于日本民间的和平主义运动里。和平主义运动绝对不意味着向暴力妥协，而是用非暴力的方式来对抗暴力。我在冲绳访问了一些直接在第一线对抗美军建设军事基地计划的普通老百姓。我问他们用什么样的手段来对抗，他们说我们用非暴力的和平主义方式来对抗。也就是说，他们绝不诉诸武力，但是这个对抗是坚决和彻底的。在冲绳的海上为了建设美军新的空军基地，美军雇用了日本的大建筑公司，要在勘测后填海，填掉一片海水质量一级的、环境完全没有被污染的、有非常漂亮的珊瑚礁和盛产海带海藻的海域，而当地的居民一直以此为生。他们当然不干，于是就在夏天的时候打着赤膊，意思就是说我一无所有，然后坐着小船到海上勘测架周围去示威，或者爬上勘测架，阻碍勘测的进行。由于完全没有使用暴力，任何对他们施加的暴力都将是违法的。当这种违法的暴力发生之后，他们仍然用非暴力的方式继续坚持，也就是说，勘探队员打了他们，他们不还手，但是仍然不离开。这种斗争非常艰难，冬天的时候海上非常冷，在勘测架上静坐的人非常辛苦。但是他们已经持续了差不多两年了，几乎每天都坚持。它有效地牵制了工程的进度，直到今天这个勘测还在拉锯，不能顺利进行。我非常尊敬这样的日本老百姓，他们懂得政治斗争的限度和作用。因此，一直到今天推进日本的军事基地转移的工程仍然很困难，尽管日本政府跟美国已经签了协定，说这个军事基地一定要建，但是冲绳的老百姓一直到今天，通过这种非暴力和全线规模的抵抗运动，使得基地建设进展得非常缓慢。

通过上面的这个例子，我想要说的是，我们必须了解，政治的公共使用是有原则的，它不可以被情绪性的不计后果的发泄所取代，而且在这一过程中和平和非暴力不可以与妥协混为一谈。关于这个问题如果展开还是需要时间，因为时间也不太多了，我先结束我的讲演，把余下的时间留给大家讨论，有一些问题我可以在同学们提问的时候进一步展开。谢谢大家！

# “五四”文学：在先锋性与大众化之间①

陈思和*

关于这个题目，其实我在今年（2005年）上半年已经在北大作过一次讲座。当时我正在编写《中国现代文学史教程》，想探讨几个文学史的问题，其中一个就是“五四”文学运动的先锋性问题。上次来讲的时候，我的思考还很不成熟，是诚心向北大的老师和同学们请教的，同学们的提问对我深有启发，回去后就把这篇文章写出来了，发表在《复旦学报》2005年第6期上。但我并不认为这个问题已经深思熟虑、无懈可击了，我觉得还可以进一步讨论下去。

## 一、常态与先锋：现代文学的两种发展模式

“五四”文学运动是中国现代文学绕不开的话题。它作为新文学的起点也好像是不证自明的，但近年来大量新材料、新观点的出现，使既往的观念受到了挑战。许多问题亟待从理论上给以解决，比如对民国以后的旧体诗的研究。近年来出版了大量当代

---

① 本文根据陈思和先生2005年11月30日为北京大学中文系“孑民学术论坛”第94讲所作的演讲录音整理，并经陈先生审阅。

* 陈思和：原籍广东番禺，1954年生于上海。复旦大学特聘教授，博士生导师。2005年教育部人文学科首批“长江学者”特聘教授，2007年获教育部高等学校国家名师奖。现任复旦大学图书馆馆长、复旦大学校务委员会委员、复旦大学学术委员会委员、复旦大学学位委员会委员，兼任中国作家协会全国委员会委员、上海市作家协会副主席、中国现代文学研究会副会长、中国当代文学研究会副会长等。

作家的旧体诗，从晚清到抗战时期，一大批文人的旧体诗（包括资料全编）面世了，比如陈寅恪先生、钱钟书先生及他们同时期许多文人大量的旧体诗著作，成为我们研究20世纪文学不可或缺的内容。此外，国外很多汉学家也在做这方面的研究，比如美国的汉学研究中，我就读到许多类似的课题。我们过去讲现代文学只讲白话文学，那么文言文、旧体诗到底算不算现代文学？它们在20世纪文学史上到底占有什么地位？

还有一个问题，就是关于晚清文学的研究。在"现代性"这个概念被提出之后，我们的研究视野整个被"现代性"所吸引，晚清文学成为人们关注的焦点，许多晚清的作品被整合、被解释。许多当年被认为价值不高的作品又有了新的理解，许多新的价值被发掘出来。这些作品被认为在文化研究上有很高的认识价值。比如苏州大学范伯群教授对《海上花列传》的研究就是一个代表；美国哈佛大学的王德威教授的著作《被压抑的现代性——晚清小说新论》认为，"五四"压抑了晚清文学的现代性传统，晚清许多含有"现代性"的作品，如侦探小说、武侠小说、言情小说等，在"五四"时期都被压抑了，保留下来的只有"五四"之后的写实主义、浪漫主义等创作。这都给我们一种挑战。对通俗文学也有许多新的评价和重新研究，这些模糊了我们过去所谓新旧文学的界限，最典型的例子就是张爱玲及许多海派作家，他们的许多作品当年都发表在一些通俗小报上，分不清它到底属于新文学还是通俗文学。

我想把"五四"新文学或者整个20世纪现代文学分为两个层面。一个层面是，以常态形式发展变化的文学主流。它随着社会的变化而逐渐发生文化上的变异。时代变化，必然发生与之相吻合的文学上的变化，这种变化是常态的，这个变化是指20世纪文学的主流。我在谈这个问题时，其实把过去新文学、旧文学的问题悬置起来了。这样讲，可以既包括新文学，也包括传统文学，还包括通俗文学。就是说，常态的文学是随着社会的变化而变化的。比如说，有了市场就一定会有通俗文学，一定会有言情小说。古代有，现代也有。它总是这样变化的。这是一种文学发展的模式。另外一个层面，就是有一种非常激进的文学态度，使文学与社会发生一种裂变，发生一种解构的撞击。这种撞击一般以一种先锋的姿态出现。他们站在一个时代变化的前沿，提出社会需要集中解决的问题，而且预示着社会发展的未来。这样的变化，一般需要通过激烈的文学运动或审美运动，知识分子、作家，一下子将传统断裂，在断裂中产生新的模式或新的文学运动。这个变化不是随着社会的变化而进行的，而是它希望用一种理想推动社会的变化，或者说，使社会在它的理想当中达到某种境界。20 世纪有许多或大或小的变化，可归纳为先锋性的，即先锋运动，它们构成了推动整个 20 世纪文学发展的一种力量。不管它是向哪个方向，在 20 世纪都起了一种很激进的、很根本的作用。

这样两种文学发展模式，构成了 20 世纪不同阶段的文学特点。讨论这个问题是想说，“五四”新文学运动的崛起，其最核心的部分是以先锋的姿态出现的，一下子跟传统断裂了，输入了大量西方的、欧化的东西，希望这个社会沿着它的理想进行变化。它是突发性的运动，含有非常强烈的革命性内容。当然，我不否认“五四”新文学运动也有大量传统的东西与传统文化相衔接。我指导的一个博士研究生，她做 1921 年以前的《小说月报》的研究。她对最初 10 年的《小说月报》作了定量分析，比如多少次与下层生活相关的小说出现，多少次革命的小说出现，多少翻译文学；等等。最后，她认为，如果没有"五四"文学运动，中国文学也会朝白话文发展，也会出现白话小说。这当然是对的。有位作家徐卓呆，写了很多小说，描写的都是些下层贫民的生活。有一篇叫《卖药童》，写个卖药的孩子，今天说起来就是无证卖药，被警察抓了，小孩谎称这是卖糖，可是那个警察很坏，他知道小孩卖的是药，却说你把它吃掉就放了你。小孩一边吃一边哭，实在吃不下去，不停地流泪。我的学生认为，这与"五四"小说没有什么区别，非常惊心动魄，写一种被扭曲的心态，写得很好。我后来仔细想了想，觉得徐卓呆的小说与"五四"新文学还是不一样，比如跟鲁迅的小说比。徐的小说就是我们今天所说的"我手写我口"的白话文，就是在讲故事，而鲁迅的小说不仅夹杂文言文，而且有欧化的语言，反而显得很拗口。比如鲁迅翻译阿尔志跋绥夫的《幸福》，写一个老妓女为了5个卢布，被迫裸体在雪地里挨人打。语言很拗口，但正是这种拗口，使得里面充满了值得想象的东西。

这样就看出"五四"新文学运动的意义了。如果没有"五四"新文学运动，我们得到的就是徐卓呆那样的白话文。但是有了"五四"新文学运动，就不一样了，语言上有了欧化倾向。我觉得欧化不是一个语言问题，而是思维方式问题，是一种非常强烈、新颖的思维方式，是我们原来的语言不具备的。欧化思维建立在欧式语言的基础上，这正是属于"五四"新文学运动带来的东西。也许有人说：没有"五四"新文学运动不更好吗？我们的白话文岂不更纯粹？"我手写我口"，不更自由吗？但是，如果没有"五四"新文学运动，文学就会缺少一种包容性的东西，反映人物深层心理的新的思维模式就没有了。"五四"新文学运动带给我们的不是一种单纯的白话文，不是一般的"我手写我口”——话怎么说便怎么写。礼拜六派都是白话小说，不需要“五四”新文学运动来提倡和鼓励就已经出现了。但是，“五四”白话文是一种思维方式的丰富和补充。新的语言带来了新的思维、新的美学感受，这是值得我们注意的东西。

但是今天，我们已经不再稀奇，欧化语言已经融入了今天的语言模式。我们现代汉语的语法里有很多欧化的成分。不但不觉得“五四”新文学运动的珍贵，反而批评它的过于欧化、不通俗，从瞿秋白开始就批评了嘛。其实当年的欧化语言模式是被认可的，如果不认可，我们很可能还停留在晚清时代“我手写我口”和通俗小说的样子。从这个角度我就想到，“五四”新文学运动是不是有一种新的东西给了我们？不完全是通常理解的白话文、现实主义、抒情、个人主义等等，这些东西随着社会的资本主义化也许是自然会出现的。但“五四”新文学运动出现了一般时代变化所没有的东西。比如，鲁迅的《狂人日记》突然出现了“吃人”的意象，不仅写人要吃人，而且每个人都要吃人，甚至狂人自己也吃过人。这是一个巨大的恐慌，与“五四”文学的主流完全不一样。“五四”文学的主流是人道主义，保护个人，对抗礼教，防止社会把个人吞噬。可是，突然出现了鲁迅对人的解构：人本身就不是东西，你是吃人的，本身就具有从动物遗传过来的吃人的本能。这跟我们通常理解的个人主义和完美的个人的人文主义有很大区别。

所以，《狂人日记》发表以后，这个时代无法对其进行阐释，批评失语。有些批评家马上把它演化为另外一些命题，如历史是吃人的，礼教是吃人的，中国封建社会是吃人的，传统是吃人的。人不会自己吃人，而是为别人所吃，自己没有责任。可是鲁迅明明写的是自己是吃人的。这是对人与人之间关系的反思，是对人自身的追问，和主流的文化有距离。这种距离反映在对两种文学的不同思考：一种是随着时代变化而慢慢演变的文学，是常态的发展和变迁。随着这样的变迁，出现人道主义的、现实主义的或者说白话文的文学。而另一种是非常态的，像“五四”文学这样，有比常态文学更精彩的、更精华的、更核心的一种力量，这个力量就是先锋文学。从鲁迅到郭沫若，从创造社部分作家到狂飙社、太阳社等等。一系列激进文学里面，始终有一种跳动的、前沿的、站在社会发展未来角度对现实进行批判的东西，这就使他们具有强烈的先锋性。这个问题我上次曾经讲过，就不详细讲了。上次在这里讲“五四”新文学运动是一种先锋运动，后来我的文章发表时，我就改成《试论“五四”新文学运动的先锋性》，这样比较客观一点。我认为在整个“五四”新文学传统里面具有一部分强烈的具有先锋意识的因素，这种因素的出现，与第一次世界大战前后在法国出现的超现实主义、在意大利出现的未来主义、在德国出现的表现主义、在俄国出现的未来主义等，几乎是同步的。“五四”文学同样出现了这种具有先锋性的东西。关于这个话题，我在文章中有详细论述。

## 二、鸳蝴派与“反特”电影：常态文学的历史演化

我的论文写好后，曾先请几位青年朋友加以批评。他们提出了一个问题：既然“五四”新文学运动是先锋运动，先锋即意味着非主流，那么主流是什么？这正是我今天要解决的问题：如何来把握常态与非常态这两个层面的文学变化的关系，先锋性的文学变化、决裂式的文学变化与常态的文学变化的关系，也就是文学先锋与文学主流的关系，到底该如何界定？

这是一个需要不断讨论的问题。我拿出的不是一个完善的成

果，而是一个想法。所以我今天的报告主题就是先锋与大众文学之间的关系，是接着上一个问题继续思考、深入探讨。要界定“五四”文学的先锋性，就是为了解答王德威教授提出的关于“五四”文学压抑晚清文学现代性问题。其实早在王德威教授之前，也有学者提出类似问题。在我读书的时候，我的导师贾植芳教授让我翻译一篇美国学者林培瑞的文章《谈一二十年代的鸳鸯蝴蝶派都市小说》。这篇文章发表得很早，差不多是二十年以前翻译的。林培瑞已经提出了晚清文学的丰富性，但他没有压低鸳鸯蝴蝶派，也没有贬低“五四”文学，而是认为这些文学作品都有对传统文学的延续。言情派小说可以追溯到《红楼梦》，武侠小说可以追溯到《水浒传》，社会小说可以追溯到《儒林外史》，推理小说可以追溯到公案小说，鬼怪小说可以追溯到《西游记》《封神榜》等神魔小说。总之，现代通俗小说门类在古典小说中都有存在的因素。到了20世纪商品经济社会，加入了新的时代因素，变得更为完备。林培瑞的文章认为，“五四”文学没有延续这个传统，而是将这个传统中断了，只弘扬了其中一部分，比如社会小说、批判现实主义，其他的都被压抑了，由此进一步推出“五四”文学独尊的现实主义，压抑了晚清文学的现代性传统。这一点，国内一些专家也有研究，如前面所讲的范伯群教授有一个观点，认为中国文学的正宗是通俗文学，“五四”文学是外来文学，而现代通俗文学是与古代文学的演变相衔接的。针对这些问题，究竟该如何理解？我觉得这里有些内在的矛盾：我们的文学史在对通俗小说进行描述的时候，是把“五四”文学放在一边，以古代小说的分类来进行研究。这样一分类，通俗小说就有各种各样的门类，非常齐全。而在讨论“五四”文学的时候，采用的则是现在大陆通行的对“五四”文学的解释，认为“五四”文学是现实主义的，或者是浪漫主义的，是20世纪中处于独尊地位的至高点，像灯塔一样。往前看晚清文学，往后看整个20世纪，所有与“五四”有关的，都被抬高和尊崇，都是有意义的，比如黄遵宪的“诗界革命”，比如梁启超的“新小说”，还有翻译小说、剧本、春柳社，等等；而与“五四”无关的都是没有意义的。所以在这个灯塔的照射下，很多与之无关的东西都被推到了暗影中，没有得到应有的认识。比如旧体诗，就是这样的处境；比如陈寅恪，过去不太被重视，现在被抬得很高。他的父亲陈三立也是一个很著名的旧体诗作者。再比如钱钟书，他的《槐聚诗存》《容安馆札记》现在面世了，我们才知道还有那么多旧体诗，还有一大批写旧体诗的文人。其实这些人一直在创作旧体诗，很活跃。因为灯塔的光没有把他们照进去，所以他们一直在光的外面。那些与“五四”传统没有多大关系的创作，就算是新文学的创作，往往也被忽略。如钱钟书的《围城》，20年前的现代文学史里是没有的，是不被重视的。大家都说是夏志清写了《中国现代小说史》，才抬高了《围城》的地位。但为什么夏志清看出《围城》好，我们没有看出来？这跟“五四”传统有关。我们是以“五四”的标准来衡量的，《围城》不在这个视野和研究范围内。“五四”文学里找不到它的根基和传统。不是说它不好，也不是说它反动，而是“五四”文学没有一套话语对之加以阐释，很自然就被排斥了。又比如沈从文的小说，他在小说中呈现的很多东西，如果用“五四”的话语来衡量，的确很多东西无法被解读。并不是说20世纪文学只有“五四”，而是我们这个学术圈就是在被人为构筑起来的“五四”传统下思考的，而看不清之外的东西。王德威教授认为古典文学的传统到了晚清还得到继承，“五四”以后就不存在了。其实这些文学传统都依然存在，只不过我们的研究者换了一副眼镜，所以看不到它的存在，所以无法界定。在学术领域就是这样，特定话语以外的东西等于是不存在的。王德威，包括林培瑞，都是把中国学者对“五四”文学的界定视为前提，把我们人为构筑的“五四”传统看成唯一的文学。这样一界定，20世纪文学的意义大大缩小了，视野就束缚住了。这当然不是海外学者的问题。

今天我们重新面对文学史，要有一个定位：究竟如何看待“五四”先锋文学与常态文学的关系？我对“五四”文学有很深的感情，但要重新解释“五四”文学传统与现代文学的关系，研究它与整个20世纪正常文学发展的关系，仍然是要在观念上有所突破。在这个意义上，我更强调和突出“五四”文学的先锋性。我们今天理解的“五四”传统，往往把它的先锋性与随着文学的发展而进行的常态变化混淆起来，从而模糊了我们的思考。我们现在把新旧文学的分界暂时悬置起来就会发现，晚清文学的传统作为文学的某些因素并没有消亡，只是在不同时代、不同历史阶段发生了变化，文学传统到了“五四”期间发生变化。比如武侠小说，在20世纪中国文学史上是一直存在的，从平江不肖生到还珠楼主。如果把中国文学看成一个整体，而不按地域划分的话，20世纪50年代以后在中国香港、台湾都得到了很好的发展。此外，如果不是绝对囿于新文学、旧文学的界限，则常态的文学一直存在。（我自己认为新旧文学的分界到了20世纪30年代就逐渐消失，抗战后就没有了，“五四”文学的先锋传统也不存在了。）抗战以后就出现了一种“常态”的文学，无法用“五四”的话语去衡量。比如说，自20世纪50年代以后，中国的武侠小说虽然没有了，但革命历史题材小说中却充满了武侠小说的因素。当时有一部长篇小说《烈火金钢》，小说中的史更新和日本人7天7夜进行周旋、搏斗，肖飞买药，飞檐走壁，大量的文学因子实际上跟原来的武侠小说是相关的。再看《红旗谱》中的朱老忠，实际上他并不是小说里的主要角色，主角是领导反割头税和保定二师学潮的共产党员贾老师和运涛等青年农民。朱老忠只是个边缘人物，他只做过两件事：第一件是去监狱看运涛，从保定府一直走到济南，第二件是他装扮成一个人力车夫到保定师范营救学生。这两件事对于整个《红旗谱》来说都不是主要的，但为何他会被大家认可？因为他那种民间的侠义、敢作敢为的品质，特别是早期他父亲大闹柳林镇，等等，都体现了《水浒传》以来流传下来的人们对于民间英雄的想象和认可。这种传统的因素被重新包装了。再如《林海雪原》中栾超家飞登峭壁，杨子荣打虎上山等英雄事迹。革命时代不可能再照搬原来的武侠小说，就把这种因素转换到游击队员、民间英雄的故事中去了。实际上武侠小说的传统还是被保留了，只不过在不同时代出现了不同的形式。再比如推理小说，在晚清风行一时，前身是公案小说，到了晚清就变成了福尔摩斯探案，再后来就有了霍桑探案等。好像这个传统后来中断了，20世纪50年代没有侦探小说了。有一次我与一个学生讨论这个问题，他认为推理小说是在“文化大革命”之后才出现的。我让他去看“文化大革命”之前的“反特”电影、间谍题材的电影，甚至是地下党活动的惊险电影。当时间谍题材电影有两种：一种是国民党间谍潜入大陆进行破坏，实际上这就是推理题材、探案题材。另一种是我们的间谍打入敌人内部，即所谓“地下工作”的电影，如《51号兵站》《英雄虎胆》等，这些其实也是充满了惊险和推理的因素。这两种电影都继承了原来公案小说和推理小说，不过是在革命形势下有所演变而已。还有苏联传统中的“间谍小说”，惊险、推理、“反特”电影，在我年轻时代风行一时。许多电影我都忘记了，但这些电影还记得。而我们当代进入文学史的电影都是历史电影，比如《林则徐》《红旗谱》《青春之歌》，等等，而“反特”电影、惊险和推理电影，一部都没有进入文学史，没有一部文学史讨论《国庆十点钟》《秘密图纸》《羊城暗哨》，这些电影大量流传在民间，流传在当时的读者当中。当时我们都喜欢看，因为里面有逻辑推理、抓特务、惊险情节等因素，实际上就是侦探故事演化为通俗门类，它们正是对传统的继承。今天，许多研究者，包括我自己，脑海中还是“五四”的一套标准。比如对于《林则徐》这样的电影有所偏爱，认为反帝反封建才符合“五四”标准，能够进入文学史的书写范围。演员赵丹是非常优秀的艺术家，他以前演的非常出色的角色是小市民，可是 20 世纪 50 年代以后就只演正面角色，演英雄人物，如林则徐、李时珍、许云峰等，不能演反面角色。他本人一直想演周恩来，最终未能如愿，郁郁而终。这只是一个极端的例子，但从中可以看出，在研究者和知识分子的思考中，自觉或不自觉地存在着一种“五四”的评判标准。“反特”电影常常被当成通俗作品看看而已，不会写入文学史。过去讲当代战争题材电影的创作，通常也不讲《林海雪原》《烈火金钢》，只讲杜鹏程的《保卫延安》。但我们往往喜欢读的是《林海雪原》和《烈火金钢》，而不太喜欢《保卫延安》。为什么会出现这种情况呢？因为我们认为《保卫延安》是真正的历史小说，而《林海雪原》《铁道游击队》《烈火金钢》等不过是通俗小说，我们自己脑子里有一个精英与大众的区别。

这个区别的意识是何时形成的？是从“五四”初期反文化市场、反鸳鸯蝴蝶派的斗争中形成的。我们自己把本来很丰富的传统简单化了，形成了一个想象的传统。“五四”文学就像茫茫黑夜中的一盏路灯，它照到的地方是核心、是精华，应当珍惜，但毕竟只能是一点点，而照不到的那些地方非常广阔。文学本来是多层次、多元化且极为丰富的，那么文学史如何对待这个状态？如果说文学史是一个常态的发展，就像陈平原教授过去说的，是消除大家强调过程，那么所谓晚清"被压抑的现代性"其实并没有被压抑。比如从古代的包公破案到后来的福尔摩斯探案，再到程小青的《霍桑探案》，再到后来的公安机关抓特务题材，以及今天的惊悚小说和推理小说，一代代不都是存在的吗？不存在被消灭的问题。连"文化大革命"这样最没有文化的时期，也有小说《梅花党》《恐怖的脚步声》这些东西。其实并没有什么东西被压抑和消失，而是一时代有一时代的特点。推理，是人们心理的一种模式，有这种心理模式，就一定会有相应的文学，它们的出现是必然的。随着整个社会现代化的过程，一定会出现与之相吻合的文学形式，我们需要对它有一个更宽泛的理解和解释。但如果你是以"五四"的先锋文学精神为标准来衡量文学史，那又是另外一回事了。

那么，相对于"五四"先锋文学而言，主流文学到底是什么？是不是大众文学？我也不这样认为。我觉得，凡是以常态形式随着社会变化而变化的文学样式一定是主流。但我们今天说到主流，还有另外一个概念，那就是官方提倡的"主旋律"。这个概念近二十年来也有变化。最早提出是20世纪80年代末，那个时候的"主旋律"电影，老百姓看的人很少。像《三大战役》等被作为军事学院的教学片还可以，但放到电影院里，老百姓并不喜欢。近五六年，"主旋律"有很大改变，首先是讲票房价值就不能不考虑老百姓喜闻乐见的因素，比如"反贪"题材，从官方来看，与反腐倡廉相结合；从精英知识分子来看，它揭露了许多问题和社会矛盾；而从老百姓来看，其中有惊险破案、凶杀暴力甚至英雄与美人的故事，等等，实际上是把推理、暴力、情欲等因素融合在一起，从而成为广受百姓欢迎的题材。所以今天的“主旋律”越来越向主流文学发展了。所以说，常态文学的发展，总是与市场和读者紧紧结合在一起的。

## 三、政治困境与审美困境：先锋派的两大天敌

现在回过来谈先锋。国外学者对于先锋有不同看法。意大利的一个学者波焦利（后来移居美国），在 20 世纪 50 年代研究先锋运动是比较权威的。他在《先锋派理论》一书中认为，先锋文学就是现代主义文学，把波德莱尔以后的文学都纳入先锋文学。但在 20 世纪 70 年代以后，德国学者彼得·比格尔出版了同名的《先锋派理论》，这本书解构了波焦利，认为波焦利最大的问题是把先锋运动与现代主义运动等同。波焦利认为，从波德莱尔到兰波、魏尔伦、王尔德、马拉美，从法国、英国到德国，这样一种传统，都是最早的现代主义运动，其特征是唯美，包括后来的颓废派、象征主义等，基本上都是“为艺术而艺术”，即在艺术自律的状态下进行文学艺术活动。比格尔却认为，由于资本主义体制日益完备，在这个体制下的艺术已经属于其体制运作的一个组成部分，通过艺术活动来推动社会改革已经不可能。当时一批艺术家为了维护艺术的尊严，对艺术作出了自己的规范，这个规范就是，艺术跟这个社会生活没有关系，艺术可以在自己的范围内实现自己的价值。其典型就是唯美主义。这是一个很大的运动，完全改变了 18、19 世纪批判现实主义的潮流，出现了以象征、隐喻、暗示等“向内转”的一系列艺术手法。这个运动是通过与艺术体制不合作的态度来完成的。比格尔的书与 20 世纪 60 年代

西方左派的兴起有关系，他应该是20世纪60年代以后的一个左派。他认为，"为艺术而艺术"不是先锋运动。唯美主义是通过艺术自律来完成革命和转变的，但这个运动是极为软弱的。先锋运动的出现不是针对批判现实主义传统，而恰恰是针对唯美主义、针对波德莱尔他们的。这样一来，他首先批判了唯美主义，企图将文学重新拉回到生活，对生活产生推动作用。为此，先锋运动以一种非常夸张的方式与传统断裂。诸如把普希金、托尔斯泰等"从现代生活的轮船上扔下去"这类的谬论，认为所有的传统都可以断裂，等等。这里就不深入地讲了。

我感兴趣的是，"先锋"这个概念，与早期无政府主义运动、傅立叶的空想社会主义以及各种乌托邦的出现有关。最早的"先锋"字眼出现在圣西门的乌托邦社会主义改良实验中，后来被用到了文学上。它一开始就包含了与社会对立的含义、与传统历史的对立，以一种全新的自我夸张来确认自己的地位。这种努力，大概相当于发生在20世纪初意大利和俄罗斯的未来主义，法国的超现实主义、达达主义，德国的表现主义；等等。这些运动非常短暂，因为资本主义体制已经非常完备，再想回到巴尔扎克时代以文学批判现实来发生作用已经不可能了。先锋理论实施起来非常困难，所以先锋运动总是失败的。比格尔提出了先锋运动的两个困境：第一，当一批知识分子想用艺术的方式来推动社会时，必然导致与政治权力的结合，否则，不可能产生很大的影响力。20世纪初那些影响较大的先锋运动都消失了，因为它们的发起者最后都去从政了。比如意大利的未来主义者，许多人与法西斯主义结合；俄罗斯的许多未来主义者，如马雅可夫斯基，参加了苏维埃革命；法国的超现实主义者，也有一些人参加了法国共产党，最著名的是阿拉贡，成了法国共产党的领袖。这些先锋派，要么投身于政治运动，要么被政治碰得头破血流。这是先锋艺术的政治困境。还有一个困境，比政治困境更严重，那就是美学上的困境。当代的资本主义社会已经不同于以往的社会体制，以往的资本主义体制缺乏包容性，比如当年左拉写了《我控诉》，结果被驱逐出境、受到审判；托尔斯泰晚年还被开除教籍。而当代资本主义体制已经强大到可以包容反对意见，任何反对意见可以反过来成为资本主义社会民主的证据。比如，资产阶级政府照样可以建造艺术馆，把反对体制的先锋文学都搬进去展览，并告诉大家这就是艺术。先锋艺术本来是要反对这个社会的艺术体制，结果却得到了这个体制的承认。这时，先锋艺术家看似成为著名的了，实际上却失败了。举个不很准确的例子：马克思当年到处被驱逐，自称“世界公民”，但他是幸运的，艰难玉成了马克思。相反，假如哪个资产阶级政府邀请他担任劳工部长，可以在议院里提出议案，为公众争取权益，那肯定是马克思的失败，因为他的思想就是反对现行的社会体制，本来就是要被驱逐的。所以，当一个社会民主到可以将敌人或反对者转化为体制的一部分的时候，任何反对都变得无效。反对不仅得到认可，还能得到基金、地位、荣誉，客观上成为体制的同谋。所以，先锋艺术是一定会失败的。当那些先锋艺术家以成功者的面目进入我们的视野的时候，他们已经不再先锋。当然，他们还在起作用，因为他们毕竟提出了与主流不相容的艺术主张或审美观念，在一定时期内还是有一定效力的。比格尔说，先锋往往是在失败的形态下成功的（大意如此）。这句话我非常喜欢。先锋的成功不是通过胜利而实现，而是通过失败。如果他胜利了，他就失败了。他在失败的形态下产生影响。而在资本主义体制容纳的情况下还在产生影响，它还是部分取得了胜利，但这个胜利的大前提却是失败。

那么，我们究竟该如何看待“五四”文学的先锋性？首先“五四”文学发生时也遇到了类似的政治困境。短短几年，白话文、新标点符号等改革都取得了成功；白话文进入了教学、传媒等；白话文运动的倡导者也纷纷成了学术明星，胡适等人都参与了各种政治活动，或者掌握了学术基金的权力。但是，真正的先锋精神却没有了。我认为，鲁迅是一个非常具有先锋意识的人，他永远“倒霉”，永远与周围的人合不来。“五四”文学后来的分化首先就表现在这里。当时一批文学先锋都去搞政治了，都飞黄腾达了，成为了主流。而最糟糕的就是鲁迅这类人，向上没有进入到政治斗争中去，向下也没有妥协到为大众所承认。鲁迅的被认可，是另外层面上的：一个始终被驱逐的、彷徨孤独的人，始终处于边缘的位置，以此来保持先锋位置。所以，在“五四”期间，先锋文学有一次大的分化，这次分化既有政治困境，又有美学困境和其他困境。

在当时的中国，社会虽然不像西方那样宽容，但还是有一定包容性的，比如对鲁迅的包容。我在大学读书的时候很喜欢法国的萨特。有一次读到他的一个故事：他正在南美访问，恰逢阿尔及利亚爆发了革命，有人冒用了他的名义发表宣言，反对法国侵略阿尔及利亚。于是，一些右派的民族主义者游行，诅咒萨特，包围萨特的房子，要烧他的房子。戴高乐说不要去骚扰萨特，说“我们不抓伏尔泰”。戴高乐的宽容在某种意义上将萨特放到了与他一致的立场。如果法国政府真的把萨特驱逐了，萨特会在海外永远骂戴高乐，法国就多了一个敌人。萨特可以自由回国，这证明了法国民主制度的包容性。资本主义就具有这种能量。我们中国的20世纪30年代，在非常复杂的状态下也显示了类似的能力。

比如鲁迅，他一直以反社会、反主流的先锋形象出现，但他的先锋姿态一直保留到其去世。他一直把很前卫、很尖锐的思想放在文学创作和行为标准之中。正因为这样，他遭遇了很多失败。但他始终保持着先锋性，永远在寻找一种更前卫、更激进的力量来支持他。我们今天理解鲁迅，以为他是一个孤独的“独行侠”，但实际上并非如此。他一生都在寻找可以和他结盟、可以给他支持的先锋力量，比如在留日期间，曾经与光复会结合。光复会是一个秘密的恐怖主义反清组织。“五四”新文化运动兴起以后，他与陈独秀等《新青年》联盟。到了20世纪20年代中期，国民党在南方崛起，他又到广州去参加革命。国民党掌握政权后开始清共，他又倒向了更激进的共产党一边，并成为左联的领袖。鲁迅一直在与最激进、最革命的组织联盟。但很多先锋性的组织都攻击他，左联的成员甚至领导也在攻击他，后期创造社也攻击他。我认为这些团体都是具有先锋性的。为何具有先锋性的团体也攻击鲁迅？因为先锋具有特殊的警惕性，要孤军深入，在正面与敌人作战的时候有一种特殊的敏感，所以先锋与主帅和大部队有一种紧张关系、一种潜在的对立：先锋既要以自己的生死来捍卫主帅，又要保持充分自主灵活行动的独立性。古代有一句话，“将在外，君命有所不受”，意指前方形势千变万化，要随机应变。这个矛盾反映在文化上，先锋文学也常常是打乱枪，不仅反对敌人，还要反对同一阵营中比它更有权威的人。“五四”文学时期就是这样的情况：胡适“八不主义”所批判的，主要不是封建文人的旧体诗，而是南社的诗。南社也是革命团体啊，为何胡适不去反对晚清的遗老遗少，而是专批判主张革命的南社？这就是先锋的策略。后来创造社“异军突起”。所谓“异军突起”，就是同一阵营中另一派人的突起。它的矛头不是针对鸳鸯蝴蝶派，而是针对新文学一方的文学研究会。这里的关系非常微妙。鲁迅的遭遇就是这样。当更新的革命团体出现时，其矛头总是对准他而不是真正的敌人。创造社、“革命文学”论者、左联等先后出现，率先攻击的都是鲁迅，而不是胡适。虽然鲁迅到处被辱骂、被攻击，可是在主观上一直积极追求和这些激进团体的结盟。他到了广州后第一件事情就是想和创造社结盟，当时创造社并无此意。后来到上海也是这样，“革命文学”论者反过来就批判鲁迅。但后来共产党找鲁迅，要他和创造社、太阳社联合建立左联，他马上就接受了。可见，鲁迅是非常乐意与一些激进的团体结合的，虽然这些结合在某种意义上不太成功，但我们可以看出，先锋文学的道路在鲁迅身上越走越艰难，逐步进入困境。

## 四、巴金的转变：“五四”先锋意识的弱化与大众取向

这种情况下，“五四”文学与大众文学的关系究竟如何？“五四”文学如何成为 20 世纪文学主流？也许这个问题显得奇怪，一般的文学史都认为“五四”文学作为主流是不证自明的。其实这是我们后来的文学史“做”出来的。实际上“五四”文学作为一种先锋姿态出现，仅仅是在北大，仅仅是在《新青年》杂志，发出反抗的声音。它在当时的文学环境中，实际上就是一个手电筒跟茫茫黑夜的关系。我们今天已经习惯于站在“五四”立场上，把它作为当时的主流。但当年的它其实是一个非常具有极端性和先锋性的现象。严复当时就说，不必像林纾那样与白话文运动较真，它会自生自灭的，“……亦如春鸟秋虫，听其自鸣自止可耳”（《书札六十四》）。他们当时根本没有想到“五四”文学会发展得那样强大，认为不过是一批极端的文人在那里瞎折腾。钱基博当时写的《现代中国文学史》，从王闿运一路写下来，到最

后才随便提到了胡适、鲁迅、徐志摩等人，寥寥数笔，并不重视。可见新文学在当时是不受重视的，被认为根本成不了气候。而且钱钟书没有介入新文学运动，是与他受家学的制约有关系的，尽管他学贯中西，其短篇小说几乎篇篇骂新文学。可见，他们并未把新文学作为主流来看待。

那么新文学到底是从何时被作为主流的呢？冒昧地说，就是当它的先锋性消失以后，就是当鲁迅的路子越走越窄的时候。此时，“五四”运动有一个转折，当然，转折是通过许许多多的方面、各种各样的因素来完成的，这里不展开了。仅举一个例子来证明，就是最近刚刚去世的巴金。巴金在文学史上是什么地位？第一，巴金在早期是无政府主义者。前面我故意埋下一笔，先锋文学实际上与克鲁泡特金、巴枯宁的无政府主义以及乌托邦空想社会主义有关，由于这种思潮的影响，巴金所认同的无政府主义的意识有强烈的先锋性。他的欧化的语体与反传统的思想，我觉得来自俄罗斯的未来主义，未来主义者叫嚣要把普希金扔到海里去，法国的超现实主义者认为可以把“卢浮宫烧掉”。巴金在20世纪30年代就说过，烧掉故宫没有什么关系，这跟中国文化一点关系都没有。当然这句话的背景是20世纪30年代，来源是西方的先锋派思潮。巴金正是以无政府主义关于未来的理想来要求社会的。艺术是为人生服务的，要推动社会的进步，所有这些想法都与先锋派的艺术主张相吻合。但是，这样一个先锋运动失败了。“五四”的先锋性消失了，巴金的先锋性也消失了，巴金的无政府主义的先锋精神是从“五四”继承过来的，但他与鲁迅不太一样。可以说，鲁迅的先锋精神是原创的，他带来了“五四”文学的先锋性，也影响了后来者，但后来却有变化了。比如“五四”时期的吴虞，他在《吃人与礼教》（《新青年》第六卷第六号）一文中，将鲁迅的“吃人”转移为礼教的“吃人”、被动的“吃人”。这样的问题在巴金身上也存在。巴金的思想是先锋的，他在进行创作以前是先锋的，但当他进入文坛的时候，先锋精神消失了。为什么消失了？因为整个无政府主义失败了。当年他从法国回来后写了一本书，叫《从资本主义到安那其主义》。有人问他对自己的什么书最满意，他说我的书没有满意的，比较有意义的就是这本理论书。这本书探讨了人类社会怎样从资本主义发展到无政府主义。但这本书已经绝版了，被国民党政府查禁了。到了30年代，巴金走向文坛，实际上他的无政府主义和理想追求已经完全失败了。他也尝试做其他事情，比如到福建等地进行社会考察，探索无政府主义的可能性，但没有进行下去。这在他的小说《电》里就有反映。后来他带着绝望回到上海，把这种绝望投入到小说创作中去。所以说巴金的小说有很前卫的意识，即使到今天，仍然有它的意义。举一个例子：我编的今年（2005年）第11期《上海文学》为纪念巴金专号，特意选了他的两个短篇。一篇叫《复仇》，写法国一个普通犹太人，他的家属被两个“排犹”的反动军官杀害了。被逼上绝路后，他发誓要杀掉两个仇人。于是他变卖了自己的店铺，历尽千辛万苦，寻找仇人，终于利用一个偶然的机会杀死了其中一个军官。巴金在这里处理得蛮好。这个杀人犯本来是一个小心谨慎的商人，当他用刀把仇人杀掉后，心态发生了变化。复仇的欲望使他胆子越来越大，越来越以杀人为快。他在杀人之后，用嘴去舔刀上的血。然后他又跟踪另外一个仇人，终于杀掉了他。之后，他公布了自己的名字，结果到处被通缉，最终自杀。但其自杀的真正原因是，他觉得失去复仇对象后，人生没有意义了。这是当时欧洲一个真实的故事，跟现在的恐怖主义很相似。那个时候的恐怖主义还没有发展到炸咖啡馆、人肉炸弹之类的地步。这个小说创作于20世纪20年代。巴金曾写过大量这样的小说。能这么详细、认真、辩证地写出一个恐怖主义者的心理，令我非常震撼。天下没有一个人不爱惜自己的生命，没有一个人平白无故杀人成性，一定是他的处境（家庭、生命）受到了威胁，被逼到了绝境，不得以才拿生命的自我毁灭来向世界宣布自己的存在，维护自己的尊严；才走向这种变态、疯狂的境界。巴金一方面很严厉地批判了变态的杀人狂，另一方面生动地写出了这种变态形成的社会原因。他把这种现象一直追溯到反犹主义。当然，反犹主义让人想到后来的纳粹，恐怖主义也一直延续到今天。谁说这样的故事已经消失了呢？今天我们也讲“反恐”，但是在这个全球化的话语下面，却没有人站出来展示这些被谴责的人，他们的心理状态是什么样的？他们的人格是如何被扭曲的？为何会走到这种“自绝于人类”的地步？巴金小说中有大量这样的展示，有没有别的作家可以代替？我们当今有没有一个作家可以把眼下最尖锐的问题在创作中艺术地展示出来？其展示是否正确没有关系，重要的是把这种绝望的形象展示出来。

另一篇是《月夜》。一个月夜，船上有两个客人，要到城里去。但船老大一直不开船，因为在等一个常客，他是村里的一个伙计，每天晚上要坐船到城里。最后，大家一起去找，发现他已经被人杀害。原来他参与选举村长而遭暗害。现实生活里也确有一群无政府主义者来到广东农村，想通过合法手段组织农会，通过合法的选举将原来的恶霸村长选下去，结果失败了。巴金即时地描写了这一现实故事。巴金的尖锐就在这里，他对社会的剖析的炮弹集中打在这些社会焦点上，甚至是全球化过程的焦点上。同样是分析社会，他能抓到社会制度的要害。为什么巴金能够这样？他当时是一个无政府主义者。所以，我现在把无政府主义也归纳到先锋性里面来。他通过文学创作来尖锐地表达自己的理想。在这个过程中，他慢慢地被社会接受了。

他是带着先锋色彩被社会接受的，但最先被接受的是长篇小说《家》。他的小说本来都发表在一些文学杂志上，即今天所谓的纯文学杂志上。他的小说都很尖锐，一出版就被禁止。他早期的小说几乎都被国民党的审查制度查禁过，往往是写一篇封一篇。当时，上海有一个小报《时报》，属于市民的通俗报纸，常登一些言情小说。有一个编辑想刊登一些新文学的作品，于是通过朋友找到了巴金，希望巴金给该报纸写点小说。巴金便想到自己家的故事，既然那些政治小说老被禁，写家庭这样的故事总不会被禁吧。所以巴金的“高家”纯粹是一个象征，高老太爷象征着封建家长制，与他自己的家庭根本不是一回事，不过是想通过对高家的批判来达到对社会的批判。巴金只是为了在一个通俗小报上发表作品，不得不把一个先锋意识的作品改变成普通的家庭故事。这就是巴金的改变。巴金最初的小说《灭亡》里写一位革命者培养了一批工人，结果工人参加革命以后被抓去杀头，那位革命者也去看。小说写得很恐怖，工人的头被割下来，在地上滚来滚去。周围的老百姓还麻木不仁地议论说这个刽子手没有前一个刀法快之类的。这些都与鲁迅的启蒙笔法很相似。巴金在《家》里面从一个较低层次的角度演绎了鲁迅的“吃人”理念，个人是不“吃人”的，而是礼教“吃人”、制度“吃人”。在《家》中，巴金将先锋意象弱化为一个大家能够接受的言情故事。这个改变使巴金的名字在上海的市民读者中广为流传。小说连载了一年多，几经曲折。有人评论说，中国新文学一直在小圈子中，只有到了巴金、老舍等，由于这些长篇被市民广泛接受，才培养了新文学的读者群。这个说法很对。茅盾当年写《蚀》三部曲时，加入了一些在今天看来有些色情或低级趣味的描写，遭到评论者的批评。为此，他专门写了一篇文章《从牯岭到东京》来自我辩解。他指出，当代的读者群到底是谁？是小市民、小资产阶级，我们要争取他们。而这是新文学一直没有解决的问题，即新文学应当争夺一批小市民读者，他们是文化市场的主要消费者。如何征服他们？不可能拿一个真正的先锋作品来征服他们，只能拿弱化了的先锋作品，比如巴金的《家》，正好是先锋与大众之间的桥梁。后来左翼文学的瞿秋白等，一直批评“五四”文学的欧化，批评它不够大众化。因为只有大多数读者认可了新文学，新文学才能真正得到普及。

我只举了巴金一个例子，实际上很多作家都有大众化的焦虑，比如沈从文、老舍等。他们本来与“五四”新文学是有一定距离的，比如老舍的《二马》《赵子曰》等作品，对“五四”新文学有讽刺和批评的意味。老舍本来出身于市民阶级，有很强的市民趣味，所以将“五四”新文学精神与市民趣味衔接了起来。他们的出现，为新文学赢得了大量读者。正如鲁迅曾提到，他的母亲不喜欢他的小说，却喜欢张恨水的，因为张恨水的更通俗。后来，大家都知道鲁迅、巴金、老舍了，就标志着“五四”的先锋文学成功了。“五四”的先锋文学，通过自身努力占领了文化市场。20世纪30年代“五四”文学黄金时代的到来，与大量新文学作品走向市场有关。这恰好印证了比格尔那句话，先锋是在失败的情况下成功的。“五四”文学被市场认可，甚至成为文学的主流，但早期的先锋精神却慢慢消失了。先锋形态的文学转化为另外的形态。我想探讨的就是这样的问题，巴金只是其中一个例子。巴金为此曾很痛苦。他的小说其实非常流行，那么多人都读过他的小说。作为一个拥有大量读者的作家，本应很得意，他却一直在说：这违背了我。他看到自己的作品发在一些小报上，自己的名字和一些不喜欢的人列在一起，自己的作品如此流行，但很失望。这里涉及"先锋"和"媚俗"的关系，今天也不展开。市场会使先锋变为媚俗，这种演化反过来又使其成为我们时代的文学主流。这是辩证的关系。今天把这个问题端出来，请教于大家。

谢谢大家！也谢谢温儒敏教授的邀请！

# 一轮明月照古今：贯通中国古今文学的诠释模式①

王润华*

## 一、曾照古今文学恒长不变的明月：多元文化诠释模式

李白的七言古诗《把酒问月》，其中4句，表层意义平凡，但令我引起创新惊人的联想。他说人的生命短暂，明月永恒，所以只有今天夜空的明月照见过古人与今人，今人都没见过古时月，但要是古人、今人像一条长流不断的河，他们所见的明月是相同的：

今人不见古时月，今月曾经照古人。
古人今人若流水，共看明月皆如此。②

如果李白允许的话，我要把诗中的“照”解读为包含了明白、了解、透视等意义。我在此想借用李白恒长不变的明月比喻国际学术天空上的、研究中国文学与世界华文文学的诠释模式。这种不断开发出来的多元化的诠释模式可以深入有效地解读古今

---

① 此为北京大学中文系“孑民学术论坛”第61期（2002年）王润华先生的讲演稿。经作者同意，刊登于此，以飨读者。

② 李白：《把酒问天》，载《全唐诗》，第178卷，上册，台北，宏业书局，1827页。

* 王润华：原籍广东从化县，1941年生于马来西亚，现为新加坡公民。台湾政治大学毕业，美国威斯康星大学文学博士。曾任南洋大学人文与社会科学研究所所长、新加坡国立大学文学院助理院长、新加坡作家协会会长。现任马来西亚南方大学学院讲座教授，资深副校长。擅长散文与诗歌创作，重要作品有《患病的太阳》《高潮》等。在学术领域里，专长于中西比较文学、唐代诗论及诗歌、中国及东南亚现代文学等，著有《中西文学关系研究》《司空图新论》《从司空图到沈从文》等书。

的文学。这种种诠释模式不能因为中国的古人没有见到，又因出现在中国域外，而受到怀疑。这些诠释模式汇合了世界古今的多元文化思考。多种文明典型范例演绎出来的理论模式，其涵盖面广阔，诠释性强大。所以古人、今人创造的文学之河流，曾经拥有共同的明月，而明月也照过它。李白的诗以这两句结束：

> 唯愿当歌对酒时，月光长照金樽里。

对古今文人来说，酒就是文学，文学就是酒。所以李白希望明月长照着酒，也就是说，明月最了解我们的作品。照过古今的明月，可比作多元文化的诠释。

## 二、现代汉学的新传统：跨国界的中国文化视野

我出生于当时新加坡还未从马来西亚独立的英国殖民地马来亚（Malaya）。早在 15 世纪，郑和的西洋舰队在马来亚的马六甲登陆之前，那里已有大量中国移民，所以马六甲象征着中国传统文化向西前进的重要基地。而马六甲在 16 及 17 世纪先后成为葡萄牙、荷兰与英国的殖民地，更是西方霸权文化向东挺进的重要堡垒。因此，马六甲成为世界上最早出现全球性大量移民与多元文化汇流的地方。①

由于我自己出生于当时新加坡与马来西亚还未分家的英国殖民地马来亚（Malaya），我常常以本地作为现代汉学（Sinology）的其中一个起点而感到骄傲。英国汉学大师理雅各（James Legge）在 1839 年被伦敦的传教会（London Missionary Society）派遣到马六甲（Malacca）的华人传教会工作，当时他才二十多岁。一年后，

---

① 参见邱新民：《东南亚文化交通史》，349～365 页（郑和与马六甲）、366～384 页（葡人殖民马六甲），新加坡，新加坡亚洲学会与文学书屋，1984。

理雅各出任马六甲的英华书院（Anglo-Chinese College）校长，这书院在1818年由马礼逊（Robert Morrison）所创立。马礼逊与理雅各两人都是到了马六甲，其汉学研究兴趣才开始。后来马礼逊成为英国汉学的最早的开拓大师，而理雅各成为英国牛津大学首任汉学教授。[①] 他的《四书》注释与英文翻译 *The Chinese Classics* 的巨大工作，也是在马六甲的英华书院开始进行的。[②]

马礼逊与理雅各在东西文化交通要道上的中西文化交流经验，使他们立志成为注释中国文化的汉学家。理雅各跨国界的文化视野，给中国的《四书》带来全新的诠释与世界性的意义。所以马六甲应该被肯定为现代汉学研究的一个极重要的起点。

这种突破传统思考方式，去思考中国文化现象的多元性的汉学传统，是新加坡学者与马来西亚学者探讨研究中国文化的重要传统。[③] 传统汉学是一门纯粹的学术研究，专业性很强，研究深入细致。周法高在《汉学论集》（1964年）中就指出，普通学科的根底要打好，要通晓多种语言，例如研究中国文学的人对西洋文学方面要选读几科才行。海陶纬（James Hightower）也认为研究中国文学的人应通晓其他文学的治学方法。[④] 他们很有远见，

---

① See David Hawkes, "Classical, Modern and Humane", *Essays in Chinese Literature*, eds. John Minford and Siu-kit Wong, Hong Kong: Chinese University Press, 1989, pp. 4 - 6.

② *The Chinese Classics*, London, Trubner, 1861—1872). 翻译工作1861年在香港完成。

③ 关于新马汉学的早期研究，参考程光裕：《新加坡与马来西亚的汉学研究》，载《世界各国汉学研究论文集》，71～108页，第2辑，台北，“国防研究院”及“中华大典”编印会，1967。

④ 参见周法高：《汉学论集》，8～16页，台北，正中书局，1964；James Hightower, "Chinese Literature in the Context of Word Literature", *Comparative Literature*, Vol. V (1955), pp. 117 - 124（中译本为《英美学人论中国古典文学》），253页以下，香港，香港中文大学出版社，1973。

说这些话时，比较文学还未兴起。过去的汉学家，尤其在西方，多数出身贵族或富裕之家庭，没有经济考虑，往往穷毕生精力去彻底研究一个小课题，而且是一些冷僻的、业已消失的文化历史陈迹，和现实毫无相关。因此传统的汉学研究在今天，也有其缺点，如研究者不求速效、不问国家大事，所研究的问题没有现实性与实用性，其研究往往出于奇特冷僻的智性追求，其原动力是纯粹趣味。①

传统汉学比较忽略纯文学，尤其现代文学。但是把汉学治学的方法用来研究文学，其突破与创新是难于想象的。周策纵的“五四”、红学与文论研究便是最好的例子。由于他对古今中外文史哲都通晓，从考证校注到西方汉学研究方法都使用，如对《红楼梦》的版本，其有关高鹗续书的论断，见解精辟，令人信服。②

## 三、超越中西文明为典范的诠释模式：包容各专业领域的区域研究与中国学

上述这种汉学传统在西方还在延续发展，我个人的研究方法与精神，由于在马来西亚出生与长大，1967—1972 年在美国攻读高级学位，特别受到其专业精神、研究深入详尽的探讨、不逃避冷僻的学问的传统训练的影响。我在留学美国期间，美国学术界自第二次世界大战以来，已开发出一条与西方传统汉学很不同的研究路向，这种研究中国的新潮流叫中国学（Chinese Studies），它

① 参见杜维明：《汉学、中国学与儒学》，载《十年机缘待儒学》，1～33 页，香港，牛津大学出版社，1999。

② 周策纵的代表作有 *The May Fourth Movement*，Combridge，Harvard University Press，1960；*Searthford*，Stanford University Press，1967；《红楼梦案》，香港，香港中文大学出版社，2000；《古巫医与六诗考：中国浪漫文学探源》，台北，联经出版社，1986。

与前面的汉学传统有许多不同之处：它很强调中国研究与现实的相关性、思想性与实用性，强调研究当代中国问题。这种学问希望西方了解中国，另一方面也希望中国了解西方，对西方有所反应。①

中国研究是在区域研究（Area Studies）兴起的带动下从边缘走向主流。区域研究的兴起，是因为专业领域如社会学、政治学、文学的解释模式基本上是以西方文明为典范而发展出来的，对其他文化所碰到课题的涵盖性与诠释性不够。对中国文化研究而言，传统的中国解释模式只以中国文明为典范而演绎出来的理论模式，如性别与文学问题，是以前任何专业都不可单独顾及和诠释的。② 在西方，特别是在美国，从中国研究到中国文学，甚至缩小到更专业的领域——中国现代文学或世界华文文学，都是在区域研究与专业研究冲击下的学术大思潮下产生的多元取向的学术思考与方法，它帮助学者把课题开拓与深化，创新理论与注释模式，沟通世界文化。

## 四、多学科、多方法：往返于古典与现代研究领域的学者

刘若愚在《中国文学研究在西方的新发展、趋向与前景》③

---

① 参见杜维明：《汉学、中国学与儒学》，载《十年机缘待儒学》，1～12 页，香港，牛津大学出版社，1999。关于中国学在美国大学的发展研究方法，see Paul Sih (ed.), *An Evaluation of Chinese Studies*, New York, St. John's University, 1978。

② 参见杜维明：《汉学、中国学与儒学》，载《十年机缘待儒学》，1～33 页，香港，牛津大学出版社，1999。

③ See James Liu, "The Study of Chinese Literature in the West: Recent Developments, Current Trends, Future Prospects", *The Journal of Asian Studies*, Vol. XXXV, No. 1 (Nov. 1975), pp. 21－30。我在 1991 年曾论述《中国现代文学研究的新方向》，载《汉学研究之回顾与前瞻》，343～356 页，北京，中华书局，1995，但目前已正蓬勃的从文化批评来研究中国现代文学，当时还未论及。

一文中指出，在20世纪60～70年代的西方，尤其在美国，以中国文学作为研究专长的学者日益增加，使得中国文学研究在20世纪70年代中期已成为一门独立的学科，不再是附属于汉学的一部分。学者把自己的专长与研究范围限于中国文学之内，因此他们愿意被看作中国文学专家而不是汉学家。刘若愚的报告清楚地说明，中国现代文学研究在西方的发展，到了20世纪70年代，几乎已达到与古典文学研究并驾齐驱的境界；同时也说明很多学者都进出、往返于中国古今文学之间。戈茨（Michael Gotz）的研究报告《中国现代文学研究在西方的发展》发表于1976年，比刘若愚的研究报告只晚了一年，他的结论指出，在过去20年间，中国现代文学研究已不再是汉学的一部分，而是一门独立的学科：

> 在过去二十年左右，西方学者对中国现代文学严肃、认真的研究已大大地发展起来，到了可以名副其实称为“学科”（field）的阶段。中国现代文学研究已不再是附属于汉学的一部分，它已经从语言、历史、考古、文学研究及其他与中国有关的学术研究中脱离，自成一门独立的学科。①

中国现代文学研究在西方为什么发展得这么迅速？戈茨的看法很有见地：因为在第一个发展阶段中，许多不同学科的中国专家群，他们原来是研究古典文学、历史、社会学、政治学、西洋文学，突然由于环境与生活的需要，纷纷改行研究中国现代文

① Michael Gotz，“The Development of Modem Chinese Studies in the West”，*Modern China*，Vol. 2，No. 3（July 1976），pp. 397 - 416；葛浩文（Howard Coldblatt）：《中国现代文学研究的新方向》，载《漫谈中国文学》，109～119页，香港，香港文学研究社，1980。

学。在20世纪60年代中期成名的学者中，像许介昱，一开始就专攻中国现代文学，从1959年的博士论文《闻一多评传》开始[①]，一直到1982年逝世时，始终为现代文学效命。可是他在西南联大念的是外文系，后来在密歇根大学读硕士、本行却是英国文学，因此要找一位从大学到博士的训练全是正统中文系出身的，恐怕难以找到。目前我只知道一位，他是柳存仁。他在北大和伦敦大学的学位，全是研究中国文学。虽然他最大的成就在古典领域里，但他由古典进入现代文学也有极大的贡献。[②] 这是贯通古今的优势。

在美国第一代的中国现代文学学者中，他们几乎是从别的学科转行过来的，而且经常往返于中国古典文学与现代文学之间。像周策纵原是密歇根大学的政治系博士，李田意是耶鲁大学历史系博士，夏志清和柳无忌都是耶鲁大学的英文系博士，其他学人像王际真、陈世骧、夏济安、卢飞白、施友忠都是英文系出身。这些第一代学人，离开中国时已有旧学造诣，在亲身参与或耳闻目染中也有中国现代文学基础。当他们把其他学科的治学方法拿过来研究中国现代文学与古代文学，又将研究古今文学的方法与经验互相使用时，很容易开拓领域，发现新问题。由于从跨学科的观点与方法着手，周策纵的《五四运动史》才能成为研究现代中国社会、

---

① "*The Intellectual Biography of a Modem Chinese Poet*: *Wen I-to*"（Stanford University，1959），经过修改出版成书：*Wen I-to*（New York：Twayne，1980）。

② 柳存仁的现代文学著作包括与茅国权合作英译巴金的《寒夜》（*Cold Nights*，Seattle，University of Washington Press，1979）、"Social and Moral Significance in Modern Chinese Fiction"，*Solidarity*，3（Nov. 1968），pp. 28－43；等等。

政治、文化、思想和文学的一本重要著作。① 从现代重返古典，他对中国古典文学的研究又有所突破。《红楼梦案》《论王国维人间词》《古巫医与“六诗”考：中国浪漫文学探源》及很多其他论文中，周策纵证明很多方法与经验可贯通古今。他的文化批评和文化考古式的论证与分析建立了一种新典范模式。② 夏志清的《中国现代小说史》至今仍是研究比较文学和中国现代文学的权威著作③，主要原因是夏志清在研究中国小说之前，已对世界小说理论与著作有研究，这部书实现了海陶纬（James Hightower）的预言：

> 以往从事中国文学的人，多半是对异国文学缺乏深切认识的中国学者。现在我们需要受过特别训练的学者，通晓最少一种为众所知的其他文学的治学方法与技巧，由他们把这些治学方法与技巧应用于中国文学研究上。只有采用这样的研究方法，中国文学才能得到正确的评价，西方读者才会心悦诚服地承认中国文学应在世界文坛上占一个不容忽视的地位。④

夏志清写完现代文学史，再回头研究古典文学，他对古典文学的见解就很创新，《中国古典小说》以及收在《爱情·社会·小说》及《人的文学》中的论文，其文学分析（literary analysis）的

---

① 博士论文原题为“The May Fourth Movement and It's Influence upon China's Socio-Political Development”（University of Michigan，1955），经过修改，出版成书：Chow Tse-taung，*The May Fourth Movement*（Cambridge：Harvard University Press，1969）。

② 参见周策纵：《论王国维人间词》，台北，时报文化出版事业公司，1981。

③ See C. T. Hsia，*A History of Modern Chinese Fiction*，New Haven：Yale University Press，1961.

④ ［美］海陶纬著，宋淇译：《中国文学在世界文学中的地位》，载《英美学人论中国古典文学》，253～265页，香港，香港中文大学出版社，1973。

比较视野，很显然是来自西方与现代文学研究之理论批评方法。[①]

这种趋势一直发展到今天。不少原来非研究中国现代文学的人进入这一研究区域，主要是受学科与学科间的科际研究（interdisciplinary studies）之学术风尚之影响。这些学者将文学与哲学思想、宗教、历史、政治、文化衔接起来，给我们带来广面性的方法，帮助我们从各种角度来认识古今文学，使文学研究不再是片断和孤立的学问，甚至可以将研究中的真知灼见和结果在文学与非文学的学科间互相运用。

跨越学科的早期学人，周策纵便是其中一位，他在进出古今文学、思想、历史、政治之间，为“五四”运动找到较完整的定义，所以他的《五四运动史》成为各种科系学者的重要参考著作，他的古典研究如红学考证已成为学术界的典范。李欧梵自己所走的学历道路——从外文到国际关系，再从近代思想史到中国现代文学与文化研究正代表跨越科系的学术发展趋势。他的著作《中国现代作家的浪漫一代》《铁屋中的呐喊：鲁迅研究》《中西文学的徊想》《徘徊在现代和后现代之间》《现代性的追求》《上海摩登》，是文学、社会、文化和思想史，代表了多元文化跨领域的研究方向。[②] 他主编的《鲁迅及其遗产》更是集合了一批学术背景

---

① 参见 C. T. Hsia，*The Classic Chinese Novel*，New York，Columbia University Press，1968；《我的文学》，台北，线性文学出版社，1977；《爱情社会小说》，台北，纯文学出版社，1970。

② See Leo Lee，*The Romantic Generation of Modern Chinese Writers*，Cambridge，Mass.：Harvard University Press，1973；*Voices from the Iron House*：*A Study of Lu Xun*，Bloomington：Indians University Press，1987；李欧梵：《中西文学的徊想》，香港，三联书店，1986；李欧梵：《徘徊在现代和后现代之间》，台北，正中书局，1996；李欧梵：《现代性的追求：李欧梵文化评论精选集》，台北，麦田出版社，1996；*Shanghai Modern*：*The Flowering of a New Urban Culture in China*，1930—1945，Cambridge，Mass.：Harvard University Press，1999。

与他相似的学者而写的一部多种途径、多种观点探讨鲁迅的著作。[①] 目前李欧梵正以研究现代的经验与方法来探讨晚清的文化研究。

在运用西方的文学批评方法来探讨中国现代文学的著作中，比较文学占了最重要的部分，比“文学分析”更多。而近二十年来，文化批评（研究）又更加蓬勃，目前已成为主流。[②] 李欧梵在《文化研究理论与中国现代文学》一文中论述了最新的发展状况，他指出，周蕾（Rey Chow）是美国最走红的学者，其代表作为《妇女与中国现代性》（1991 年）[③]，而李欧梵的《上海摩登》（1999 年）是目前最新的文化研究力作。我觉得以比较文学和文化批评来探讨中国文学尤其现代文学，是欧美、中国港台地区华人学者及日本学者最特别的贡献。中国大陆在 20 世纪 70 年代末期门户开放后，马上就注意到这方面的特殊成就。中国近年出版的研究现代文学论文，反映出以比较方法与文化批评研究古典、现代文学成了非常热门的研究方法。[④]

---

① See Leo Lee (ed.), *Lu Xun and His Legacy*, Berkeley: University of California Press, 1985。

② 有关文化研究的发展趋向，参考李欧梵：《文化史跟“文化研究”》，载李欧梵：《徘徊在现代和后现代之间》，182～186 页，台北，正中书局，1996；王德威：《小说中国》，345～407 页，台北，麦田出版社，1993（其中的三篇论文，尤其《想象中国方法》、《现代中国小说研究在西方》）。

③ 《文化研究理论与中国现代文学》为李欧梵在新加城国立大学中文系的一篇讲稿，未发表；Rey Chow, *Women and Chinese Modernity: The Politics of Reading between West and East*, Minneapolis: University of Minnesota Press, 1991（中译本为《妇女与中国现代性：东西方之间阅读记》，台北，麦田出版社，1995）。

④ 北京大学出版社出版的“北京大学比较文学研究丛书”就反映出中国学者已从比较文学走向文化批评研究。

## 五、人文、社会科学的新思维模式

新思想、新研究方法、批评方法与视野、新理论，现在常用思维模式（paradigm）来通称。目前在工商界及学术界，这是一个很时髦的名词。英文 paradigm 指思想方式（patterns of thinking），它影响人对世界的看法，因而改变了现实。[①] 王赓武在一篇论文——《思维模式转变与亚洲观点对研究与教学的影响》——中指出，目前出现许多思维模式的转变（paradigm shifts）。[②] 在西方，思维模式的转变，通常学术思潮所造成的，或是对社会变化所引起的反应。在亚洲过去 50 年来，特别是那些新兴国家，思维模式转变，往往是大环境尤其政治经济的发展所造成的。

目前影响亚洲各国学术界的思维模式，根据王赓武的说法，可分成两大类型：一种主要在西方产生，是知识驱动型（knowledge driven）；另一种是环境变迁所造成的，是第三世界的思维产品。王赓武把目前比较显著的、对亚洲人文与社会科学学者在研究与教学上有影响力者，列出 10 种新思维模式，其中：易于环境转变型（situational shift）者，有 4 种：（1）从殖民转变成反殖民思维模式；（2）从古典/传统转变成现代/西方思维模式；（3）自由开放社会科学思维模式转变成马克思思维模式，然后又转变回去；（4）从重视文化诠释转变成排除文化的诠释，然后又重新重视文化的诠释。主要由西方入口的经济型思维模式有 6 种：（5）后现代；（6）性别研究；（7）东方主义；（8）历史终点论；

---

① See Joel Barker, *Future Edge: Discovering of New Paradigm of Success*, New York, W. Morrow, 1992.

② See Wang Gungwu, "Shifting Paradigms and Asian Perspectives: Implications for Research and Teaching", *Reflections on Alternative Discourses from Southeast Asia*, ed. by Syed Alatas, Singapore, Centre for Advanced Studies, 1998.

(9) 及 (10) 没有边界的世界论。

以上这10种新思维模式，虽然会有所争议，甚至说某些不能被采纳为思维模式，但至少好几种思维模式对人文与社会科学各学科，包括中国文学，有广泛的影响力。目前中国国内学者所推广与运用的文学理论和批评方法，如《文学新思维》与《迈向比较文学新阶段》两书论述的各种文学分析方法，以及文化批评、多元文化，等等，都是由上述这些新思维模式的转变所带来的文学新思考、新方法。① 这些新思维模式，再经过本土人的观点的调整与修正，肯定可对中国文学带来新的意义与生命。

## 六、在全球化、本土化冲击下我的古今文学多元思考与分析方法

一方面，新加坡由于在地理上处于东西方的重要通道上，最早遭到西方文化的侵略与受到东方文化的影响，成为最明显的具有东西文化的新精神、新文明的国家。从殖民时期英国极权统治到高科技信息网络的新世纪，新加坡的文化处处都呈现出这是一个全球化的典范。另一方面，由于新加坡原来长期遭受殖民统治，1965年独立后才开始塑造国家认同，建构自己文化的本土性，所以新加坡目前正面临全球化与本土化猛烈冲击的考验。

今天跨国界的流动、多元文化现象，已不能只用传统或一元的思考方式去分析，因为种种因素改变了人的经验模式与时空坐标。在全球化与本土化的冲击下，由于出生在多元文化的社会，

---

① 朱栋霖主编的《文学新思维》(南京，江苏教育出版社，1996) 提倡精神分析、女性主义、接受美学、原型批评等理论与方法。曹顺庆主编的《迈向比较文学新阶段》(成都，四川人民出版社，2000) 代表中国比较文学跨入第三时期，论述多元文化。"北京大学比较文学丛书"与"北大学术讲演丛书"也是如此，也是说多元文化的书。

又由于在上述学术思潮中受训，我个人的解读现代文学的方法，从考证、注释、新批评、比较文学到文化批评，都一一地加以运用。以西方或中国文学为典范演绎出来的解释模式我都因需要而采用。20 世纪 70 年代初期我在美国读研究生时，区域研究正是高峰期，它强调现实性与实用性，因此，我的硕士论文研究郁达夫在新加坡与印尼的放逐与死亡。我以东南亚本土知识与社会经验来注释一位中国作家在南洋的流亡与死亡，可以突破中国中心论对郁达夫的认识：在异乡寻找理想中国，在开拓南洋华侨的感召下，他改变了自己。在苏门答腊改名为赵廉、开酒厂，是郁达夫重新加入社会的一种宗教仪式。① 我的导师周策纵教授要我做研究，来往于古典文学与现代文学之间，才会有所创新与贯通，我的博士论文因此选了古典论题。那时比较文学重视去发现或复活被忽略的好作家，西方学者对李贺、李商隐的研究使得他们成为世界文学的名作家。我选了晚唐的司空图及其诗论。② 我的区域研究、现代文学、本土知识使我研究司空图时，重视地方志及一些杂书，也采用了西方文学的风格论和《镜子与灯光》中的理论架构来分析司空图的诗论。现代文学研究的方法与经验使我重建司空图生平思想及诗论，发现新的意义。③

---

① 我的硕士论文 *A Study of Yu Tafu's Life in Singapore and Malaya*, 1939—1942，MA thesis，University of Wisconsin，1969。后自改写成中文，载王润华编：《郁达夫卷》，3～71 页，台北，远景出版社，1984。

② Wong Yoon Wah，*Ssu-K'ung T'u*：*The Man and his Theory of Poetry*，Ph. D. Thesis，University of Wisconsin，Madison，1972. 经过改写出版成两本书：*Ssu-K'ung T'u*：*A Poet-Critic of the T'ang*，Hong Kong，Chinese University Press，1976；《司空图新论》，台北，东大图书公司，1989。

③ 关于把司空图诗论以艾伯塞斯（M. H. Abrams）的 *The Mirror and the Lamp*（London：Oxford University Press，1953）的诗学来分析的部分，参见《司空图新论》，213～225 页，台北，东大图书公司，1989。

我读高级学位时对现代文学与古典文学的训练和研究，使我30年来不断来往于古今的领域里。我研究王维的诗，从年轻之作《桃源行》开始。他一共写了7首有关桃源行的诗作。它启发我以此为例，论述现代文学中的卷首诗（prefatory poem）与乌托邦（utopia）的问题，写成《“桃源勿遽返，再访恐君迷”：王维八次桃源行试探》。[①] 我研究现代华文诗，尤其朦胧诗，常用马拉美（Stéphane Mallarmé，1842—1898）——“诗永远停留在谜语里”与梵乐希（Paul Valéry，1871—1945）——“诗人应该为我们制造谜语”——的诗学理论。它促使我的红学研究因此离经叛道，突然发现曹雪芹早已有此诗学，因此写了《论〈红楼梦〉中谜语诗的现代诗结构》。[②] 曹雪芹在《红楼梦》中共有7次描写放风筝，每读这些文字都让我意识到现代诗的象征结构。基于这种现代与古典的交流，我写了《论大观园暮春放风筝的象征》。[③]

区域研究驱使我研究中国现代文学时，焦点放在异域中的作家。老舍一向被锁定为北京味最重的区域作家，但是如果只从一元的角度，从北京味的传统理论架构来阅读老舍，那他那些属于世界华文文学中最早的后殖民文本与理论，如《小坡的生日》《二马》，及批评康拉德小说中殖民帝国思想的文章，就被忽略了。[④] 我因为生活在多元文化社会里，才能以原新马殖民社会、多元文化经验认识到《小坡的生日》及其他作品中的非北京、非

---

① 参见《第二届国际唐代学术会议论文集》，299～315页，上册，台北，文津出版社，1993；《唐代文学研究》，第5辑，139～151页，桂林，广西师范大学出版社，1994。

② 参见《大陆杂志》，第90卷第2期（1995年2月），69～75页。

③ 参见《大陆杂志》，第89卷第3期（1994年9月），36～43页。

④ 我在《老舍在〈小坡的生日〉中对今日新加城的预言》（载《老舍小说新论》，29～46页，台北，东大图书公司，1995）中，曾分析中西学人的误读。

中国意义结构。老舍这些作品呈现了跨国的文化经验与主题。[①]

老舍1929年秋天到新加坡，除了因为口袋里的钱只够买一张到新加坡的船票外，而且原来也打算写一部以南洋为背景的小说，表扬华人开发南洋的功绩，因为在伦敦期间读了康拉德（Joseph Conrad，1857—1924）写南洋的小说而有所启发。康拉德的小说中，白人都是主角，东方人是配角，而且征服不了南洋的大自然，结果都让大自然吞噬了。老舍要写的正与此相反：他要写华人如何空手开拓南洋。可是教书的工作把他拴住，没时间也没钱去马来西亚内地观察，于是他只好退而求其次，以新加坡的风景和小孩为题材，写了《小坡的生日》。[②] 他创造了小坡，一个在新加坡土生土长的小孩子，代表第二代的华人思想意识已本土化，已成为落地生根的新加坡人。小坡的父亲是一个标准的早期的华侨移民，有宗乡偏见。可是出生于新加坡小坡一带的小坡，摒弃宗乡主义，不分广东或福建。《小坡的生日》中关于多元种族、多元语文与文化的新加坡社会，尤其花园城市之寓言，就是老舍用来逆写（write back）康拉德小说中的南洋。老舍通过创作一本小说，纠正白人笔下“他者的世界”。老舍在新加坡亲身体验被殖民者的痛苦虽然只有半年，但是他在之前，已在英国住了5年，而新加坡正是当时大英帝国的殖民地，所以老舍很快地就有了深入、广泛的对殖民主义者及被殖民者的了解。《小坡的生日》中的寓言的多元种族、多元文化时代之争取与来临，正是本

---

① 参见王润华：《老舍小说新谈》，台北，东大图书公司，1995，1～46、79～120页。

② 我研究根据的版本是《小坡的生日》（上海，晨光出版社，无出版日期）。这本小说完成于1930年，1931年1月至4月在《小说月报》第22卷第1号至第4号连载，生活书店1934年7月初版。这本小说目前收集于《老舍文集》（第2册，1～146页，北京，人民文学出版社，1993）。

土文化与帝国文化相冲突、强调本土文化与帝国文化之不同的思考所发出之火花。①

老舍小说中对西方霸权与中国守旧、闭关自守的反思，很有启发性地引我重读李渔（1611—1680）的《十二楼》。其中《夏宜楼》中的望远镜与老舍之《眼镜》中的眼镜，都象征中国人故步自封，痛惜没有把视野扩大、走出中国领土。如此阅读，可以把清代小说、现代小说之母题传统连接起来。② 王瑶曾说过："对现代文学的历史考察，目光只囿于三十年代的范围会有很大的局限性，需要把研究视野作时间上的延伸。"③ 俄国学者谢曼诺夫研究清代小说的心得，使他在《鲁迅和他的前驱》一书中更有深度地为鲁迅小说解读，更准确地给鲁迅定位。④

## 七、本土多元文化的思考：对中西诠释模式的挑战与回应

本土多元文化的思考，帮助我对中西诠释模式加以挑战与回应，进而在以中西文学为典范的注释中，寻找更广阔的解释模式。新加坡人的多元文化、本土知识可以对西方的观点、对中国的中原中心主义的诠释模式加以挑战与回应。过去夏志清说《小坡的生日》只是写给儿童看的童话，胡金铨以北京味的小说视角

---

① 参见王润华：《从后殖民文学理论解读老舍对康拉德热带丛林小说的批评与迷恋》，载《老舍与二十世纪》，171～186页，天津，天津人民出版社，2000；《华文后殖民文学》，上海，学林出版社，2001。

② See Bill Ashcroft and Others，*Te Empire Writes Back*，London：Routledge，1989），pp. 12 - 13，104 - 105；Bill Ashcroft and Others（eds.），*The Past-colonical Studies Reader*，London：Routledge，1995，pp. 132-133.

③ 王瑶：《关于现代文学研究工作回顾和现状》，载《王瑶文集》，145页，第5卷，太原，北岳文艺出饭社，1995。

④ 参见［俄］谢曼诺夫著，李明滨译：《鲁迅和他的前驱》，长沙，湖南文艺出版社，1987。

予以审思，觉得它不像童话，也不是成人读物。西方白人学者与中国人也觉察不出这本小说的后殖民文学的特点。依多元文化与本土知识予以解读，我们便可带来新突破：这本小说颠覆了以欧洲霸权文学为典范的文学主题与人物。

新加坡作为海外华人社群的一个重要中心，可以在中华文化发展方面扮演积极的重要角色，我们过去对华族文化遗产所作出的贡献是有目共睹的。对中国古典文学与现代文学的诠释，也可以从以中西文学为典范的模式中，寻找出另一种解释的模式，让一些中国文学被忽略的重大问题与意义，重新被解读出来。老舍对世界后殖民文学的论述与创作便是一个例子。

新加坡在移民时代，在脱离英国的殖民统治而独立的前后，强势/中心文化把殖民世界推压到经验的边缘。中国的中原心态（Sino-centric attitude）、欧洲的自我中心主义（Euro-centrism），使得一元中心主义（Mono-centrism）的各种思想意识，被本土人广泛地接受。可是进入后现代以后，当年被疏离的、被打压的、处在边缘地带的殖民世界的经验与思想，现在突破被殖民的子民心态，把一切的经验都看作非中心的（uncentered）、多元性的（pluralistic）与多样化的（multifarious）。边缘性（marginality）现在成为一股创造力、一种新的文化视觉。走向非中心（uncentered）与多元化（pluralistic）成为世界性的思潮。边缘性的（marginal）与变种的（variant）成了后殖民语言与社会的特色。边缘性的话语（discourses of marginality）如种族、性别、政治、国家、社会，常常可以带来一种新的诠释模式。[①]

① See Bill Ashcroft and Others, *Te Empire Writes Back*, London: Routledge, 1989), pp. 12 - 13, 104 - 105; Bill Ashcroft and Others (eds.), *The Past-colonical Studies Reader*, London: Routledge, 1995, pp. 132-133.

由于经济全球化、科技一体化，信息网络的发展已把世界连成一片，因而世界文化发展的状况将不是各自发展，而是互相影响，然后形成多元共存的局面。在全球意识观照下的文化多元发展的新局面中，就更容易出现超越中西思维模式的理论与方法。这种诠释模式放之四海而皆准，不但能贯通中国古今文学，而且能满意地解读世界文学。李白写《把酒问月》时，他是以全球意识思维的，普通人无法像诗仙那样超越人间，“人攀明月不可得”，而他却飞上月宫，看见“白兔捣药秋复春，嫦娥孤栖语谁邻”，因此，李白从全球意识看，他才明白明月不但照全球还照古今。我用曾照全球、古今的明月来比喻最理想的诠释模式：“今人不见古时月，今月曾照古时人。古人今人若流水，共看明月皆如此。”

# 培养中国社会学的学术传统[①]

李猛*

## 一、社会学的学术规范化及其问题

今天这个题目，讲起来有些困难。严格来说，这个题目不应该由我来讲。这个题目很大，涉及这个学科的发展方向，由一个年轻学者来谈似乎太冒昧了。而且，就我个人来说，对社会学的理解也很有限。在芝加哥大学读了4年书，似乎都在做社会学以外的东西，主要是关注西方现代性的思想脉络。现在来讲中国社会学的学术传统，这些研究对你理解这个问题有什么意义呢？最后一个顾虑是，即使我在国内的时候，主要兴趣也是在西方社会学理论上。你做西方社会学理论，又要谈中国社会学的学术传统，你的立足点在什么地方？因为就中国社会学的学术传统而言，大家知道费老的《乡土中国》和《生育制度》这样的研究，属于中国社会学传统。你做西方社会学理论，这在什么意义上和中国社会学的传统有关呢？所以，这个演讲的题目和你做的东西，

---

① 此文是2005年7月5日李猛在北京大学社会学系所作讲演的录音整理稿，文章已经作者本人修订。

* 李猛：辽宁沈阳人，1971年生，本科毕业于中国人民大学社会学系，1996年获北京大学社会学系硕士学位，2008年获美国芝加哥大学社会思想委员会博士学位。主要研究方向为政治哲学与社会理论。现为北京大学哲学系教授、伦理教研室主任、哲学系副主任。代表作有《自然社会——自然法与现代道德世界的形成》。

从表面上看，是不太匹配的。今天我讲的题目，就和我的这些顾虑有一些关系。这个题目很重要，是中国社会学发展不能回避的问题，希望大家在做社会学研究的时候，能够考虑到这些问题。

自从20世纪90年代社会科学兴起以来，非常显著的一个事实就是社会科学的规范化。我们在80年代末入学的时候，受到了整个80年代的问题的影响。80年代在哲学层面讨论了许多大的问题，中西冲突、中国向何处去这样的问题。当时并没有学术规范的教育，我们受的是大问题的教育。当我们进入到学校之后，无论是老师还是学生，在1989年后，大家希望把这些大的问题放在具体、扎实的经验研究里面去讨论。你在知道中国向何处去之前呢，至少你要先知道中国在哪里。换句话说，规范化的整个努力背后有一个研究中国社会问题，思考中国未来的整体思路。但你们的情况就不一样了。你们进入大学后接受的是远远比我们要规范的社会学教育。有兴趣的同学，拿现在的社会学硕士、博士论文，与20世纪80年代的论文比较一下，会发现有很大的差别。这个差别就是这十几二十年社会学制度化、规范化的一个成果。这是非常重要的一步。但回头看，其实这个巨大的变化只经过了十年左右的时间。在我做学生时，大家觉得，比起美国的社会学研究，中国做的有很大差距，简直不像同一个学科。那时，大家关心的问题是：怎么能做得像美国社会学杂志上的文章那样呢？咱们什么时候会有一篇论文是那个样子呢？没想到这个目标实现得很快。现在在《社会学研究》上发表的文章，大部分都相当规范了。我们那时的理想好像已经实现了。规范的社会学已经是我们的一个事实。当然你可能还不满意，觉得这个规范程度好像跟美国社会学相比还差那么一些，比如定量分析做得不够精细；比如我们会怀疑中国社会学界现在广泛采用的定性方法是否是不那么科学的一种方法；又比如，我们经常忧虑对西方最新的理论、概念掌握得不够。不过，什么是西方最新的理论、概念呢？这个提法本身就很含糊。是否指的是2005年流行的美国社会学概念呢？可能中国学者引用的书是美国学者10、20年前读的。但问题是：是否美国社会学这20年的变化对于我们研究中国社会有非常大的意义呢？即使非常认同美国社会学研究模式的人，也不得不承认，这些方面不过是个程度上的差别，而不是决定性的。

不过，大家觉得，社会学的研究论文还是有问题，不过，并不是规范的问题，也不是整个的研究水平和美国的社会学有多大差距的问题。真正的问题是，这些研究似乎不能够完全回答我们关于中国社会的一个基本感受。作为普通中国人，大家对中国社会有基本的直觉。但是你发现做社会学研究的时候，最大的困难是，当你力图用社会学的研究去把握这些问题时，却只能抓住一点点。当你到一个村庄去调查的时候，这种感觉会非常突出。你发现非常难以把你的经验感受表述成社会学规范所接受的讲法。一个好的研究是什么样的研究呢？既非常规范，又能把你最初的感觉多多少少转化成一些理论、概念或机制的分析。这才是成熟的研究。但你发现，在研究中国社会时，在使用社会学学科内现有的那些概念去讲这些东西的时候，会有很大的困难。换句话说，规范化没有解决我们社会学的根本问题。而且对学术规范的过度强调，有时会使大家误以为可以通过学术规范来找到解决这些问题的途径。关键问题是，在中国社会，普通人的感觉是，无论是社会公正问题，还是政治架构问题，还是人心道德问题，这些问题，怎么用社会学去思考、去表达呢？怎么在一个总体层面上去探讨这些问题呢？

为什么我会想讲这个问题呢？因为我觉得，随着越来越多的学生留学美国，随着我们越来越努力学习美国的社会学来提升我们的社会学的制度化、技术化水平，这个社会学规范化的过程会带来相当多的问题。这一点，到美国读书的不同学科的学生都会碰到，而社会学比较有代表性。很多出去读社会学的，都是很优秀的学生。一方面，在美国，你会发现，美国社会学是极为规范的。很多学生读的都是很好的学校，学生在这些学校受的教育相当规范。但另一方面，你会发现一些问题。特别是如果你在国内读过硕士，做过一些研究的话，你有时会觉得美国社会学的课挺没意思的。为什么呢？美国社会学的课程设置，其实和北大社会学系现在的课程设置在整体结构上并没太大的差别。现在国内很多的课程是很规范的，也就是说，它是按照美国社会学的学术传统对社会学的理解来设置的。你们在中国就觉得，这个课没意思嘛，肯定是老师上得不好、老师水平不够，要是请个美国人来讲，那肯定就好了。但去了美国之后发现，实际上和你想的有些差距。随便举个例子：你上一门美国的家庭社会学，老师讲的理论肯定比北大老师讲的要新颖得多了，都是最新的理论，可能就是这两年正流行的理论。但是他都分析什么问题呢？比如黑人单亲家庭问题。这个我也不太熟悉，我怎么研究呢？当然有一个办法是，我讲中国的案例。但你会发现，你的例子和最新的理论可能会有些不相干。那么你会有两个直觉的反应：第一，要是我毕业不在美国大学找工作，我学这个东西一点用都没有。第二，我发现学起来非常吃力。我必须花很多时间去看看美国的电视剧和新闻，了解一下美国家庭到底面临什么样的问题。你非常希望这个老师去讲抽象的理论，这个时候我完全听得懂。但要是他讲到某些经验的东西和美国社会最新的某个变动，提到某个最新的判例，比如像晚近的安乐死问题，你就一头雾水。没有经验感受，你会学得非常吃力，无法真正在学术上思考这些理论，最多只不过背背理论的要点。你能做个好学生，却难以成为一个好的研究者，更不用说成为一个好老师了。你会发现构成美国社会学主体的大量分支社会学处理起来很困难。当然不是所有分支社会学都这样。有些美国社会学最强的领域，你会发现不是这样的，比如组织（研究），比如分层（研究），这是美国最强的、做得最多的，你似乎可以超越经验的问题去理解它的理论。但这样做，你对理论的理解仍然是非常薄弱的，你搞不清楚这个理论怎么一步一步从一个范式发展到下一个范式。你看到的是第一个范式不够聪明——它忽略了行动者，第二个范式又忽略了结构，等等。但是你怎么理解 20 世纪六七十年代对于结构的观点这么排斥，这么多地去讲社会的互动或者微观的群体，这个跟整个美国社会上差异政治的趋向（比如说少数民族问题、妇女问题）有什么关系？后来到了 20 世纪 80 年代，为什么结构的问题又成为大家关注的焦点？在美国这些问题会推动你去思考。作为一个美国人，会非常明白这背后都是什么东西；而作为一个中国人，你看到的就是理论的变化。你就会陷入一种做理论研究经常陷入的陷阱：把社会学理论当作社会学概念的逻辑分析，努力想找出一个逻辑上最完善的社会学理论。现在 A 理论不好，它遗漏了某个因素；B 理论也不好，它又忽视了某个因素。我有一个范式 C，它最好，把这两者都结合在一起。我认为这是一个非常大的误区，规范是够规范，却没有任何实质意义。

那么你会想：美国社会的这些具体问题，我不是特别关心，我学习美国社会学是为了研究中国。那么，分支社会学之外的理论教育，是否在这方面会有很大帮助呢？美国社会学比我们的发达，想必理论教育也要比我们的发达吧？但是你看了以后，可能会更加失望。美国社会学没有搞理论的，都是搞理论编纂的，就是把各种理论观点汇编到一起，供你使用。因此，美国社会学系的理论教育基本上是非常零散、片断的，是极为功利主义的。大部分学校的理论教育不是由专门做理论的人来做的，甚至有许多顶尖的大学中都没有专门研究社会学理论的人。做理论的就那么几个人，就这么几所学校。可能你非常走运，到了这样的学校读书。但即使在这样的学校，理论的教育可能也不像许多人希望的那样。

美国的社会学教授怎么教理论呢？他非常清楚，这门理论课是为做经验研究服务的，不是具有独立意义的理论课。学生上理论课，不是教他韦伯的理论是什么。这个不重要，因为大部分人不会去写一篇关于韦伯的论文。大家想要知道的是，比如你做分层（研究），那韦伯关于分层讲了什么。通过这种理论教育，美国社会学能把分支社会学纳入它的整个社会学理论传统里面。这是理论课要教的东西。在社会学的课程设计中，真正让你对社会学有总体印象的是这么两门课：一门是方法，另一门是社会学理论，而且是美国式的社会学理论。它教会你在进入每一个专业领域的时候，怎样把它做成一个真正意义上的社会学的研究。如果没有这个部分，社会学这个学科很难整合在一起。这部分理论综述以及围绕它进行的理论教学，使美国的社会学建立了一个整体的学术传统。整个美国社会学成功实现了默顿所说的、以中层理论为核心的这样一个理论建构和发育的学术体制与研究传统。而这个中层理论的形态已经走到极端了，已经没有人想去做总体理论了。总体理论的时代过去了，做完了。不是没有过，帕森斯那一代做完了，后来做的都是编纂工作。为什么做编纂工作？因为你今天去美国学社会学的话，会发现最优秀的人才、最重要的成果全都在分支学科中，在一些非常重要的社会学分支里面，无论是经济社会学、文化社会学、历史社会学还是分层研究、组织研究这些。当然像分层研究这样的领域，在经典社会学里面，也是非常核心的部分。但这些学者做的，是否能从分层研究里面推出对于整个社会的了解呢？他们不会做这一步。现在虽然也有些人想要从某些新兴的社会学领域中探索整合社会学理论的新方式，但我没有看到有整体意义的成果。

为什么会形成这样一个局面呢？中国学生在美国学社会学，往往会意识到这方面的问题，但是没有办法深究。这不是一个学生能够处理的问题，你一个人也很难撼动学术体制的整体架构。它是美国社会学的学术传统形成的机制，和社会学在整个美国社会里面扮演的角色连在一起。帕森斯从20世纪30年代的《社会行动的结构》这本书开始，做了20年的工作，整合了整个欧洲社会学传统的理论，形成了一个大家今天熟悉的社会学的面目。这个面目就是大家知道的，什么是社会学的，哪些概念是社会学的，哪些分析角度是社会学特有的。有些人物，比如帕雷托，别的学科，比如经济学，也会读，但我们社会学读的角度就和它们的不一样。这就是社会学。要理解这个社会学的学术传统，就要考虑整个美国社会在西方现代历史中的位置，要理解战后美国社会的架构。尤其在20世纪60年代，美国建构的这套社会保障体系，所谓“伟大社会计划”，社会学当时是最兴盛的。社会学家要告诉政府，黑人问题怎么解决，贫穷问题怎么解决，怎么去发展社区。后来为什么社会学衰败了呢？一个原因是社会学出的这些主意不太奏效。许多社会学宣称能解决的问题，其实社会学解决不了。但另一个更重要的原因是政治性的。美国社会的许多社会问题在三四十年里面没有大的变化，但整个政治局势发生了大的变化：在“里根革命”之后，民主党的民权意识形态受到了很大冲击。克林顿是整个共和党时代“凑巧”上台的一个民主党强势总统，但整个时代的倾向是非常强的共和党倾向。在这个时代倾向中，社会学原来扮演的角色非常难发挥作用。所以 20 世纪 80 年代以来，美国社会学整体上是越来越衰落，这背后美国政治的影响非常大。

虽然美国社会学的情况并不理想，但是在一段时间内，对于许多人来说，出国（留学）可能仍然是一个较好的选择。不过，我希望你们这些可能出去留学的学生，经过在美国大学里面的学习，更重要的是，通过你们对自己在美国大学中的学习进行反省，有一天，在国内，我们能够形成一个中国的社会学传统，能够在自己的大学里培养自己的学者、研究自己的问题。无论我老师这一代人的努力，还是我们这一代年轻学者的努力，都希望能做到这一点。而要做到这一点，不是不去学，而是要学得明白。我讲了这么多美国社会学的问题和缺陷，但我们同时必须承认，我们仍然存在一定的差距，中国社会学的局面仍然不够理想。但有一点要澄清，这不意味着你在中国、在北大的社会学系，学不到东西。事实上，在北大、在中国学到的这个东西，你在美国是学不到的。原因很简单：今天在美国的学术体制里，社会学的相对地位，可能并不如社会学在中国的思想发展中的地位重要。在美国社会里面，社会学家原来扮演的角色出现了困难，但现在美国社会学家又很难找到一个新的角色。虽然它整个制度、理论、思路的架构还都在那里，表面上看起来也很活跃，但它本身对于整体社会的理解能力已经慢慢丧失掉了，它退到了一个次要的位置。但中国社会学在理解中国社会生活方面却扮演着远为重要的角色。因此，我们面临的是比美国社会学通常面临的更大的问题。中国社会学仍然有待发展，仍然需要大家很大的努力，才能达到我们期望的局面。这不是和美国社会学的情形比，而是和我们自己面对的大问题、大任务相比。

## 二、需要一个中国社会学的学术传统

我关心的当然不是如何改造美国社会学的问题，而是和我们自己有关的问题：我们希望中国将来有一个比较理想的社会学，那它应该是怎么样的呢？我觉得，学术规范已经不再是回答这个问题的关键了，现在真正的大问题是我们怎样有一个中国社会学自己的学术传统。这个学术传统使我们大家在做社会学研究时，能够作出我们在读社会学经典时所感受到的那种社会学的想象力、洞察力。这个理想怎么实现呢？

首先一个问题自然是：为什么一定要有中国的社会学传统呢？难道美国的这个社会学传统不就是全世界的社会学传统吗？我觉得这是很容易产生的一个想法。大家会认为，帕森斯在20世纪30年代构建的社会学传统是一个非常完整的、全世界范围适用的学术传统。其实，欧洲社会学受的最大毒害就是误以为帕森斯构建的那个社会学传统是一个普适的、标准的世界社会学传统。因为系科建制的原因，整个欧洲社会学没有能力回到欧洲社会和政治思想更悠久的传统，没有将社会学研究和更根本的、更全局的现代性问题联系在一起，而是拼命地像美国一样制度化。本来雷蒙·阿隆那一代学者作过一些努力，但没挡住这个趋势。我希望，中国社会学将来的视野和局面能够比现在欧洲整体的情况要好一些。

其实，我们需要带着历史的眼光来考察美国社会学的历史。

美国在“一战”前，从19世纪末到20世纪初转变这一段大概就二三十年的时间，是整个美国社会科学全面奠定的时候。这一时期，美国社会学转向非常强的对美国社会的关注，这是帕森斯在建构美国社会学时的一个重要部分。帕森斯之前的美国社会学传统的塑造，受到欧洲很大的影响，许多人都去德国学社会学，比如齐美尔的影响就很大。在这个阶段，美国社会学的状况和中国社会学差不太多。但是有个决定性的“分水岭”就是帕森斯。帕森斯去欧洲，最深地进入到欧洲当时学界关心的核心问题。他读韦伯，他早期写了一些文章，最后结晶成《社会行动的结构》这本书，表面看题目非常抽象、内容非常晦涩，但吉登斯后来做类似的工作，讲得非常清楚，就是现代资本主义问题怎么解决、怎么理解现代资本主义。而美国最核心的就是这个问题。比如，你去看亨利·詹姆斯的小说，它最核心的也是这个问题，写得很隐讳。表面上写的都是上流社会绅士淑女之间风花雪月的故事，但背后最简单的问题是：美国人代表什么？代表钱，它代表钱所有好的和不好的东西——自由、有活力、没文明、没教养。但这个里面有非常丰富的东西。从“一战”开始，到20世纪前半叶，资本主义的美国迅速成熟起来。而帕森斯建构整个社会学体系的努力，其实是这样一个美国建构自己文明的一部分。他觉得，能把欧洲整个的问题放在一个美国视野里来讲。你看早期文章不一定能看出来这点。因为20世纪六七十年代，左派啊，微观社会学啊，那些流派起来后第一个任务就是打倒帕森斯霸权的主流共识。吉登斯就嘲讽过帕森斯。帕森斯说，“谁现在还读斯宾塞？”吉登斯说，“谁现在还读帕森斯？”所有人都不读帕森斯，所有人都批判帕森斯。再到20世纪80年代的时候，有一批人回头，说帕森斯很重要。通过这些批判与反批判，你会发现以前的学者不太留心的地方：帕森斯和美国社会的关系。特别看帕森斯20世纪70年代发表的两本小册子（我一直特别推崇那两本小册子），这两本小册子讲得很平易，一本是《诸社会》，一本是《社会的演化》。这两本书分两个阶段讲西方社会从古代社会、前现代的状态怎么一步一步到了现代性，现代性的各种形态是怎么样的。帕森斯描述的规则是，西方社会最后要演进到美国社会这样一个格局，最后美国是整个世界的一个方向，通过美国社会的架构来研究现代社会的结构、制度，等等。现在大家看到的最完整的社会学的传统，美国的这个东西，其实是围绕美国整个历史发展的脉络建立起来的。但现在这个美国社会学传统，正处于慢慢萎缩的状态，最初的活力已经没有了。现在美国社会学的许多分支研究已经不能整合进帕森斯原来搭的大的架构里。默顿说，我们从中层理论开始，我们要先有开普勒，然后再到牛顿。现在全是开普勒，没人想做牛顿。为什么呢？研究的不是一个世界的运行规律，他研究这个，他研究那个，没法整合在一起。这是一个很大的困难。如果没有一个非常大的社会学家出来整合美国社会学的话，整个美国社会学会越来越技术化。但它又不能变成经济学，不能变成商学、法学。它这样的学科就面临一个很大的角色上的危机：你要这个学科到底来干什么呢？

但我想说的不是美国社会学的问题，是中国社会学要回答中国社会内在的问题，需要一个中国自己的社会学传统。为什么要有一个社会学传统？因为每个人的研究不可能真是一个人的研究。大学改革讨论的时候，我为什么反对经济学思路的大学改革呢？大学改革是要搞的，每时每刻都在搞。问题的关键是要搞清楚：改革最重要的考虑是什么？我觉得，关键是怎么能够培养一个自己的学术传统。每个学科都有这个问题。有一次开会，一个在美国大学教书的社会学教授问我："你说中国的大学改革需要有学术传统，你能举个例子（说）为什么需要这个学术传统吗?"这个问题其实很简单。那次开会第一天，大家都讨论知识分子问题。所有人都在使用一个概念，就是葛兰西所谓的"有机知识分子"。不论来自国内的、国外的，还是来自美国的、日本的，好像大家都认为，这个概念只要我定义一下，就可以用。现在社会学研究都这样嘛，拿一个概念，不管它原来背景是什么，只要这个词凑巧能够说明我要说的这个东西，就可以用。用的时候，完全抽离了这个概念最初的问题。当初葛兰西为什么要提这个问题？根本的问题是在大众民主社会里面知识分子和工人之间的关系。如果不回到这个问题去谈，光谈一个"有机知识分子"，说中国"士"和农民的关系也是"有机知识分子"的问题，就会带来很大的麻烦。"士"是不是知识分子我都很怀疑。你说"有机知识分子"的含义是什么呢？因为关系密切就是"有机知识分子"？这完全是没有很好的理论训练、没有很好的理论习惯导致的，最后使这个概念完全丧失解释力。大家看，很多概念都是这样。就像当年流行经济学的新制度主义，所有问题都变成了交易成本的问题。这个概念泛滥了，所以大家都不用了。这是抽离了理论背后的学术传统带来的恶果。这是个非常重要的问题，你做的研究，背后的理论问题是什么？预设的对整个中国社会特别是整个中国现代社会的理解是什么？这是一个整体描述，是理论传统要解决的问题。如果没有一个中国社会学的理论传统，就只能拿着美国社会学的理论传统来应对这个大问题，最可怕的是将来中国社会学变成了研究所谓"中国话题"的美国社会学。这是我下面要讲的。到底构建这样一个中国社会学的学术传统，其入手点是什么？我觉得这是一个很大的问题。

## 三、中国社会学的学术传统与研究西方现代性

从20世纪90年代开始，我们有一个共识就是不能简单地拿西方学者的眼光来看中国。首先，他们关心的问题和我们不一样。其次呢，他们做出来的东西，我们觉得他们的感觉有很多问题，所谓“味道不对”。当我们希望作出一个不同于美国社会学的那种“不对味”的社会分析的时候，我们最大的一个问题是什么呢？我们怎么能够作出一个既“对味”，中国人觉得有社会学“味道”，同时又是一个很成熟的研究，然后能够把这个研究纳入整个社会学的传统里面？这对中国社会学，甚至对整个中国学术来说，都是最有挑战性的课题。比较困难的是，无论关于农村还是关于城市，你做的这些片断的、经验的研究，很难整合到一个对于中国社会整体的理解上。没有这个理解，你的社会学和美国社会学的面目就是一样的。只不过，你的是各种零散的经验研究，而它的是各种中层理论。然后大家又对美国社会学的整个学术传统抱有很大的幻想，希望能把我们这个经验的贡献整合到美国的学术传统中去。因为我们这个中国社会学贡献了我们的经验，使它的理论思考啊，整体上有个改观。这是个非常善意的想法，但这是一个幻想。美国社会学的核心永远不会去研究中国社会，它永远首先关心的是美国社会；美国社会学永远不会因为你中国社会学的研究而改变它的学术传统。它的核心概念、基本预设，永远是以美国社会为基础的。基于中国经验的研究本身并不能改变它的学术传统。学术传统涉及的是整体的问题、更根本的问题。

因此，希望做中国味的社会学（研究）的时候，首先这个“中国味”是要有自己的学术传统的，回到这个传统。而这个传

统，今天我特别想说的是，不是说我们只要进入中国村庄就可以了。中国社会学的这个传统恰恰要求我们有一个对于整个西方现代性的完整的、深刻的、长时段的理解。也就是说，在中国社会学传统里面，西方社会学理论的研究其实具有非常关键的地位和意义。而且要使我们的西方社会学理论研究完成这个宏大的任务，就需要对它进行一个相当大的改造。总之，从我们的思想和社会的角度出发，考察西方社会学研究自身的理论脉络，应该是我们构建自己社会学学术传统的特别重要的环节。另一个问题不需要我特别讲：整个中国社会学的学术传统，当然要关注这 150 年像毛泽东、像费老这样的中国学者对于中国社会的研究。这个非常重要，不能忽视。我们已经有一些老师计划整理中国学者研究中国社会的成果，希望能够慢慢形成这方面的系统想法。这都是建立中国社会学传统非常重要的方面。这是大家比较容易有共识的。

大家容易忽视的是西方社会学理论在建构中国社会学的学术传统中的意义。有些学者会认为，整个西方理论我不需要去看，就到中国乡土社会里面去找到中国乡土社会的逻辑。但我们怎么能理解整个中国社会的问题呢？中国社会学首先的问题是研究中国现代社会的问题。我们不能把中国当成一个孔子以降一直没有变化的社会。不能像韦伯讲中国似的，整个汉唐明清，好像没有变化、一个样。好像只有传统的，才是中国的。这是个不加分辨的讲法。我们要看到，自宋以降，经过明清，这个国家有特别大的变化，她有很强的自身的发展逻辑。不过，在中国社会的发展中，最重要的问题是：在这样一个传统社会里面，虽然有其自身的复杂性，但它怎么伴随着鸦片战争以来西方的冲击而转向了现代社会？我觉得这是个特别重要的问题，而这个问题的核心就是对现代性的理解。正因为社会学能够考察这一点，中国社会学才会对于中国社会非常重要，才会继续吸引第一流的人才，才能够成为理解中国社会未来走向的不可或缺的思路。中国现代社会正处在不断定型的阶段，而恰恰因为这个社会面临这样大的运动，社会学才有非常大的问题可以去做（研究）。这个问题就是怎么理解现代性的问题。而社会学的学术传统构建为什么要回头去检讨西方古典的社会学理论，要进一步检讨整个西方社会从 16 世纪以降自身的思想脉络，原因就在于现代性这个问题是中国社会学比较核心的问题。

为什么有“社会”这个概念？古代西方是没有“社会”这个概念的。希腊思想的核心是政治。它是围绕 polis（城邦）这个概念讲的。Polis 之外还有什么东西呢？有家庭这样的“共同体”啊。你看《安提戈涅》这部悲剧，涉及了希腊思想中家的秩序和城邦秩序的对立。但是否要像黑格尔那样把这个理解成国家与市民社会的对立呢？至少那时候还不是这样。于“社会”概念的出现，基督教的兴起是一个关键的转折点。基督教讲的这个概念，当然是罗马的概念，但基督教赋予它很深的含义。人结合成共同体的方式，除了政治共同体之外，我们还有另外一个共同体，这就是 societas，社会。人的政治共同体并不是自愿加入的，你降生在中国，你就是中国人。但社会不同。在基督教的影响下，特别是罗马帝国时期，所谓“政治”慢慢被贬低为越来越糟糕的现实生活的代表。相对地，“社会”这样一种交往方式被视为所有信上帝的人、所有兄弟姐妹志愿团结在一起组成的共同体。为什么晚近社会学出来以后一直被看作是用来对抗政治思想的努力？这背后有很深的思想史渊源。你看近代社会的话，所有近代政治思想家，不是直接从人的政治生活推演他的政治思想的。他怎么推的呢？从前政府的社会状态开始，这就是所谓“自然状态”学说。霍布斯、卢梭都会讲。无论是霍布斯认为人在一起像狼一样会有“所有人对所有人的战争”，还是卢梭认为人有自然上的善好，慢慢在社会生活中堕落，都隐含了一个社会和政治分立的思路。整个社会理论，在现代性中，始终跟另外一套历史更悠久、贯穿古今的政治理论并立；而这套政治理论的现代形态，其重要特征就是依赖社会概念的政治理论。因此，社会理论的努力突出体现了现代人理解自身生活方式的现代性风格。为什么我们考察现代性，需要一个社会理论？就是因为在现代性的核心问题里面有社会理论这个环节。无论是霍布斯、洛克、卢梭、格劳秀斯和普芬多大这样的自然法学者，还是后来的苏格兰启蒙运动，始终有这个核心的线索在里面。理解现代性的一个核心线索，就是社会的角度与政治的角度之间的复杂关系。我相信，这也是社会学会在未来中国社会科学的整体架构中扮演非常重要角色的一个思想史原因。这个架构的核心问题仍然将会是对整个现代性问题的把握。

因此，广义上的社会理论，并不限于孔德脑子一动发明的社会学这个概念。你看孔德，他在什么意义上就一定比卢梭这样的思想家更像个社会学家呢？美国的社会学课其实很少讲孔德，为什么不选孔德呢？它不选孔德是有道理的，因为按照美国的社会学传统，孔德确实也不那么社会学。最有意思的是雷蒙·阿隆的例子：他在讲社会学的主要思潮时，说托克维尔很好、孟德斯鸠很好，都采用社会学的分析方式，但他们不是社会学家。他要讲这些人，但又要辩护一下。其实没有这个必要。我们没有必要因为帕森斯凑巧选择了哪些人和这些人是否凑巧叫自己社会学家，就决定他们与社会学的关系，决定社会学家应该读什么人的书，社会学教育特别是理论教育应该有个什么样的范围，作为这个教育基础的西方社会理论研究应该包括哪些内容。对这些问题，我们应该有个更深刻的，也更少教条的反省。你看韦伯，他大部分的时候不叫自己是社会学家，所以，亨尼斯在写韦伯的时候就说，韦伯根本不是个社会学家；他要把韦伯放在马基雅维利以降的整个西方现代政治哲学传统里面来看。他讲的当然很有道理，比绝大多数社会学家讲的韦伯要有道理得多。但他忘了一件事情，他忘了为什么最后韦伯选择社会学（研究）作为自己主要的事业，因为他看出“社会”这个东西是接续了整个西方现代性的基本问题，而且提供了一个理解这个问题的不同于传统政治哲学的思路。社会学理论代表了理解现代性的一种很特殊的倾向：它要去分析现代政治哲学家分析的自然法、权力的配置背后的社会结构和社会关系。而这个“社会”，传统上在古代思想中就是放在政治哲学里面，放在“法”里面去讲的，只不过现代社会中“法”这个概念（无论是实定法还是自然法）变得越来越狭隘。而原来作为社会习俗的 nomos，其原始含义中的许多内涵，现在是由社会学家来分析的。这个相对于古代思想来说是一个很大的变化。这个是要超出美国式的社会学理论史才能看到的东西。

我的意思是，我们今天要回答中国社会变迁这样一个大的问题，它与最近的美国理论发展的关系并不太大。当然，作为一个所谓“发展中国家”，我们同样经常会面对美国最近出现的一些社会问题。但在总体上，与我们的社会状况类似的并不是美国在“二战”以后形成的情况，而更可能是整个西方从 16、17 世纪以来的现代性的大问题。而中国的困难是，我们把西方四五百年间经历的问题全部压缩在眼前了。你在中国看到的是，西方在一个历时时段里展开的问题，在中国共时的空间里全部展开了。你看到中国社会展现了西方几百年的整个历程、面对的问题。所以你并不能把西方到了很成熟的阶段才面临的问题脱离这个长时段的历史来孤立地谈。这些问题难道没有吗？比如同性恋的研究。同性恋在西方前 300 年都不是核心的问题，20 世纪 60 年代以后成了问题。同性恋是症候，背后有一大堆的东西，涉及整个社会到民主化以后人的身份的问题，包括整个亲密关系的重新厘定。这在中国就不是问题吗？对很多人来说就是问题。但麻烦的是，这个同性恋问题和整个国家的问题都联系在一起。这个问题怎么办？那你在西方研究同性恋问题，同性恋（问题）确实非常重要。但如果你回到中国社会按美国社会学的方式来研究这些问题，你就可能忽略它与更基本的问题之间的关系，从而也无法理解这个局部的问题。因此，我们不能简单接过美国分支社会学恰恰在做（研究）的那些问题，而需要有一个整体的眼光，去理解西方现代性发育的长时段历程。我接触的在美国学社会学学得比较好的学生，都能自觉地超出美国社会学的教育传统，去读一些西方现代史的东西、西方政治哲学的东西，去读西方整个社会思想的东西。他们有意无意地通过这种方式，培养了一种长时段的西方现代性的眼光，从而回头理解中国眼前的问题时，他们的想法至少就成熟得多，不会谈得那么琐碎、无聊或者不着边际。这也就是我为什么说西方现代思想大的脉络，就其整体而言，比起晚近的一些新潮理论来说，和中国社会学现在面临的问题，有更大的契合性，因此也是培养我们自身学术传统的关键环节，也应该是中国社会学教育更关注的方面。

现在我们比较容易说，20 世纪 90 年代之后有一个现象，只要一谈中国，言必称孔孟。有时候接触到一些韩国人，他们比我们更像是中国人：比较有礼貌，对中国传统的东西比较感兴趣，温文尔雅。你去看美国唐人街，它比中国任何一个城市都更有中国文化。但我说，这个中国文化是有一点假的博物馆的形态，你看到这个文化形态就是这样了，就不能变了。而反过来，好像你看美国电影、读英文书，就变成非常不中国的东西。

其实并不是这样的。佛教原本不是中国的东西，但你现在讲佛学的时候，中国要比印度更像佛教国家，因为你把整个佛教的东西都吸纳进来了，中国曾发展出最高明的佛学思想，像天台宗。今天中国面临西方的思想也要正视这个问题，我们和西方思想的关系一定要突破“师夷长技以制夷”这样的思路，能够彻底把西方整个现代性的发展脉络作为理解中国现代社会、我们今天境遇的一个传统来看待。没有这个过程，就不能把中国思想重新翻新，开出新的局面、新的形态。

我们今天的制度和人心的处境都受西方整个传统的深刻影响。举个例子，大家老说中国文化的源头，最简单的问题就是“亲亲”，最根本的原则、最大的问题是亲和情。你和美国人交往，开始非常好交往，纯朴、直接，但是你会发现很难发展成非常亲密的朋友关系。但你也发现中国这个“亲亲”的原则，今天无论在制度上还是人心上都面临很大的问题。就是说，非常小的核心家庭，而且都和父母分开住。今天一个人结婚，问你是否要和父母住在一起，一般都说不愿意，因婆媳关系就很难处理。但是你不住在一起，整个大家庭的问题就没有了。大家庭在中国古代也不是一个普遍现象，但这个制度是一个文化非常核心的部分，是文化源头的根本。你看孟子，“亲亲”的原则讲不清楚，整个政治原则或政治的基础就讲不了。但是今天，中国最大的问题就是家庭问题、夫妻关系问题。在这个核心家庭里面，又要感情好，像西方人一样，要有爱情，但又要稳定，要照顾双方父母，要抚养下一代。所以中国这个家庭特别累。这个中西杂处的处境，就需要你去理解西方感情、亲密关系的问题、个人主义的问题。并不是说，中国现代家庭的这个处境就一定是坏的，要回到中国古代的状况，或者彻底变成西方的样子。你变不成西方的。你不和父母一起住，但是父母生病了，无论多远，你是一定要回去的。但是很多问题出来了，像医疗保险制度的问题：任何一个家庭成员生了病，所有的家庭成员都会卷进去，尤其是大病，经常搞得倾家荡产。有些人以为，如果像西方产权明确的话，就把这些问题解决了。这永远不可能。除非你不是中国人了。（中国人）到海外都没法解决这个问题，何况在中国。没有一个社会、一个国家，它的体制是没有问题的，只不过看你怎么理解这个东西。哪个社会的生活也不可能没有困难，你做学问，就是要去理解这些困难。这个问题不只是中国自己传统的问题，如果只是中国自己的传统（问题），永远不会走到这一步。这个问题，简单地说，就有来自西方的个人主义的问题，来自西方对于人的感情的新的理解。要理解这一点，就必须把整个西方的现代性的问题当作我们自己的传统来研究。所以说，研究整个西方理论，不能（仅把它）看作所谓的“外国社会学”，而是要看到，这是我们自己的问题。比如现在你会发现，读一本外国小说，比读一本中国古代的小说，更贴近你的感觉，觉得更像你的生活。为什么？这是一个很朴素的问题，但和你的生存处境有很大的关系，尤其和你心里的想法有很大的关系。所以我觉得要理解中国现代社会的演变，就必须考虑整个西方的现代思想传统，不能限于韦伯、涂尔干、马克思这三大家，哪怕你再加上齐美尔，加上藤尼斯，不是简单就这些人。要往回推，进入一个更广泛的研究现代性的脉络，理解现代性演进各个阶段的思想；从政治哲学到政治经济学，到狭义的社会学，看西方现代社会的变化，以及西方人是如何界定、规划和反思这个变化的。在我看来，只有当这方面的研究有一个很深的进展时，我们对中国现代社会的思考，才能在一个更深的、更广的学术传统中展开。这是个非常关键的问题。

但有人会问：社会学的学生，主要从事的其实是经验研究，他怎样去做这个理论工作呢？当然我们很难一概地去谈，但有一点，你必须在狭隘的美国社会学传统教育模式之外去有意识地获得更充分的教育，这是一件很难的事。北大的好处是什么呢？北大的好处恰好在于学生有好多的时间在课堂之外、在社会学之外，去上课，去和别的系的学生交往，去读许多别的书。然后你看社会学书上的东西，你会有更深的理解。这是北大的好处。但是去了美国以后，大家觉得，这个社会学总是最好的社会学了吧？我承认，是目前最好的，虽然不是我满意的状况。但是“矮子里面拔将军”，还是最高的一个。至于功课特别紧张这个问题，在心态上你首先要懈怠下来，我出去选别的课是没有意义的，我应该老老实实先把美国社会学的课学好。你花了一年的时间也不够，两年时间也不够，你就无限期地学了下去。它这个传统不是说糟到了没有问题，它有无数的小问题，逼着你去学习。越学越觉得有道理，应该这么问问题。大问题就是假问题，小问题才是真问题，因为它能技术化，可以操作化。不能操作化处理的问题就不是真问题。你就会慢慢接受这套逻辑。有些学生，在美国读了一两年的书，整个人都会变得越来越没意思了。没意思体现在什么地方呢？他的整个生活、整个思考全部陷到美国社会学这个工匠化的、技术化的格局当中了。

技术的东西有没有用呢？我认为是有用的。将来中国社会学的学术传统建立起来后，会很需要这些技术性的工作。但是不论是我们这一代，还是你们这一代，我认为现在首先的任务是要建构中国社会学的学术传统，要研究一些大问题。你们要做的应该是、有勇气承担的是韦伯、帕森斯那一代人所做的工作。你不做这个东西，那中国的社会学研究就只能依靠美国这个（学术）传统。很可能将来的情况是，在中国有许多做中国问题（研究）的美国社会学家，他凑巧是中国人而已，他家是住在中国，但他想的是美国社会学传统里的问题。顶多是美国对分层问题这么讲，我要找一个新的讲法，用中国的经验来修正一下美国的理论。他没有能力提出任何根本性的问题。这会是个很大的问题。

所以将来无论大家在美国读书，还是在中国进行研究，都要超出美国社会学的传统，这恰恰需要更大的勇气和智慧，需要在自己的读书和思考中有更大的眼光。在这方面，大家倒不妨学学美国人。为什么那些本科专业训练比中国学生薄弱得多的美国人往往能做一些很漂亮、不那么循规蹈矩的论文呢？恰恰因为美国的本科教育专业色彩不那么强，他受了一些更基础的教育。而你没有受过这些基础的教育，结果缺了理解西方社会和思想的一个整体视野。不是因为他的研究生教育就好到哪去，倒是因为你在研究生阶段看不到的许多东西，比如他的本科教育。而你们在中国受的就是专业化教育，你到美国又彻底衷心地投入到美国社会学的怀抱里面。很多到美国的学生都有一个皈依美国社会学的过程。这样造就的学生，可能按美国标准，是个好学生。但对美国来说，是多一个不多、少一个不少。而对中国来讲，即使他回到中国，在这里教书，他教出来的学生就认为，在中国是没有前途的，要到美国去读书。其实他这样是摧残了中国社会学的进一步发育。这个留学的趋势或许是挡不住的。我相信未来 10 年 20 年会有很多的美国留学生回来，你们也许也会是其中的一员。在美国学好了，又回来。但危险是人回来了，心却没回来，整个思考模式都是美国化的，因为他的学术传统是美国的。这一点不会因为他关心中国问题，读了一些中国学者的书，使用了一些费老的概念，就会有多大变化。这是个大的问题。在美国，你一个人造不了一个传统，10 个 20 个人也造不了一个传统。学术传统是要几代人一起去做的。或许有几个人非常了不起，像帕森斯一样，出来后他能改变很多东西。但是即使有帕森斯，也要几代人的共同努力，之前有韦伯的工作，之后他的许多同事和学生也做了许多重要的工作。不过，至少要有一个意识，你才能去做这个东西。你们都是特别优秀的学生，你们能自己去了解摸索一些自己的东西。我接触的很多学生，都做了各种各样的尝试。你记住，最重要的一点，就是不要被美国社会学的传统束缚住，而是要有意识地去走自己的路。

**【提问部分】**

**问**：你提到在美国进入分支社会学有一定的难度？

**答**：说进入分支社会学有难度，其实我觉得在智力上并不难，我是说，在上课的时候你会发现大部分东西对你不是很有意义。他的那部分核心理论很容易学，并不需要很高的智力水平就可以学到。不同分支社会学的理论构架非常简单，它整个社会学理论就是教你用不同的 ABC 的模式构造理论。我是在一个中国大问题、大的关怀下，我希望学生做的是大的工作的角度下这么说的。这种分支社会学的模式是有问题的。具体说来，美国分支社会学做得非常好，美国社会学的组织分层等部分的理论做得非常精细，我觉得中国学生在学这部分理论时从来都没有困难。真正有问题是你做论文的时候。有的老师说，中国学生做 proposal 是个大问题，今天提这个题目，明天提那个题目，但这两个题目毫无关系。为什么？因为他没有什么自己关心的问题。最后他的选择就变成了：第一，最近美国杂志上哪个主题好发文章、好找工作；第二，能获得什么样的材料。至于这是不是他感兴趣的，关系不太大。我觉得这是最大的问题。所以说，并不要担心在那学不下来、会有些困难，有些东西不能够完全进入。但你要倒过来想一想：为什么不能进入？有时候是因为我笨你聪明吗？不一定都是我笨你聪明。我建议，到了美国，要花一两年的时间，把美国社会学好的地方虚心地学一学。不说好不好吧，就是把美国社会学主流的东西学会了，一年足够了。然后你再去想一想：我还缺什么东西？这个东西对于我回国做研究工作会不会够？我一直真正担心的问题是，在美国读书受的教育，和这些人回国从事的工作不匹配。这是最大的问题。其实你从美国学的东西根本不能给你提供充分的准备使你能在国内做想做的研究。你会说，我从最好的国家、最好的大学回来，（这样是）不可能的。一定是你们在中国的材料有问题，你们的研究思路有问题，甚至中国人关心的问题本身有问题。他不会真正再耐心去学了。我觉得最大的问题不是学会美国社会学的问题，学会很容易，而是怎么把它变成你的东西，变成中国社会学的东西，这一关才最难过。它要你把它拆碎了，再变成你自己的东西。而且它要你去加进别的调料，加进别的材料。这是非常困难的。我最担心的不是研究不研究中国社会，我倒宁愿这些人不研究中国社会。他研究中国社会，心里想的又是美国社会学，对最近发了什么文章、哪个倾向这个领域的权威比较感兴趣。我觉得这样做学问不如改行做生意，那样更好。

**问**：出去读书很多年，中国发展又很快，回来会有一个和这个社会隔膜的问题。另外一个问题是，现在对于中国现代性的讨论、反思、批判还是沿着西方现代性的反思批判框架，而中国本土的现代性反思有隔靴搔痒的感觉。现有对现代化批判似乎不能很好地看到对于中国社会的一种批判。您怎么看现在比较好的针对中国现状的一些批判和研究？

**答**：第一个问题很普遍。中国社会变化特别快。有个朋友几年前研究下岗工人，就说要抓紧做，因为再过两年就没有下岗工人了。果真现在没有下岗问题了，而是失业问题了。社会学就是这个问题，你选择的题目可能变化非常快。但这恰恰意味着，你对自己进行的训练，是应该能够适应更长时间研究的需要的，而不是局限于眼前。下岗会发生变化，但下岗所牵扯到的中国社会结构的特征不会变化得那么快。你出国几年，在技术层面上可以解决和国内的隔膜。你能够保持对中国的某种程度上的了解，而且拉开一定的距离看中国，你会看到一些以前你所没有看到的东西。如果处理的问题是眼前的问题，离开几年，那我就找不到这个问题的感觉。可如果你处理的是非常根本的问题，你应该相信，中国这 150 年，未来就是再有 50 年、100 年，这个整体的根本的问题是一以贯之的。你离得越远，会触及越深的问题。我倒是觉得，离开的经历，有时候不见得会影响你对中国社会的理解，而可能会逼你对中国有一个更深的理解，不会是眼前永远变幻的各种技术问题。中国这个国家实在是太活泼了，每天都有新的问题，而且不像美国，许多今天的问题，在几十年前就已经有解决的框架了，有新问题都能够放在已有的框架内解决。所以需要有一个长时段的眼光。你看西方，如果用一个长时段的眼光看，放在100年或者三四百年的历史里去看，你会发现（对）许多问题有新的理解。

第二个问题，现代性的问题，我觉得问题是一样的。20世纪80年代的时候，大家都在说怎么尽快现代化，可慢慢就发现现代化会带来很多问题。中国并没有一个特权：在进行现代化的时候，可以选择西方现代化中好的东西，不要其中不好的东西。西方人也没有那么笨嘛。有效益，人情就会比较冷漠，对吧？有许多相互纠缠的问题。现代化从来不能是一个完美的社会，它从来都是和现代化的批判联系在一起的。而现代化的批判一直都是推动现代性自身运作的一个机制。你看整个现代性的历史会看得非常清楚。我想中国也是一样。中国虽然有后发的优势，中国人有传统文化的优势，有后来选择的优势，可能选择一个“好”的现代化，这个“好”也只是意味着，比较贴近中国人心的现代化。但创造完美的现代化，永远不可能。许多东西都是混杂在一起的。个人主义，比较独立，势必会有感情上的、家庭上的问题。问题永远不是怎样找到一个理想的模式保留住所有好的东西。中国现代化批判的问题，是通过对现代化的批判，能够把现代性本身的复杂性展现出来，而不是选择一个乌托邦式的路线。我觉得更重要的是理解整个西方的现代性脉络，现代性的批判必须在这样一个大的历史眼光里才能作出像样的东西来。而且，中国大陆（内地）在这方面的研究也有相当的水平，并不亚于中国港台地区的研究，我们并不能低估这十几年做的东西。如果回头接续民国时期的研究，就会发现当时的研究水平并不低。我把这个叫作“学术上的孝道”。何谓“孝道”？就是怎么把以前的事情继续做好。善继人之志，善述人之事嘛。你要把以前人研究的问题接续下来，要看怎么把以前的研究传统接过来，看你们能做到多高。

你们做得高，我认为，像费老，像我们系原来的许多研究成果，就会有很大的价值。要是你们不做了，都变成美国化的研究方法，那这些研究传统就都显得没什么价值。

**问**：看西方的理论，也许当时觉得很过瘾，很明晰，但是拿到中国当代很混沌的社会里面，有点找不着北。那再看这个西方的书的时候，就不能够很投入地、很信任地去接受它。问题是：脱离了传统，直接到社会现实中去，是否可取？如何取舍？即使西方的理论不符合中国的现实，但是中国已经受它的影响了。西方的理论现在到底要不要看？

**答**：这个困惑并不只是你有。这个困惑的问题说明了为什么一个学科依赖它特有的研究传统。而要了解研究传统就要去读西方理论，为什么读完西方理论不能直接拿到中国来做呢？必须有个研究传统作中介。你读西方理论，对西方思想、现代性要有整体理解，你要推进的是个整体的东西，这个研究恰恰是要基于西方理论本来的脉络。去读韦伯，如果你想在韦伯那里找一个什么东西在明天下村的时候可以用，这绝对既毁了韦伯，也毁了你这个村庄研究。短路错误是个最大的问题。如果乡土研究的许多学者认为这种做法有问题，我完全同意。我认为这是最大的问题，就是说学了两三个西方的概念，没有深入了解它的脉络就直接拿来描述中国现实。这恰恰是一个没有学术传统的表现。真正有学术传统的表现是，你读这部分理论是为了帮你理解这个传统，但村庄研究还是要按照村庄研究既有的思路慢慢去推进。整个研究的过程，实际上确实是面临一个相互批评，经验研究和做理论的互动，比如批评西方理论做的问题、批评用西方理论的美国人的问题、批评已有研究的问题，永远是在中间这个层面去做的。这个工作是非常细致的，要花很长的时间。应星做的《大河移民上访的故事》，表面上是中国研究，背后有一个对西方现代性的理解。他并没有写出来，但你如果看不到这一点，就不理解他的研究为什么要这样讲。和他合作的晋军后来在做社会运动（研究）时，关心的一个根本问题就是：为什么这些人没有像西方社会运动理论（所描述的）那样组织起来？为什么不那么组织而这么组织呢？这就是你读西方理论经常会问的一个问题。今天看，整体中国社会学理论仍然比较薄弱，因为没有传统，它整个概念体系的配置都有很大欠缺。有时候你做的工作非常紧迫，不能够很从容，没有时间回到研究传统、进行批判性的讨论。这就需要很长时间，很多很好的研究完成以后才能建立起来。但是作为一个真正的社会学工作者，如果你意识到这个问题，在训练的时候，就要通过对理论的研究来强化对整体问题的理解。在真正要去做研究的时候，要熟悉这个研究本身的脉络，熟悉农民自己关心的问题，熟悉村干部想的问题，然后能把你学的理论化用在研究里，而不是简单地拿一个西方概念去用。这是蛮有挑战性的。最大的问题是，学了理论我只要用一用就行了，那这就没有什么意思，那做经验研究就不需要很高超的智力。其实做经验研究是艺术性很强的工作，并不是理论素养很好就能做好经验研究。有些老师一下去就能进入，就能找到问题，回来就能把故事讲得很漂亮，这是经验研究必须有的素养。但如果你没有理论素养，即使你有经验研究的才华，你最终仍无法把它表述成一个对中国社会学很有贡献的工作。你故事可以讲得很漂亮，但确实不能在学术积累上起大的作用。最终还是需要具有这种素养的人把它整合进社会学的传统中。

**问**：您举了佛法本土化的例子。您在讲西学东传的时候，认为西学可以在中国开花结果。您要去把理论传统重新发掘，去传接。那您对传统的重新发现，经历过什么样的心路历程？

**答**：我觉得大家一起努力，有一天我们在国内做的社会学理论，也许会比美国、比欧洲做得更好。我不认为这是个很荒谬的说法。我觉得你们在这里听到的社会学理论比绝大多数美国大学教的都好，你可以去比较。至于是否能够开花结果，成为一个影响中国社会的东西，我的观点是，这个不取决于我们是不是想这样做。中国现在面临的处境是，中国有两个选择。中国现在是比较富强了，大家比较有自信了。许多人对中国自己的传统也更加自信了。这些都是好事。但如何形成中国自己的传统呢？现在有一个比较时尚的想法：和西方的多元主义能够配合在一起，即我们有中国自己的一套东西，是多元中独特的一元。说白了，你要在一个西方的世界里有一个“治外法权”嘛。多元主义的许多东西实际上是个假象，多元主义是放在人家的世界里去理解的，并不是一个自主的东西。我认为中国人没得选，要么你就在人家的世界里要求一个你的空间，而这个空间有多大，取决于人家愿意给你多大；要么就是造一个中国的世界，你在里边建造一套世界的秩序，我不是说政治上，而是说思想上，你有对一个世界秩序、世界历史的理解，站在中国角度的重新理解。如果你能够做到这一点，你才能在精神上立住自己的东西。而这一步，需要你对西方希腊、罗马的这些东西，现代性的东西，有一套中国人自己的讲法。而这个讲法，是能把它作为自己的传统来看待的，而不是作为一个异域的、好奇的东西来看，也不是出于个人喜好的欣赏，而是把它看作和自己的人心、制度关联在一起的传统。我认为这是很重要的。你说有什么能够决定中国未来学术建设的成败？我认为究竟是这种倾向占了一个主导，还是那种愿意把中国自己的东西安置到西方的空间里去，要争取使自己成为那个多元中的一元的倾向占主导，这会是个关键的问题。因为现在中国已经比较强大了，以前那种完全抛弃自己传统、全盘西化的说法已经慢慢不是主流的倾向了。老百姓的思想，一般知识界、舆论界的倾向，都强调中国自己的传统。但中国的这个传统怎么讲，我觉得是个很大的问题。我个人的心路历程，不是很重要。在美国读书时我最大一个感受就是，必须有一个相当大的视野，才能安置中国的许多问题，而不是满足于纯粹保守性的解决。今天我讲如何培养中国社会学的学术传统，不过是这个大问题的一个部分。

**问**：您谈的问题还是东西方文化的交流问题，而您怎么评估和这个问题有关的思潮呢？

**答**：我觉得我们这一代年轻学者，都是接续上一代学者的努力，甚至是更前面几代学者的努力。可能会有一些差别，我们现在生活的社会，使我们已经面临很不同的历史情势，所以代与代对同样问题的理解会有差别。我的表述是针对现在的潜在危险。我比较担心的状况是：在将来的中国社会学界，一边完全讲中国自己的东西，中国的东西你外国人做不了，只有我能去乡村，只有我中国人才能做，不接受任何外国思想的讨论。而另一批人呢，比如留美的，从美国学了很多东西，花了 10 年时间在那里学，回来不想证明自己花了时间学的东西无用。那你就会坚持说我这个最正宗，我这个东西才真正是社会学，你们本土的学者做的都是些前科学、非科学的东西。那样，所有真正的学术讨论都没有展开的可能，都在所谓“本土”和“外来”的简单对立中消耗掉了。真正有成效的是，能否有一个东西，站在中国的角度去讲西方的东西，然后我们能够去做自己的研究。讲西方要比从美国回来的受简单的没有反思的社会学训练的人更高明，讲中国自己的东西也能比简单地不用西方的概念、回避任何理论构建的所谓“本土研究”更高明。只有做到这一点，中国的学术才能在一个健康的气氛中发展，而不是为各种意识形态的东西所左右。大家都是打着旗帜做东西，把旗帜扒开，底下什么都没有，这是非常大的问题。

# 从新轴心时代看对话文明与求同存异[①]

杜维明*

楼宇烈教授，各位老师，各位同学，我感到非常高兴，又能回到北大，和大家交流，向大家请教。每次到北大都给我留下很深刻的印象，也是我自己感觉到非常难得的学习机会，所以我希望掌握这个机会，讲得短一点，多听听大家的观点。

1985 年应北大哲学系邀请，我曾经来北大以“儒家哲学”为题上一门课。这可以说是我一生中很难忘的经历。这 21 年来，我访问北大多次，每次都感觉到非常愉快、很亲切，有宾至如归之感。我这个讲题安排在法律人文讲座来谈“从新轴心时代看对话文明与求同存异”（有人说不是“文明对话”，其实是“对话文明”），我思考这个问题是有一段时间的，但是所获很浅。我想，通过和大家交流应该把这个观点提升，把我的视野拓展，这也是我能够来这边和大家交流的主要理由。

在 2006 年 6 月，在夏威夷召开了一个中西哲学家会议，我有

---

① 此文是 2006 年 11 月 1 日杜维明教授在北京大学法鼓人文讲座的录音整理稿。

* 杜维明：祖籍广东南海，1940 年生于云南省昆明市。1961 年毕业于台湾东海大学，后在哈佛大学相继取得硕士、博士学位。先后任教于普林斯顿大学、柏克莱加州大学、哈佛大学。1988 年获选美国人文社会科学院院士。1990 年借调夏威夷东西中心，担任文化与传播研究所所长。2010 年被北京大学聘为人文讲席教授、北京大学高等人文研究院院长。代表作有《中与庸：论儒学的宗教性》《行动中的宋明儒家思想：王阳明的青年时代（1472—1509）》等。

幸主持了这个会议的一个对谈，是美国的哲学家罗蒂和意大利哲学家瓦迪诺他们两位的对话。这两位都是现代世界有名的后现代主义者，并且对于所谓宏大论说，包括我们今天要讨论的一些问题，他们都认为已经解构了，不值得有现代学术素质的学者来探讨这种大问题，提出应该把我们的视野更集中在确实可行的而且是能够非常确定的一些问题上。罗蒂的观点，大家都很熟悉，是比较极端的。这个题目叫作“哲学的未来”，就是50年以后哲学界会出现什么样的情况。他的第一句话就是，所谓东西哲学这个观点老早就过时了，另外也没有什么亚洲哲学，更谈不上什么比较哲学。所以在组织会议的人看起来，他的这个观点是比较极端的。他认为这些观念过时了，因为现代化的关系、全球化的关系，各种不同的传统它们的门户就打开了。以前列文森就用过一个观念叫作“没有围墙的博物馆”：你的财富也可以是我的，我的财富也可以是他的，我们都共享。很多的观念，关于中国文化、东亚文明、儒家传统、基督教传统，这些都可以分享。所以他说，可能最重要的观念，应该是一个混合，甚至更露骨一点说，是“杂交”的文化，没有所谓特定的文化认同。对他的这个提法应该作一个重新的了解。不管何种文明、文化或哪个国家，这些认同纠缠不清，有各种不同的选择。我记得1997年在（中国）香港曾经做过一次学术讨论，讨论到文化中国。一位学者基本上是在英国受的教育，他说他虽然是中国人，但从来不认同中国文化，说我情愿认同加拿大文化、美国文化乃至法国文化。这种情况现在越来越多，特别是年轻人，有各种各样不同的选择。一般说，天涯就在我的身边，我可以跟非洲、跟莫斯科、和各个地方的朋友作交流，我对那些文化有种强烈的认同感，因而“天涯若比邻”的同时，“比邻”也若“天涯”。跟我附近的人呢，我没什么可沟通的。这是现代人所面临的困境。如果大家接受这样的观点，罗蒂的观点，那我今天讲述的观点基本上没有太大的意义。可是罗蒂的观点是我要讨论问题的背景。他另外讲了一个更极端的话，他说世界上，将来也许只是一种语言。在他来中国之前，他坚持这个观念，来了中国几次之后，他说也许是两种。（大笑）但是，就是这么一两种语言，其他语言像法文、德文，各方面都有问题。他的这一说法，也不是完全没有道理。德国开始接受了它的外籍劳工，就是土耳其人，成为德国公民。在德国讲土耳其语的人特别多，也许 50 年以后，我们到柏林旅行，最重要的语言不是德文而是土耳其文。当然，如果我们到美国旅行，大家也知道，在加利福尼亚州，可能坎拿达语（Kannada）比英语更重要。他所描写的这个现象，我们很熟悉，特别在信息传播非常迅速的时代。

另外一个对话的对象，就是意大利的哲学家瓦迪诺。他也是一个后现代主义者，所以他和罗蒂有很多沟通的地方。但是他说，我最近要回归天主教。他澄清他以前不信教。这对我也是个很有意思的大课题。我就从他的这个问题开始讨论。为什么 21 世纪宗教的课题，特别是传统重大的宗教课题，提到议程上来了？在 2000 年，世界经济论坛开始重视 21 世纪宗教问题和 21 世纪的认同政治。当然，从经济、从地缘、从各个方面来考虑，我们所了解的世界地图一直在变化；特别是从经济的角度，我们可以把世界上各个不同的国家，用经济的指标排列起来，高度发展的、正在发展的、发展非常迟缓的、甚至是没有发展可能的。如果我们来看这个世界，从文化地图的角度，特别是从宗教的角度，大家都非常熟悉，可是我想我们过目一遍，也许与我讨论的问题有点关系。在地图里面占最大部分的应该是基督教，基督教分成三个大的教派，一个是天主教，我前面提到意大利人瓦迪诺回归天主教。天主教教徒之间有很多不同的观点，我们暂时不讨论。另外一个就是新教，新教我们一般叫作基督教，这是不对的，因为天主教也是基督教。基督新教有各种不同的类型，影响非常大，而且新教现在在拉丁美洲影响到天主教徒，许多天主教教徒不离开基督教，但是离开天主教，就是跟梵蒂冈没有关系，而进入新教。另外就是在东亚，韩国的基督教发展非常快，现在韩国的基督教教徒可能是33%以上了。韩国的基督教教徒是由新教教徒和天主教徒合并起来的基督教教徒。还有一个就是大家熟悉的东正教。如果你到俄罗斯去旅行，就知道东正教的力量非常大。已经去世的教皇，他一生最大的意愿，可能就是如何使罗马所代表的天主教与东正教能够进行对话。可是他这一生没有机会到莫斯科。东正教所代表的传统，基本上和天主教所代表的传统有好几个世纪的分离，没有办法交流。这是第一个大块。第二个大块就是大家熟悉的伊斯兰教。伊斯兰教一般我们以为在中东，伊斯兰教的世界主要是伊斯兰大国，最大的就是印尼，此外，在马来西亚、巴基斯坦、印度，伊斯兰教教徒非常多。印度教不仅在印度，在东南亚乃至在印尼都有一定的影响。这也是一种很重要的精神文明。我们说基督教代表宗教，那么印度教是不是宗教？值得讨论。因为印度教也是文化，它没有上帝的观念，但它有梵天的观念。当然，大家所熟悉的是佛教，佛教传播到世界各地，大乘佛教即所谓长老佛教的传统，多半在东南亚，所以我们很难以地域的观念来了解佛教。很难说这是佛教文化圈、基督教文化圈、伊斯兰教文化圈，还是儒教文化圈，不容易界定。

儒教文化圈我们比较熟悉，就是整个东亚。这中间牵涉到一个很值得争议的课题。亨廷顿教授就认为日本应该不属于儒家文化圈，它有独特的性格。但是研究日本最有影响力的一位学者赖世和，曾做过美国的驻日大使，也是一位汉学家，日本学研究的尖端学者，他写的一篇论文主要在批评日本特殊论。那篇文章的题目就是《中国文化的文化圈》，从全球来讨论中国文化圈，那是 1974 年在《外交季刊》上发表的。在那篇文章里面，他坚决否认日本特殊论的观点。他说假如日本能发展，假如文化的因素配合经济、政治等其他的因素，给予经济发展以积极的作用，那么下面 4 个地区会有发展。当时还没有"四小龙""四小虎"的观念，他就提出韩国、新加坡和中国台湾地区、中国香港地区。同时他也说，当时在越南战争期间，越南的情况非常惨烈，假如越南的和平能够重新建立，越南则因属于儒家文化圈，会有发展。他还提到中国：假如中国从计划经济转向市场经济，有一些重要的调节，中国会有发展。当然，他还有一个观点，现在还没有成为事实，就是朝鲜必定发展。这是他的观点。这个文化地图，跟宗教、宗教文明有很大的联系。对这个问题我已经谈过很多次，很多朋友可能已经耳熟能详了，不再赘述。

所谓"轴心文明"，对大家可能也是熟悉的观念，这个提法是德国哲学家雅士伯斯（Jaspers，Karl，通译"雅斯贝尔斯"）提出来的，他在二战以后（就是在 1948 年）就一直在考虑这样一个问题，就是二战之后，人类从非常残酷的阶段走过来，重新回头来审视文明。他认为有 4 个典范性的人物对人类文明的影响很大。第一个是苏格拉底，作为希腊哲学家，他在欧洲的影响很大。第二个是孔子，第三个是释迦牟尼，第四个是耶稣。到今天的话，大概还要加上穆罕默德，以及其他的人。他提这样一个观点，里面有一个基本预设。大约在公元前 6 世纪到 1000 年，在各地独立发展的一些重大人物，他们之间没有关系，一直到了20、21世纪，至少21世纪的前半段，他们还有很大的影响力，还在塑造人类文明。就是我刚才提到的从文化地图来看。在公元前6世纪左右，也就是在孔子的时代，在释迦牟尼的时代，在亚里士多德的时代，那时候在南亚发展出来的基督教和佛教，在中国的儒家、道家，在中东的伊斯兰教和基督教，都是从犹太教一根而发。这些传统当时出现后，我们从历史回顾，它们有许多交流。印度佛教传到中国发展，成为有中国特色的佛教传统，又发展到日本、韩国、越南以及其他地区。希腊的文明当然也是。阿拉伯世界保存了很多古代希腊文献，如果没有阿拉伯世界保存的这些文献，中世纪的欧洲就很难进入文艺复兴。虽然如此说，这几种文明相对独立，它有发展的内在逻辑性，有它的影响。在传统世界，有些人就是生活在基督教的世界，有些人就是生活在佛教的世界，有些人就是生活在伊斯兰教的世界。许多人没有接触到西方的文明。这是“轴心文明”两千多年甚至更长时段的大趋势。

在很多年前人们就考虑，所谓“轴心文明”，它有没有特色？什么叫“轴心文明”？美国的人文社会科学院在20世纪70年代举行了一次世界性的学术讨论会，名字就叫作“超越的突破”。我的一位老师史华慈先生参加了这次会议的讨论。在这个时代，人类的一种终极的关怀与向往，以上帝的观念出现。这是整个宗教发展过程中重要的优势，犹太文明最大的功绩。希腊哲学里面逻辑（logic）的出现，印度教里面梵天观念的出现，在中国关于天、关于上帝的观念，也许标志着人类文明。人们重新来讨论它的根源性。从这方面看，这是“轴心文明”的特色。后来有批学者包括我在内不满意这种观点。因为另一个观点其实就说明了犹太教、基督教、伊斯兰教代表了宗教的特色，超越了上帝，甚至超越了外在的上帝，成为人类文明突破的标志。从那个标志来考虑的话，那中国文化是特殊的，它和原初的、没有进入轴心文化的那个文化有千丝万缕的联系。因为有千丝万缕的联系，也许它的突破就不全面，就是由于它的突破不太全面，所以整个中国文化的发展就有保守的倾向。从另外的角度来看，假如我们类似的“轴心文明”突破，不仅是上帝、梵天这些观念的出现，同时是人的自我反思的一次飞跃（人对所有重大事件课题进行反思，数学、逻辑学）。那么中国对人的反思——何为人？我们做人的道理是什么？为什么要做人？——也是一种非常深沉的反思，也是一种突破。这种反思能够意识到天的观念的出现，但天一定就是超然、外在的东西，也许和我们人有十分密切的关系，但是这些都是所谓“终极关怀”，是毫无疑问的。可是事实上，启蒙所代表的大的思潮，在世界上产生了极大的影响力，使得其他重大的精神文明多多少少不仅受到了批判，而且逐渐地被消解，它们的影响力也是逐渐地在减弱。所以我们可以把启蒙以后这个发展过程，以前叫“西化”，后来叫“现代化”，现在我们说是全球化。它是个凡俗化的过程，就是把神圣的宗教的这些观念凡俗化。可以说是解构，如果用一种更特殊的说法，那就是“理性的光芒”，理性化所造成的将世界的各种问题重新组合。当然，科学技术发展的力量，大家知道不可抗拒，所以马克斯·韦伯在定义现代化时采用一个词就是“理性化”（reasonization）。

各种制度的理性化、市场经济的理性化、科学管理以及所有各种理念的官僚系统，是现代化的标志。此后，人类进入新的时代，所以从孔德开始，认为也许人类文明有个发展的铁律。这个发展的铁律就是人性，经过形而上学的思辨影响到各个领域，这就是人类文明发展的铁律。韦伯是坚持铁律的，所以他对宗教，也是从这个角度来理解的。韦伯讲现代性理论，他一生要考虑的是宗教问题，但是他讲他对宗教没有什么特别的敏感，他要了解以前在欧洲新教伦理对欧洲文明的发展有什么关系。他对这些问题很有兴趣。但据他自己讲，他已经和宗教没有多大关系，他是个理性的现代人。这个时候有一个很重要的学者荣拉巴写了一部《宗教进化论》。他的说法就是：人类文明如果从宗教来看，早期有种部落的宗教，现在来说就是原住民的宗教，也许新石器时代有宗教信仰。部落宗教在现在还在发展，慢慢地出现了“轴心文明”所代表的历史宗教。这就是我们文化地图里面提到的，在这些所有的历史宗教中间，只有一个宗教传统，从历史宗教变成前现代宗教，这就是基督教。基督教从以前的天主教的传统，经过马丁·路德的新教改革，进入了一个新的时代，而这个传统又同资本主义的精神传统合起来发展，所以现代化从西方发展起来，现代化就是西化、就是资本主义。当时我就抗议，我也算他的学生，我说儒家也有它的前现代的宗教，宋明理学。他说这是什么？我说在印度也可能，不仅是基督教本身。现在他基本上放弃了他原来的立场，接受了这个观点，所谓的前现代的宗教，在其他地方也出现了。特别是在东亚社会，比如宋明理学，它是经过佛教的挑战以后，发生的重大的改革，和宋明以后中国的发展有非常重要的关系。这个改变和马丁·路德在基督教上的改变，在涉及的层面、内容和价值上一样重要。这是毫无问题的，研究这方面的人都非常熟悉。确实这个改变没有同资本主义挂钩，没有推进发展资本主义。所以很多人就说，我们有儒家的商业伦理，想在儒家文化里面找基督教新教伦理与资本主义之间的关系，和它相同的关系。对中国这基本上作用甚微，因为这是个特殊现象。资本主义只有在西方发展，虽然在其他地方也可以发展，但是只有在西方才发展起来。这也是历史事实。所以从鸦片战争以后，我们向西方学习，一直到今天。这个过程不可逾越。虽然我们发现很多东西可以跟基督教传统相比，但事实上只是在儒教传统中发展。

虽然如此，我们可能会问这样一个问题：往前看，不是往后看，往前看，它有哪些特点？是不是一个事情发生以后，那个发展的趋势就一定限定了以后的发展，还是说这个发展到了某个程度，可以多人多样？这就是我们要讨论的一个很重要的背景问题。即使新教伦理和资本主义的精神有很密切的联系，即使启蒙所代表的理性或者说所代表的科学主义、理性主义，确是人类文明发展的一个重要的高峰，但现在的情况有很大改变。我们都非常熟悉，最大的改变之一就是启蒙。当时很多人，当然也有很多浪漫主义者，相信理性的光芒是不可抗拒的，黑暗是一定没有办法和光芒抗衡的，只要有光芒，黑暗就会被驱除。如果说我们这个房子算是一个“小宇宙”，只要这个光足够亮，每一个不同的角落，它的各种情况我们都可以看见。所以一直有个很强的信仰，就是科学的理性逐渐地发展，使得我们对以前不了解的东西逐渐能够了解。所有从事科学研究的人基本上都有这样一个观念。现在的情况为什么复杂呢？就是我越知道我应该知道而不知道，我越能够理解，我越应该看。“我越能够”意味着我应该理解、应该看见无知之物，或无知的领域扩大得越大。像有些学者的想法，就是最小的、最少的物质基础，只要我们分析最小的地方，我们知道它的终极，那么从这个地方我们就可以重建我们的宇宙。可是现在发现，即便再小也还是一样的复杂。追求真理、追求事实，这个强烈的意愿在科学界还是一个主导的因素。但是另外一种情况出现了，就是为什么我们以为过了几千年以后已经消解掉了形而上的行为乃至于宗教，在我们今天 20 世纪的后期，特别到 21 世纪，它的力量反而更大？

华东师大的冯契先生说，现代中国所碰到的问题就是古今中西之争。其实我们现在所碰到的问题，是重新来了解古和今、传统和现代之间的复杂关系。我不能想象没有传统的现代性，我们也必须要探讨现代性中的传统问题。我编了个论文集，哈佛出版社出版的，就是《东亚现代性中的儒家传统》。所以“传统”和“现在”这两个观念从传统延续到了现代。传统社会的消解现象到处都可以看到，各种不同的建筑物、各种不同的经济方式，农村逐渐变成都市。在美国农业人口已经降到 23%，工业人口也一直在降，服务业人员在增加。各方面都在变，所谓的传统已经没有。我们常常在问：我们的传统是什么？我们的传统没有了，传统被消解了，这就是现代性。可是你要了解法国，你不了解法国的近代史、中世史，你很难了解法国的革命精神和法国现代的社会关系。如果不了解英国的传统，很难了解英国的现代性。不了解美国的市民社会，也就不能理解托克维尔到美国所讲的美国的民主特色。这些地方有它自己的特色，这种特色又和它的生活习惯、心灵的积习有密切的关系，又和传统有千丝万缕的联系。我举一个关于中国的例子，这也是为很多人所接受的。大家认为中国最杰出的一批知识精英，特别在“五四”时期，对传统进行了非常严厉的批判，抛弃传统，丢掉传统的包袱。他们了不起的地方是能够跳出传统，以一种崭新视野来了解中国文化。所以他们是反传统的，但是这些反传统的知识精英，包括比较极端的，像鲁迅、胡适之、陈独秀、李大钊等，又都是强烈的爱国主义者。强烈的爱国主义者就表明，中华民族现在受到那么多的苦难、那么多的蹂躏，将来她是要站起来的。看鲁迅所写的东西，关于阿

Q，他已经是到了无可救药的地步。可是他气势如虹，尽管无可救药。我们中国人到了这个程度，应该是悲观的，可是他不是。他有非常强烈的信心，相信我们能够站起来，我们能做成。因为这个原因，我们有很多资源，当然不止是儒家的、佛教的资源，更多的资源在起积极作用。这是一个民族发展不可逾越的复杂规律。另外因为他太乐观了，认为可以把传统像包袱一样扔掉，没想到所谓的传统是渗透到我们的血液、到我们的骨髓中的。是不是DNA？我们不知道。但有些人认为经过好几代人的努力，经过好几千年的努力，逐渐这个传统的很多因素同我们有不可分割的联系，即使在短时间内被消除掉，但是在长时间里它对你有潜移默化的影响，特别是当你开始自觉了，它的影响、它发挥的力量会很大。从这个角度可以了解传统与现代的不同认识，中西也是一样，所以冯契先生说古今中西之争。

西方的学者像我的同事亨廷顿，他常常用这样一个观点，就是西方和西方之外，特别是美国和美国之外。美国现在也感到好像和欧洲不能够同日而语。虽然如此，西方一直是在西方之外，通过殖民主义、帝国主义，到了各个地方包括非洲。在20世纪后期，特别是21世纪，很多非西方的人，有的是通过劳工也就是外劳，有的是通过投资，有的是通过学习，有的是通过聘请，到了西方。这影响非常大，在整个欧洲看起来很明显。我刚刚讲到德国，大概10%的人口是外国人。日本相对是比较封闭的，不太接受外劳，但日本的外劳也是实力很强。这个情况就是人口的流动影响价值的流动。举一个例子可以说明问题。新加坡只有约五百万人，但是它的外劳很多。新加坡人夫妇多半是工作的，从早上9点到下午5点，所以孩子多半是请保姆照顾，常常是请从菲律宾来的保姆。最近新加坡发现这样一个有趣的现象：他们的未来是掌握在菲律宾的保姆手上。（笑）她们怎么样教导这些孩子，她们有怎么样的价值观，孩子们会受到影响。所以他们现在对于菲律宾来的保姆，从各种不同的方面，给她们好的条件。到了星期天，他们最大的一条街整个开放。她们在里面可以野宴，可以歌唱，可以娱乐，使得她们一天非常愉快，至少每周有一两天非常愉快，心情非常舒畅。这样做对新加坡的未来会有很大益处。

所以说现代的话，我们用一个词“新轴心时代”，这也不是我提出来的，很多学者都谈到了。第一个是复杂化。非常复杂，这个和现代化形成对比。现代化有趋同，就是大都市有大飞机场，有星级的酒店，有趋同化的情况。但这是非常负面的情况。如果现代化是一个趋同过程的话，那么全球化是一种复杂的事物。在全球化的过程中，地方化、地域化同时出现。而在这个过程中，毫无疑问，是科学技术为导引，而科学技术本身包括科学家本身，对自我认识都有了很大的变化。像《论语·为政篇》里面所谓“知之为知之，不知为不知，是知也”这个观念，你越对自己了解，越知道你从事科学研究领域所遇到的困境。既然无知的领域很大，既然“知”和“不知”之间的距离也许永远没有办法填补，那么我所了解的比较好的科学家有个特殊的素质，他们都很谦虚、非常谦虚，不仅谦虚，而且有种崇敬感，对他所研究的对象，不管是生物还是太空，都有种崇敬感。因为这中间有太多没有办法理解的东西，而且他们特别突出学习的观念。《论语》第一个字就是“学”。科学家了解到的最基本的物质结构本身就是多人多样。我没有研究科学，可是我有很多朋友研究科学。我的妹妹专门研究分子生物学。我说我觉得人类非常了不起，我们人的基因谱系全部弄出来了，在很快的时间里进行克隆啊，很多事情都会出现。我妹妹说这是一方面，在技术层面有这样的可能，如果从科学、最核心的科学理解，就是我们现在已经有这个地图了，地图中有很多因素，但是这个地图应该是活的地图，而不是死的地图。活的地图的意思就是所有我们能看出的一两个点之间会互动，它只要一动，整个地图就会变，而且动的方式没有人可以理解。你就是再做试验，头脑再强，电脑再快，你也不能够完全掌握。所以我们为什么要谦虚呢？我们知道整个地图，我们知道整个光谱，但它们中间互动的关系太复杂。这样一来，更感到不知道要经过几代人，或者要多高的科技才能进一步了解这个世界，所以在这个方面我得到了这样一个灵感，就是从学习的角度看世界。我们中华民族现在在经济上起飞了，世界都非常关注，在政治上也有影响力。但是我们文化的信念是什么？我们的学习对象应该是什么？我们应该如何学习？从文化上，从精神文明的角度，“轴心文明”（这是很关键的）是不是对我们有意义？还是我们已经进入另外一个世界，因为全球化的影响以及科学技术的影响，所有的精神文明与我们的生活均不相干？那么我们要问这样一个问题：即使从纯粹的政治策略考虑（我已经提过一两次），我们也要跳出一二三四五的思考模式。我们总是希望如何能与超级大国打交道，不一定超英赶美，但是这个超级大国对我们的影响太大了，所以我们的注意力应该集中在超级大国。超级大国有很重要的一些资源，其中最重要的资源之一是它的教育，不是中学教育，不是大学教育，而是它研究型的教育。所以我们总希望向他们学习。我觉得这个观念基本上是错误的，只是一个参照。作为一个民族，而且是有着几千年文化的民族，要进入这个多元多样世界，不可能是（依据）一种标准，不可能是（采用）一种方法。

于是有的人说，我们还是应该坚持两条不同的路线：一是资本主义的路线，一是社会主义的路线。我觉得这不现实。“不现实”是什么意思呢？就是说，这两条路线之间的复杂关系，已经不像我们理解的那样单纯。像美国的罗斯福新政时期，因为当时整个就业崩溃了，所以政府马上进入社会来做各种不同的调控。欧洲生活最好的几个国家，像瑞典，像挪威，像丹麦，都是“社会主义”。但它那种“社会主义”绝对是资本主义无法达到的。你只要到瑞典，所有的公共汽车都是不要钱的，所有的医保都是不要钱的。因为他们现在人口在减少，所以如果你有一个孩子，那你会得到很多利益。如果有两三个孩子，你就不必出去工作。如果你生育了一个孩子，那母亲就可以放假一年，父亲也可以放假半年，为了培养孩子。它们有很多很多的好处是美国社会、欧洲其他社会没法相比的，但它们也有它们的缺陷。像丹麦就五百多万人，而瑞典、瑞士，50 年以后、100 年以后，他们的存活问题，他们的语言问题，非常令人担心。

很多学者，包括我很敬重的一些学者，说现代的世界，应该承认中国的“鼎”，三极考虑。我们现在不能说 21 世纪是中国的世纪，这个说法也许太傲慢了；也不要说 21 世纪是亚洲人的世纪，但 21 世纪最少是北美、欧盟、东亚，东亚以中国为主。这三个地方，这三极是我们了解的世界。我在十几年前就说我们要注意印度，你不要把印度忽视了。因为印度给我们参照的地方非常多。现在毫无疑问印度在兴起，所以世界经济论坛在去年（2005 年）有“龙象之争”。所以有些学者就说三极不对，加上印度吧。那你以为俄罗斯就等在那边？俄罗斯现在起来了，它有油啊，而且它有非常深厚的文化传统，当然我们对它的文学、对它的哲学比较了解，但是对它的宗教不太了解。一般的印象是，俄罗斯垮了，中国改革开放成功了。俄罗斯整个“爆炸”了，但“爆炸”后它的碎片集合起来，现在力量也很大。10年、20年内，我相信俄罗斯的经济会发展。它是世界上领土最大的国家，是欧亚最大的帝国，横跨欧亚两洲。再如土耳其，90%的领土都在亚洲，但它就是想进入欧盟。上次我在伊斯坦布尔说，也许50年后欧盟想进入土耳其也不一定，不要认为这个世界的变化一定遵循某一种模式。所以我们不要跟从一二三四五这种思路，而应该有更宽广的视野。世界各种不同的文明，包括拉美的文明、非洲的文明等世界各地的文明，都可以为我们所借鉴。就非洲来说，我认为，并不是现在中非高峰会议的关系，而是非洲有一种很特殊的资源，这一点我们平常不了解。除了物质资源之外，它有生物的多样性、地质的多样性，另外，它是地球上最大的热带地区，还有人种的复杂性、语言的复杂性，等等。现在看来，非洲完全没有办法发展，而且艾滋病的问题出现了。但是50年以后，我们能不能判定非洲绝对是人类发展中的一个变种？我觉得也不能肯定。中华民族经过几千年的发展，而且经受了一百多年的屈辱，现在建立了自己的主体性，而且这个主体性是开放的，有反思能力，能够面对世界，能够面对全球，所以不能只将目标集中在几个简单的发展模式之上。

可是如果要谈“轴心文明”，特别是谈我现在特别要说的“对话文明”，最大的挑战还是现在我们每天都碰到的，就是我们对于现在最强势的意识形态，也就是说思潮、有影响的文明，应该作出什么样的回应？我以前讨论过这个问题。对启蒙所代表的伟大的西方精神价值，我现在只提出一个问题，比较现实，就是我们对于“经济人”（一个完全从经济的角度出发行为的人），我们应该怎样去理解？我们是不是能够完全认同？还是说我们现在还没有做到“经济人”，我们想办法做到“经济人”？抑或说“经济人”本身有限制？我先不作一个明显的价值判断。所谓“经济人”，就是一种理性的动物，了解他自己的利益。在市场，当然不是纯粹的自由市场，但基本上是一个能运作的市场，扩大他的利润，只要不违背法律。这是一个“经济人”的观念。不仅要学习经济学，我们还要学企业管理。我们很多人心里接受了“经济人”的观念，因为这观念后面带有几个非常深层的价值。第一个价值就是自由，就是我们的选择。全球化对于个人的解放影响太大了：每一个人的选择扩大了，沟通的渠道多了，信息的来往频繁，自己的需要、需求多了，但很难全部得到满足。在这样的情况下，我们当然了解我们的利益，这个对自己利益的了解和自由有密切的关系，所以有个经济学家布坎南（Buchanan）认为：在经济市场的发展过程中，只有一个价值是最重要的，那就是自由。所有其他的价值都可以和自由联系起来。假如没有自由的价值，真正的市场经济只能短期发展，不能长期发展；只能够偶然地发展，而不能持续地发展。另外，它确实突出了理性的观念。这个理性是工具理性，不是一般的所谓“沟通理性”。工具理性，它是理性，通过它能够了解到从手段到目的的因果关系，对中间的复杂机制都非常了解。另外，它确实有权利（right）的观念，特别是隐私权。有些是我的权利，任何其他的人都不能干涉。我记得在1980年代，一位学者到美国留学，提到想把这个隐私权带到中国法律界，困难非常大。特别是在家庭，母亲说：你有什么隐私，我们都是在一个家庭，对你这样地关爱，你何必要求你的隐私权？而且一个学校、一个社会也是如此：你要隐私权那你就一定有些不可告人的东西，那是对学校、对社会的危害，要不你为什么要隐私权？再者就是法制，没有真正的法制就没有诚信，就没有基础，没有契约。关于诚信度的考核，美国、日本、欧洲的诚信意识非常高。在欧洲，意大利的比较低。在中国失信的情况非常严重。这些都是应该开发的价值。

可是我刚才提到的那位经济学家，后来提出这样的观点，特别是针对跨国公司，因为很多跨国公司的财富远远地超过一个国家了，有些人的财富超过了世界上五六十个收入比较低的国家收入总和，所以他说必须提出责任问题，如果只有自由没有责任，这批人就可以把我们的整个资源浪费了，我们自己都不知道。最近他又说除了责任之外，还要有善良的因素。我是觉得特别惊讶，作为自由经济学者，这个人有善心。他后面根据的是一个人的常识。在伟大的思想里面，有一个非常核心的问题，也就是说越有钱、越有权、越有势、越能掌握资源、越能掌握信息的人，即所谓“精英”，越应该对于这个社会的秩序、所有人的福祉负责任。他应该照顾弱势群体，弱势群体作为牺牲者，他们可能不承担任何责任，他们只要能活下去就是尊严。但现在不是，既然不是了，那么你的责任问题就出现了。你的责任是不是够？布坎南认为是不够的，必须还要有责任心。那么我想如果是这样，也许可以用更宽广的视野来看这个问题。也就是在 1968 年的 12 月 24 日，我特别记得这样一天，因为在这一天，人类第一次可以用我们的肉眼看到地球。就是因为太空人的关系，我们可以用我们的肉眼看到整个地球，很全面。经过相当长一段日子，科学家慢慢地让我们了解到，这个蓝球，这个蓝色的行星，它的矿物、它的土壤、它的水源、它的空气，等等，现在受损严重了，矿物日益匮乏、土壤日益流失、水源日益枯竭。张岱年先生和季羡林先生就说过在 20 世纪人们因为油的问题会引发很大的矛盾、冲突，也许到 21 世纪，水的问题会引起更大的冲击，为人类冲突的重大问题。现在当然还有空气污染。如果从这个方面再看其他会更现实，有些人说50年以后、70年以后，我们这一代人已经没有了。贫富不均的问题、失业的问题、社会解体的问题，乃至于因为核武器的杀伤力，到底人的存活问题应该怎样去理解？西方资本主义的课本有个漫画，说我们都在一个救生艇里，救生艇很大，但是它已经开始倾斜了，因为很多水已经漏进来了。救生艇有很大的漏洞，很多人已经受到侵袭。上面站着两个人，他们两个人在说话——幸好我们是在最里面，我们在这一面。现在整个世界是在沉沦的，很多人能够理解，但是我们为了发展，都在讨论环保这些问题，这也是值得我们思考的问题。

从这个角度来看，从儒家的传统、中国文化的传统看，人应该是宇宙的一个观察者。在《易经》里面讲“观”非常重要，“观”即了解世界。我们观察宇宙，是个观察者，所以我们在本质上就可能成为欣赏者。只要到风景好的地方，我们了解了自然就能欣赏。《中庸》讲我们还是参与者，“参天地之化育”（第二十二章）。我们这样说，人在本质上应该是创造者而不是创造物。他可以成为创造者，演化的过程到了现在，很多从事演化研究的学者发现，人已经成为演化过程中的一个重要因素。我们现在对于演化已变成一个积极或者消极的因素。正因为如此，我们一定会成为一个重要的破坏者。“天作孽，犹可违；自作孽，不可活”（《孟子·公孙丑上》），人也许可以战胜各种不同的自然灾害，但是人自已作的孽，将是我们不能够存活的主要原因。这个理解使得很多从各种不同“轴心文明”来讨论问题的人发现，我们应该把人类现有的、能够集聚的各种不同的智慧开发出来、积累起来，来讨论人类的存活问题。

在这个基础上，我们谈文明对话。为什么说文明冲突是个比较肤浅的问题，而对话是比较深刻的问题？文明对话的问题，讨论怎么样把人类文明从轴心时代积累下来的所有重大的资源调动起来，解决我们现在所遇到的困境；从长远来为我们找出一个方向，为我们找出一个道路，让我们加深对自我的理解，自我反思能够更全面。1980 年我在夏威夷参加一个主题讨论时发现，雅士伯斯所讲的那个文明对话还是太狭隘，也就是说主要是大文明之间的对话，而我们这些文明同所有的原住民文明、各个地方的原住民文明，也能够积极对话。我们在夏威夷的时候，很清楚地了解到这样一个现象。不仅对轴心文明，还对原住民的文明，再对各种启蒙，对各种不同文明，有一种新的理解。当然现在环保问题是最主要的。理性主义、解构主义、后现代主义，最近也有很多发展，都能够配合起来，一起来讨论现在碰到的重大问题。在这个对话的语境中间，对话不仅是一种解决矛盾、冲突的方式，也成为一种内在的价值，成为我们一种生活的模式。因此我才提出希望走出一条和平的对话路。一般来说这个太理想化，其实一点都不理想化。我们每个人的经验，从早上一直到晚上休息，大半的时间都是在对话，有时候是吵架，有时候是辩难；有的对话很简短，有的对话很精细。跟一个人从认识到熟悉，到慢慢地理解，到互相体会个人的不同，然后进行沟通，乃至于产生共鸣，最后成为知己，这些都是对话。为什么人生难得一知己？因为真正对话的实现是非常困难的，但是对话的最低要求就是减少矛盾、冲突，故互相沟通是不可或缺的机制。我参加了联合国的文明对话之后，我自己个人进行了相当长的基督教与儒学对话，与佛教的、基督教、犹太教、伊斯兰教的对话，乃至与原住民的对话。这中间我有些例子以后可以跟大家共享，现在因为时间的关系，暂时不说了。最低要求是容忍。容忍本身就是一个很重要的价值。但实际上最重要的是，必须承认对方的存在是一个不可消解的事实。如果把对方当作敌人，我一定要把他消灭掉，甚至要狠打落水狗，使他没有能够恢复的可能则是不行的。仅有容忍是不够的，一定要承认对方的存在，而对方存在的不可消解性也要接受。巴勒斯坦和以色列，对话根本没有开始，可是双方都接受了对方的存在不可消解。这是一个基础，有了这个基础才可能互相尊重，尊重是非常困难的，有了尊重才可能互相参照。我不仅承认你的存在，而且我从了解你来了解我自己。能够互相参照，才能互相学习。那么这样说来，对话的目的不是利用这个机会来说我的道理。传教不是对话，要想对方放弃他的信仰接受我的信仰，这不是对话。对话也不是利用这个机会来表述我的一些价值，譬如我用这个机会来向大家宣扬儒家学说的核心价值，除非各位提出许多问题，我想办法回应。对话也不是说因为我受到很多的误解，我找到一个机会把各位对我的误解来重新厘清。那对话的目的是什么呢？

对话的目的，第一个是培养倾听的能力。如果不能听就不能对话。我发现我们在进行学术讨论的时候，有些学者智识非常高、学问非常渊博，唯一的缺陷就是他不能听，只能说，越说越多。当然他可以发展他的智识，但这不是对话。对话最重要的是听的能力。

第二个目的是拓展我们的视野。我举我自己个人的经验。我和基督教教徒的对话时间是很长的，特别是与神学家。与神学家的对话，使我了解到儒家传统不仅有它的缺失，还有它潜在的可能。我特别重视儒家的宗教性，我不认为强调了儒家的宗教性就消解了它的价值。但是如果没有基督教对我的刺激，我不会了解到儒家文化的重要性，只是把儒家文化当作社会伦理。大家可能都清楚，在犹太教里发展对话，最重要的学者就是马丁·布伯。他用了一个很简单的例子，他说：我看树，我可以从植物学家的角度来看，来分析它、了解它。就是把树当作我欣赏的对象，我用各种不同的方式来做试验，就是以它的存在来丰富我自己本身对外界的敏感度，另外加深自己的反思能力。这后面有一个非常重要的价值，就是“和”，和谐的“和”。人作为一个观察者，作为一个欣赏者，作为参与者，作为创造者，要吸收其他的文明、其他的社会乃至宇宙大化的资源，来增加我们对自我的了解，扩大我们的视野，增强我们的认知能力。在这个新的情景之下，在新的时代，希望能够有新的对话文明出现。我们要尊重科学界所提出的追求、科学家所提出的重要价值。这是不可或缺的，同时我们也要提出认真地或者真切地体会人生的意义这个问题。我们更注重在人的日常活动当中人生的意义问题。在企业管理这方面，大家相当了解，一个人做工作，企业将来做大了他会很成功。但人生的意义在哪里？这是一个人的文化认同，也是他的一个终极关怀。

从这个角度来看，对话文明的观点的出现不是偶然的。日本有个学者叫池田大作，在两三年前和我联系，说要进行一次对话。他提了个题目，就是文明，下面一个题目是：冲突还是对话？我说这个题目我不愿意谈。因为一谈到冲突就回到亨廷顿提到的地缘政治文明冲突模式中去了，我们想的问题应该更深刻。我就作了一个提议，我说我希望题目叫作“期待或者面向对话的文明”。他非常高兴，接受了。他说我们加一句，就是世界和平的哲学反思，希望对话文明的出现。我们处于对话文明中，我们也希望增长经验，在学校与学校之间、在政府与政府之间，对话能够发挥它的影响力。但这不是一个浪漫式的、理想式的说法，而是一个非常现实的考虑，不是手段、目的、方式，不是工具理性，而是沟通理性；不仅追求真理、追求事实，掌握外界的客观世界原则，同时更发掘各种意义，阐发我们对自我的认同，这中间应该有自我。我认为它是透明的，它是公开的，可以跟大家分享。所以这个对话的文明应该是种新的生活方式，通过文明之间的对话，而逐渐形成了一种新的对话意义。

世界七大宗教需要互相沟通。为什么需要互相沟通？很明显，现在的宗教领袖碰到一个很严重的问题，就是人类存活的问题，以前像在佛教里面，说现在世界是尘土，彼岸、净土是最主要的。但是在中国最有影响力的基本上是下来的人间佛教，人间佛教就是要把净土带到人间。“把净土带到人间”的意思就是它要参与世界，它要进入政治，它要进入文化。我们不能等到了天国，我们今天的世界就是我们的世界，我们要好好地保护它、珍惜它。所有的宗教领袖，都要发展出新的观点。为了世界和平或者说世界公平，这个观点的出现对于新的终极关怀，是从容忍到承认、到尊重、到参照、到互相学习的过程。我们个人可以这样说，人与人相遇，从一个陌生的人变成知己，只是一个过程。在文明之间，这种过程有没有可能？我说这同“和”有密切的关系。但是我们对“和”常常是误解的。在《论语》中，“和”的基本精神是“君子和而不同，小人同而不和”。我可以这样说，希望不造成误会：“和”的对立面不仅是“乱”，而且是“同”，“同”是与“和”对立的。异，就是差异，是“和”的必要条件。没有异，就不可能有“和”。首先我要说“同”，“同”有健康的一面，但我认为“同”有极不健康的一面，极不健康的一面是趋同，殊途而同归，大家都非常熟悉。大同，是中国最重要的思想。为什么是大同？大同是很多不同。这也就是说，每一个观念都是自愿的，都是参与的，都是双向的。小同不然。我们用一般的观点，同济、同道、同仁、同事、同辈、同乡、同学、同门，这些都是很好的。如果不是自愿的、参与的、双向的，它的紧张、冲突、矛盾不能够通过协调、通过磨合逐渐消除，就很难达到“和”。

家庭的“和”为什么那么困难？家庭既有性别又有年龄，既有权威又有地位。仅仅三五个人就有那么复杂的差异的因素，可见，要“和”是困难的。但是如果“和”的价值能够创造出来，对于一个人的人性发展会有非常大的价值，所以“二人同心，其利断金”。以王阳明和湛甘泉为例子。在找到湛甘泉之前，王阳明已经失望了，认为再没有发展的前景了，后来突然遇见了湛甘泉，个人情况完全不同，但是对他所讲的认知完全能够认同，他觉得非常兴奋。另外，我们知道“同心之言，其臭如兰”。但如果“同”变成同质的、单调的，而且不是自愿地参与到“和”，那就确实犯了“小人同而不和”的禁忌了。君子为什么“群而不党”？有“和”的观念，但不是同，这是一个开放的视野。中华民族在孔子之前就已经展开了这个思路。张岱年、汤一介、乐黛云、楼宇烈很多教授都谈到了。像晏婴，在《左传》和《晏子春秋》里面都有记载，公元前500年那时候齐侯就对他说：我和梁丘据，我们两个是“和”的。晏子就说：你们不是“和”，你们是“同”，你说了算，他听。如果是“和”的话，那么“君甘则臣酸，君淡则臣咸”。这不是“唱对台戏”，而是如何从“异”达到“和”。“和”因为有多样性，一定含有“异”，所以后来他举了个很好的例子，就是烹调。我们要有盐、要有梅、要有水、要有火，慢慢地烹。另外我的一个例子是，你要成为一个艺术家，你要画画，你用一种颜色不行。我有一位朋友，他只用一种颜色——黑，但是到他的画室，经过一段时间了解，发现是各种不同的黑。有比较淡的，有比较浓的。假如就是一种漆黑，那就根本不可能成画。另外，“和”，特别是和谐，是音乐的观念，作为音乐的观念更值得我们去关注。它有各种乐器同时配合起来，有弦乐，有管乐，有打击乐器。在西方的乐器里面有小提琴、管乐、打击乐器，从表面上看来完全不同，可是它们配合起来同时奏乐，效果就很好。在中国，我记得是1978年我在武汉，刚刚在随县出土了在战国时期的一批乐器，有七千多件。那乐器非常多，非常复杂。中国听的艺术，也就是音乐的艺术，在很早就达到很高的水平。孔子本人对音乐的鉴赏力就很高明。中文里面很多的字都跟音乐有关系，如甚至的甚字，声音的清和浊，声音的大小，句子的短长，速度的急徐，感情的哀怨，以及刚柔、和缓、高下。因为是“和则相济”，故“和”是生命，是创造者。“同则不济”，如果是“同”的话，就没有办法“济”。故必须充分理解“异”的重要性。当然，有人会提出这样的问题：你讲烹调、绘画、音乐，那谁是大厨？谁是画家？谁是指挥家？谁是艺术家？我的回应是这样的：在一个多元的时代，前面我也提到，我们要向各种不同的文明学习，对轴心文明所带来的多样性，从多的角度来理解。能够直接参与烹调、参与指挥、参与音乐创造的人，应该是来自不同的民族。在今天的社会，有政府、媒体，有企业，有各种不同的社会组织、社会力量，都能参加的话，则是属于“和”。“和”的方向应该是“中”，中道的“中”，在滋润“和”后面的价值。

最后做一个小小的结论。“仁”有两个特色：一是“觉”。觉悟的“觉”，也就是感觉的“觉”。有的学者说儒家的传统是德性伦理，如果是德性伦理，就同亚里士多德的伦理很接近。怎么能够通过长期的培养，把我们勇气的等级、人性的等级培养成为我们自己的一部分？我想儒家传统有这样的德性伦理，但是儒家还有另外一种伦理，就是同情关切的伦理，关切他人，也关切自己，就是“己利利人，己达达人”，“己所不欲勿施于人”。恕道和仁道所发展出来的这种思路，不希望出现的情况是麻木不仁，对外来的世界没有敏感度。是“觉”的话，它是生命力，因为是生命力，它有创造性，它是源头活水。

“仁”，除了有“觉”以外，还有“健”，健康的“健”。它是一种合理性，所以我们可以这样说，通过“仁”的滋润，逐渐达到“和”，而这个“和”才是比较丰富的。所有的儒家核心价值，都要靠“仁”来制约，没有“仁”，它的核心价值等级就有滑坡的危险：没有“仁”，“义”就会变得非常苛刻，“礼”就会变成形式化，“智”就会变成小慧、小聪明，“信”也可能变得非常狭隘。但是所有这些、所有核心价值，都可以丰富仁的思想。仁叫有差等的爱，和博爱、兼爱不同，并不表示只爱自己亲的人，爱自己的家人，爱自己的民族、国家，不爱人类。不是，最基本的精神就是它是有活力、有创造力的，它是从近到远，推己及人。在这样的发展过程中，它的核心价值和自己形成一种对话，而且这个对话可以成为文明对话的基础。“和”，这样说来，是既有内容又有活力；发展出来的文明对话，就是一个学习文明问题。中华民族了不起的大智慧、大聪明就是学的问题，特别是最近几十年来，我们向世界各个地方学习，向西方学习，也是迫不得已。但我觉得往前看，学习的力度要加大，希望这样的视野更加开阔，以达到一种“和”的价值。

# 政治哲学的新视野

## ——天下体系的思想与制度建构①

赵汀阳*

大家好！我是第一次到北大法学院来与大家讨论问题。我不知道这项哲学题目是不是对你们有意义，但希望有点意义。这个是政治哲学的话题。不知你们是不是都看过我相关的那本书——《天下体系》，不管怎么说，我还是要简单地介绍一下，尤其讲一点我为什么思考这个问题的背景。

“天下”这个概念对于我们中国人是不需要解释的，这是我们熟悉的观念。不过把“天下”概念发展成为一种政治哲学理论，就需要解释一下了。很久以前，在决定重新创作“天下”概念之前，我想的是整个中国哲学的当代道路问题，我们古代的思想资源如何能转变为当代的财富、当代的观念，并且是确实有用的当代观念，而不是把一些其实已经没有什么价值的古代观念说成是价值连城的古董。那种敝帚自珍的态度值得敬佩，但没有学术意义。大家都知道，中国古代的思维习惯方式是比较“玄”

① 此文是2006年11月29日赵汀阳研究员在北京大学法学院演讲的录音整理稿。

* 赵汀阳：广东汕头人，1961年出生。中国人民大学哲学系本科毕业，中国社会科学院研究生院博士毕业。现为中国社会科学院哲学研究所研究员。主要研究领域为政治哲学、伦理学、知识论。著有《美学和未来的美学》《哲学的危机》《论可能生活》《一个或所有问题》《人之常情》等。

的，抛出一个观念，但基本上没有什么论证，也没有严格的界定，当然也不可能发展出一个按照今天的学术标准能够认可的严格理论。但这些资源我又觉得特别的重要，于是就作了一些尝试，试图把中国古代的这些伟大的观念变为当代的理论。之前我做过一些研究，比如有关孔子的正名理论，老子的“道”，诸如此类的，都是形而上学的或者是伦理学的。到了 20 世纪 90 年代做政治哲学（研究）的时候，才想到“天下”这个概念如此有利用价值。我试图把它由一个古代的概念或日常习惯的概念变成一个理论的时候，发现碰到了非常多的具体问题，比如说，其中有个很重要的问题，是关于朝贡体系的。我当时听说在座的王铭铭教授对此深有研究，就跟他请教过多次。

“天下”这个概念为什么特别重要、可以利用？原因就在于它是个特别的眼界，正是 100 年来我们所习惯的西方的解释体系里没有的东西。西方的解释体系在解释政治问题的时候，最小的政治分析单位是“个人”，最大的单位是“国家”。古代时候是城邦国家，后来是帝国，现在是民族国家。在国家之外就没有更高的政治单位了，只有“国际”（international）这样的一个国家之间关系的概念来勉强对付比国家更大的政治问题，但其实是很不够用的。当时我越想越觉得奇怪：如果按照西方的这样一个解释框架，世界归谁来说了算、归谁管理呢？世界利益又怎么解释呢？世界的无政府状态不就是不治的乱世吗？这个问题是空白，国际政治不是一个能够解释世界的理由，它仅仅是民族国家与民族国家之间的一个关系，它在层次上来讲与国家同一层次，并不高于国家的主权，所以它仅仅是国家之间如何处理相互关系、如何协商的问题，甚至避免战争，但终究不能解决世界的冲突。西方的国际政治理论，即使是和平主义的，也无非是把致命的冲突变成慢性疾病，却不可能超越冲突。在这个背景下就想到了“天下”这样一个概念。

“天下”这个概念很古老，可以追溯到周文献，或许更早，还不能确证（不过“天”的概念是更早就有的）。为什么在周的时候会出现这样的一个问题？我觉得是有一个特别的历史契机。中国政治问题的发端与西方的处境非常的不同。可以作为对比。西方的“政治”是什么意思？西方政治 politics 与城邦 polis 有很大关系，从词根都能看出来。所谓的 politics 是源于城邦 polis 的，核心是它必须有公共空间，或者叫“公共领域”（public sphere），在古希腊时候表现为一个城邦的核心地带——人们可以聚集的神庙和广场，其中广场（agora）这样一个公共空间是政治性的，所有的国家大事都要在这个地方进行公开讨论，大家发表意见，最后按照最成功的意见作出决定。是不是去打另一个国家，是不是建设公共工程，要不要流放什么人，等等，都要讨论。这样一个由公共空间所界定的关于国家大事的公共商议活动，是后来形成西方“政治”的一个主要传统。如果脱开这样的一个传统，政治就会被认为是不大正宗的。欧洲会认为美国政治不如欧洲政治那么正确，就是因为欧洲更多地继承了公共领域的传统。公共领域是严格意义上的民主的起源，但大于投票制民主。公共领域更强调公开信息和公开辩论，即充分信息条件下的平等、自由的辩论，由此形成公共选择。公共领域当然蕴含民主，然民主却包含不了公共领域。西方所贡献的公共领域无比重要，应该是和“天下”概念一样重要。

作为对比，中国政治起源的历史情景是很不一样的。中国没有城邦的传统，在商朝时候，其实它并不是一个严格意义上的国家，而是一个核心领导，然后有无比多的部落服从其霸权。周当时是一个小部族，所谓“小邦周”。它很会搞政治和外交，联合了许多部族，后来成功反叛，阴谋得逞，以小吞大，一举打垮了商朝，占领了它的首都以及周边地区，但还存在众多的部落，原来是向商朝臣服的。那么它如何继承商朝的遗产，处理这样的万国局面？这是个问题。周是一个小国，它的军队是非常有限的，虽然它有一批能人，但毕竟实力有限；虽然夺得了中央的领导权，要处理“天下万国”，却也不容易。对于周武王和周公来讲，它要处理的并不是一个国家内部的关系，而是相当于现在整个世界的政治局面；它要处理的是如何管理整个世界的问题，它必须有一个管理世界而且大家都满意并能够接受的政治方案。所以中国的政治不是由国家问题起源的，而是由世界问题起源的。当然，这个世界无非就是现在中国的四五个省，或许更大一些。这无所谓，重要的是它在问题上是一个关于世界的问题。这就决定了中国政治是由世界问题开始。这就是我们为什么有“天下”的概念，完全是因为政治起源是非常不同的。在西方是由城邦到帝国，再走到民族国家，始终是国家问题；而中国是由世界问题开始，创造了天下政治体系，然后分封而有国家。

“天下”观念在学理上是非常超前的，西方缺乏这一思路，中国在秦汉之后也慢慢削弱了这个概念的意义，到现代也几乎不再思考天下政治了，也像西方一样去思考国家了。所以这个观念被埋没多年。现代知识体系是由西方支配的，人们都习惯于国家为核心的政治理论。但是如果换一套话语，回到中国先秦的政治话语，会发现效果非常不同。假设现在我们把西方的解释体系暂时忘记了，从中国的框架去看问题，按照“天下”的概念，我们会很自然地作出一个判断：从政治意义上说，当今的世界根本就不是一个世界。这就是我在书里的一个概念。当今世界是一个

non-world，而不是一个 world。在希腊知识论里，多样事物要成为一个世界，必须由 chaos 转变为 cosmos，而 cosmos 就是秩序。知识把自然看作是有序的，所以才有世界。同样道理，在政治上，如果没有一种政治世界观去创造一种世界政治秩序，世界就只是一个 non-world。今天的所谓“国际社会”实际上是个无政府状态，不是一个世界。美国人喜欢认为，这个世界之所以坏了、之所以很乱，是因为这个世界存在着一些失效的国家（failed states）。这个解释是不成立的。如果一个世界总体来讲是有序的，仅有个别失效的国家，那么是很容易制住它的，根本就不会出现真正的危机。所以这个解释不成立。当今世界的政治问题的关键点，不是存在个别的失效国家，而是整个世界是失效的，是个 failed world。

自康德的和平主义以来，任何国际主义的和平努力仍然没有成功。二百来年前，康德的永久和平理论提出了一个跟我们的论题相关的西式论题——如果要使得这个世界获得和平，就必须在自由国家之间形成一个联盟。他的天才想法在今天有两个遗产——一个是联合国，另一个是欧盟——但是这两个成果都不可能真正解决世界的问题，因为康德理论仍然维护的是国家利益，而没有世界利益。维护各个国家的利益，与维护世界利益有很大的区别。世界总体利益不等于各国利益的加总，尤其是，如果一个国家利益是绝对的，那么每个国家的利益都是绝对的，这等于还是没有从根本上解决冲突问题，因为国家之间的利益永远是矛盾的。康德理论仍然是附属于国家理论的一种国际理论，最多是一个“暂时和平”理论，而不是像他自己希望的那样是个“永久和平”理论。可以这样理解联合国：它只是一个谈判的场所，只不过把直接冲突变成桌面上的冲突，把战争变成“纸上谈兵”，结果还是在进行实力比较和阴谋比赛。联合国根本不是一个超越国家的政治实体。当然，联合国可以是一个公共场所，大家在这里讨论问题。这一点很有意义，属于古希腊传统。但这个公共领域的公平性是可疑的，因为强国难免会操纵局面。欧盟比联合国实在多了，它要变成一个地区性的政治实体，或多或少超越了民族国家，但无非是变成一个超级联邦国家，甚至是个帝国。如果它变得足够强大的话，无非是多了一个美国。所以政治问题并没有改变。即使将来有了欧盟、北美什么盟、亚洲什么盟，如此等等，全世界变成了几大政治地区，虽然比二百多个国家少了许多，但这五六个超级实体之间的政治困难在结构上与国家之间的问题是等同的，并没有什么实质改变。欧盟有可能发展出一个比较好的公共领域。当然，现在它的困难是很多的。假如从一个非常理想化的状态去看，它将来可能搞成一个非常好的公共领域。这是很重要的政治模式。

不管怎么说，西方的政治框架，到了联合国、欧盟以后，就已经发挥到了极致，不能进一步解释世界性的政治问题了，它只能解释国际却不能解释世界。这个问题的真空就留给了中国的“天下”的观念。在这样的背景下我试图把古代的“天下”概念发展成一个当代的政治理论。在发展成一个理论的时候，难免要对古代观念进行修改，添油加醋，甚至重新创作。我所重新创作的天下理论与古代天下观念当然很有些不同，这点要实话实说，不过这种改写应该是合理的，因为毕竟今天的问题已经发生了许多变化，天变，道也要变。在欧洲讲天下理论的时候，有个别西方人听了不相信中国三千年前就存在这样的成熟、先进的理论，认为是我自己编造的。真实的情况是，中国古代确实有这个重要观念，但需要重新创作，以便适合今天的问题，所以要把它发展成一个当代理论。

“天下”所意味的世界是个饱满的世界概念。为什么这么讲？“世界”这个词可以指称一个物理或者说地理的存在，即地理学意义的世界，“天下”有这个含义，所以天下首先是个地理学上的概念，西方的“世界”就是这个意思。但“天下”还有另外两层意思：一是民心，得天下的含义是得民心，而不是指占有土地。在先秦已经有很多言论讨论过这个问题：如果用武力把世界打下来了、占有了，但是没有得民心的话就并没有在实质上得到“天下”，因为“天下”不支持这样的统治者，所以天下的第二个意思就是民心所向、众人的同意。这是心理学意义上的世界。还有第三个含义，即“天下”是一个世界制度。在西方政治体系里，最高的政治单位是国家，所以没有一个世界的政治制度。这就是中国的政治学和西方的政治学之根本差异。西方的政治学核心是国家政治学，从国家政治学派生出国际政治学，国际政治学仅仅是国家政治学的附属。而中国政治学首先处理的问题是“天下”，政治问题是由世界开始的，最大的政治问题是如何建立一个世界制度，在世界制度以下才有国家问题。所以中国的政治分析思路是天下—国—家，西方是 individual—community—state 这样的一个思路。不过，中国政治的最小单位只是家，没有落实到个人。这是一个缺点。所以中国传统政治不重视个人权利，这是需要用西方理论来补充的。当然可以有争论，有人说在道家里面，个人还是有的。这个可以讨论，道家的“个人”是不是政治意义上的个人，我有怀疑；道家“个人”所追求的似乎不是政治自由，而是文化自由或者心理自由之类的，说来话长，这里不说了。

任何一个制度在政治哲学上，都有一个根本的问题，就是合法性论证。任何一个制度我们为什么要接受，也就是承认它的合法性，所谓 legitimacy 或者 justification，可以混用，合法性就是正当性，但也可以更严格地区分。过去往往混用，现在似乎重视其差异。有趣的是，中国自古就不混用。相当于 legitimacy 的是“立国”的合法性问题，就是“得国”方式是否正当，是阴谋篡权还是应天命、顺民心。相当于 justification 的是拿下天下后必须有“治国”的功劳，不断保证天下人民的利益，才是正当的统治。这两种正当性的评价标准是不一样的。在西方建立一个合法国家，合法性的来源是民主、民选的政府。而在中国讲天命，天命又表现为民心，因为天命是看不见的，民心就是天命的显现，就像圣者需要圣迹的证明，民心就是天命的 evidence。古代所有的叛乱、起义、举事之类，在这个问题上要花很大的工夫，一时间无法获得民心，就要搞阴谋、欺骗。其中有很多有趣的故事，比如抓一条鱼，在里面装一条布带，写上谁谁谁要当王了，然后让人故意抓到这条鱼。很多这种搞笑的事情，好像很见效。其动机无非是表明天命。既然天命就是民心所向，那么政治宣传就很重要。古代的任何反叛者都要找一套话语把大家煽动起来，得到了民心之后就得到了合法性，所以宣传是非常重要的政治问题。在治国这一点上，合法性是得到民心持续的支持。中国有一套社会评价标准，就是“治”和“乱”。这个标准在理论上很优越，因为回避了政治意识形态的偏见。不管是怎样的政体、政治制度，只要达到了“治”的效果，人民丰衣足食、安居乐业、礼乐优雅、贤人在朝、能人主事，诸如此类，就是“治”；如果腐败成风、鱼肉百姓，民不聊生，矛盾激化，礼崩乐坏，小人当道、笨蛋当政，就是“乱”。这个评价标准和西方政治评价标准也有些不一样。西方对社会的政治评价标准，我认为是基督教以来所确立的黑格尔式的“进步”的观念：历史有一个终点，是历史的最高目的，一个完满的终点，才能有进步之说。这种宗教式的进步观点又变成社会经济观点，于是，合法的政治就是不断推进经济发展和社会进步。现代科学又提供了一个旁证，物质的发展、科技的进步成为进步的指标。这个标准用到政治领域里面就出现了政治意义上的进步，这个进步的标志就演化成“民主”：衡量一个政治制度好不好，就看它是否是民主的制度。这套评价体系有其道理，但在学理上不是最优的，因为包含了意识形态标准，这样的话就不是普适的；而且，进步观点只计算了好处，往往忽视坏处，这也不是客观的。中国标准是客观的，它没有考虑特定的可能世界和意识形态，只要在效果上是“治”的，就是好的，就必定能够获得民心的持续支持。

中国古人以“世界的政治”作为起点，很早就确立了世界政治学的一个基本原则，即“无外”原则。普天之下，皆为王土。任何一个民族、部落、国家或者政治实体都必须被承认为天下政治体系中的成员，而不是敌对的他者，即“天下”是个共有的政治存在。这跟西方有很大的差别，又是与基督教有关——在信徒之外，就是异教徒——这样的世界必定是分裂的，总有“一正一反、一善一恶”之分。这种格式构成了西方政治学的一个隐秘的本质。这个隐秘的本质在1929年被卡尔·施密特点破了。他讲：什么叫作政治？无非就是区分敌友。第一步就是要认清敌人，找出敌人之后，由敌人才能知道谁是你的朋友。而且，敌人是万万不能没有的，没有敌人就找不着北。如果将来出现一个后政治的时代，敌人没有了，在那个时代人类生活将没有任何一个值得牺牲的事业，人类再也没有激情了，剩下的仅仅是“大众娱乐”。他认为这样的日子不值得一过。与此相反，天下“无外”原则把任何政治实体、民族和文化都看作是在内的，消除了绝对的外在性，先验地排除了不共戴天的敌人或者他者。这样才能为世界的永久和平奠定基础。当然具体操作难度还是很大的。也有人跟我商榷，“天下”毕竟也有某种意义上的内外之分，在承认了“无外”的基础上又分出三六九等。这点应该承认。费孝通说得很明白：差序格局，以自然感情作为依据，以家庭向外形成一同心圆，分出远近亲疏的差序格局。但这个“外”是相对意义上的“外”，没有不共戴天的对立面。这一点跟西方的“外”还是差别很大。绝对的异己性是不可兼容和克服的，那样的他者才是绝对意义上的他者。现在西方也意识到西方文化的这个局限性，所以也提倡文化沟通和兼容思想，但一般都很空洞，缺乏理论根据。天下“无外”原则正可以成为一个普遍原理。

在“无外”的原则基础上，特别值得一提的还有一个天下方法论。老子《道德经》第 54 章讲，“以身观身，以家观家，以乡观乡，以邦观邦，以天下观天下”。这个公式，我把它叫作“以＊观＊”这样的一个知识论的原则。这个原则非常重要，可以用来解释很多问题。这是一个最公正的观察方式，打个比方：日常生活中人遇到个人困难就会抱怨，“社会太坏，国家太坏，根本没有为我着想”。这是一种主观看法，人们有权利主观地看问题，但在学理上没有意义。假定国家是一个 X，国家有国家的利益，国家要为国家利益去做事情，所以你必须由国家的利益去看国家，才能看明白国家行为的意义和目的，然后才能有效地理解或批评国家行为。如果只是“以身观国”，没有“以国观国”，那种以身作为国的标准的主观批评只不过是牢骚，没有思想价值，也不是合格的社会批判，同样不是什么知识分子批判。老子这个方法论的最后一条是“以天下观天下”，也就是说，在我们以世界的尺度、世界的眼光去观察世界政治问题之前，我们不可能理解还有一种属于世界的利益，看不到世界利益就不可能理解世界政治。按照西方的政治理论，以国观天下，我们看到的是仅仅国家利益，而看不到世界利益。世界利益的重要性在于，如果这个世界彻底坏掉了，所有的国家都会完蛋。这就是“天下”思路能够突破西方的政治哲学的一个重要的理由。

还有一个重要的问题，当然古人说得非常少，因为他们并没有想到复杂的理论的论证。我注意到一个奇妙的现象，凡是谈到政治问题的时候，就是“天下—国—家”，而在谈到伦理问题的时候，就倒过来了，成为“家—国—天下”。古代文献没有任何解释，我必须补充一个解释，当然我认为这个解释很可能猜对了答案：一个政治制度如果是普遍有效的，就必须满足普遍“传递性”，即普遍可以通行的。也就是说，一个普遍有效的政治制度，对于“天下”是有效的，那对于“国家”也必须是有效的，对于“家”也是有效的。在每一个政治层次所实行的政治制度必须至少在结构上是同构的，这样，制度才能通行无阻。反过来，政治制度的“传递性”只能证明这样的制度是普遍有效的，但还不能证明是普遍正当的。而正当性论证的最现成的途径，当然就是道德论证，在道德上占了优势，我们一般会承认它就是正当的。中国所有伦理的依据是由家庭模式开始的，因为家庭是最好的合作模式。把家庭合作模式推广到“国”和“天下”，这一伦理的“传递性”与政治“传递性”形成一个政治和伦理的循环。

为什么“传递性”原则很重要？由“传递性”可以看出西方的政治制度为什么不是普遍有效的。罗尔斯的《万民法》这本书很有趣，与他的《正义论》形成了反差：《正义论》推崇“差别原则”，认为一个自由、平等的社会如果万一需要作出不平等的制度安排的话，就必须使不平等的制度安排向弱势群体的利益倾斜。但是他在《万民法》中说，在《正义论》中讲的正义原则如果要在国际社会推广的话，就必须把这个“差别原则”去掉，富国不能以此去照顾穷国。因为如果推广“差别原则”的话，美国应该去补贴非洲、亚洲和南美，它是不能同意的。这意味着西方的政治制度只在西方国家内部有效，是不能推广到国际上去的。因为西方政治制度是不传递的，所以它是局部有效的，只能在一个特定的国家、特定的地区、特定的历史阶段或者说特定的语境下有效，并不是像它所吹嘘的是一个普遍有效的制度。另一个例子是民主：在一个西方国家内部，民主可以通行，但也仅仅是在国家内部有效，并不能推广到世界成为全球民主什么的，因为那样对西方国家不利。由此可以看出西方政治制度都是断层的，没有传递性，也就不是普遍有效的制度。

当我们考虑到世界这样一个政治层次时，就会出现一个新的具有挑战性的问题。比如说全球的自由迁徙的问题。国内民工可以自由到北京、上海，如果这个事情发生在世界范围，情况会怎样？西方世界恐怕不能接受，但如果没有这种自由，就完全违反了西方的自由原则和人权原则。地球是人类共有的，按照人权，自由迁徙是每一个人所拥有的权利，每一个人都应想到哪里就到哪里，是不应该阻拦的。反对自由迁徙在人权意义上是违法的。如果按照“天下”理论，显然是允许自由迁徙的。

还有一个问题，即如何建立一个世界性的公共领域。这是无比重要的事情。刚才我们已经歌颂了古希腊的公共领域传统，但是公共领域要从国家内部推广到世界公共领域，恐怕西方也未必同意。如果要实现一个真正公正、平等的公共领域，至少应做到，在这样一个公共领域中，任何一种文化、任何一个民族，都有平等的权利来制造话语，都有平等权利来发言。不过光发言还不够，因为发言时，人会故意不听，因此还需要第二条原则：不管是谁在发言、说什么，其他人都有义务来听，并且有义务参与讨论。现在根本不存在一个全球的公共领域，也就不可能有世界通用知识，也就不存在共同承认的真理。如果有了全球公共领域，各种文化，西方文化、伊斯兰文化、中国文化、印度文化，都会得到共同的尊重，并且在整个人类所认可的普遍知识系统中都占有不同的份额。而这一点目前做不到。目前世界通行的普遍知识体系都是西方知识，其他所有宝贵的知识都被搞成地方性知识，只是一个猎奇的、美学的对象，而不是一个知识的来源。

当然，还有世界制度问题：如何建立一个世界制度，以便进行全球管理和合作，包括如何共管全球的自然资源、生产方式、技术进步、经济合作、消除战争等等；假如我们承认人权理论，那么显然有一条原则必须被承认，就是既然人人都是地球的一个合法的居民，那么每一个人都有权利应该拥有地球资源的平均份额。事实上西方国家的人已经占有和消费掉太多的共同资源，远远超出了人均水平。从这些问题都能够看出，西方政治理论不是普遍有效理论，而且往往言行不一。而只有“天下”理论才能够包容任何普遍有效的自由、权利、公正和平等。

最后谈一个所谓“和谐”问题。这在古代就是“和”的政治理论。“和”的政治最开始是周所面临的如何处理整个世界政治的一个问题，即如何“协和万邦”的问题。当然，“和”同时也是人际关系问题。现在说起“和谐”，往往被肤浅地解释，好像主要是如何搞好关系，一团和气，礼貌礼让，照顾弱势群体什么的。这样小学生都懂的道理恐怕不是“和”的要义。其实这个问题在古文献里面有很多很有启发性的讨论，我把它发展成一个当代理论，按照今天的语言和策略大概是指，“和”不是一种态度或者愿望，而是一种事实关系、一种博弈关系：对于博弈双方，X的某些利益x之所以能够出现，当且仅当，另一方Y的利益y也能够出现；或者，如果X出现一个利益改进$x^+$，当且仅当，Y出现利益改进$y^+$。双方利益完全互动地挂钩、损益与共，自然就“和”了。“和”就是博弈双方必然满意的合作。我把它叫作“孔子改进”，以区别于西方的“帕累托改进”。这样命名当然有些媚俗，孔子并非最早讨论“和”策略的，不过他有过重要贡献就是了。“帕累托改进”虽然不错，但是不够，它跟经济学家最喜欢讲的“经济学馅饼”是有关系的。经济学家老欺骗大家说不平等没有关系，只要把馅饼做得足够大，人人就都得利了；即使万一你没有得利，至少你的利益没有比以前的更少，这样就可以了。“帕累托改进”就是说至少有一个人的利益得到了改善，而且没有一个人的利益因此被损害。这样的社会就实现了福利进步。可是人们需要的不仅仅是“经济学馅饼”，人还对“心理学馅饼”（我编造的词汇）感兴趣。如果我的利益没有损失，甚至得到了某些改进，比如说，过去我挣100元，现在我挣200（元）了，过去你挣100（元），但现在你挣1万（元）了，按说完全符合“帕累托改进”，但是很多人不会满意的，因为有的人收入增长的比例太大，以至于许多人的“心理学馅饼”大大受损，而“心理学馅饼”受损人们也不干。人们最气愤的还不是利益受损，而是利益不如别人多。在这种意义上，“帕累托改进”是不能说明社会问题的。不把心理学考虑在内的经济学是无效的。“和”的利益改进，即我称为“孔子改进”的策略，才是经得起“经济学馅饼”和“心理学馅饼”的双重挑战的合作策略。当然并非没有弱点，弱点就是“和”策略的条件比较苛刻，双方互为蕴含、互为条件的利益关系肯定不是普遍存在的。如何能够创造“和”策略的条件，是需要进一步研究的课题。

好，我申请先讨论到这里，我很想听听王铭铭、陈教授以及大家的意见。

**主持人**：感谢赵教授精彩的演讲。听了这个演讲，我个人有两个感受：一个是“天下”体系还是在充分发挥想象力的阶段，另一个就是给我们提出了知识存量上的挑战，如此多的中西方知识之间的往返、对比，不是一般的学人所能做到的。下面我们请我们的两位评论人对赵教授的演讲发表评论。

**王铭铭**：我做赵汀阳的对话人有些不太对劲，因为我们之间的区别不是大到可以对话（的地步），因为对话的条件就是我们有些不一样。我们讲一样的方言，而且在你讲的两个重要的观点上，我们都有些共同点。第一个就是说古代中国的观念如果经过严密地论证，就可以成为一个有用于当今世界的观念。这一点也是我多年的一个想法。第二个就是说我并不像很多社会科学家那样反对赵汀阳对“天下”的关注，而恰恰相反，我也一直很关注这个观念。所以听来听去，好像说要挑点什么毛病跟你对话，好像这个搞来搞去，很郁闷，没有什么好说的。但是我可以不是作为对话（最后会不会有对话我不知道），讲一下“天下”观念在中国 20 世纪 90 年代后期出现的一些背景和它的基本情况，然后把赵汀阳这个“萝卜”放在几个“坑”里面看看有没有什么问题。我认为在 1997、1998 年以后中国学界不只是赵汀阳，出现了好几位关注“天下”观念的学者，名字我就不一一罗列了。但是这些关注主要是基于这么几个方面的思考：第一个方面就是在国际政治上，渐渐发现了儒家传统上“王道”相对于美国的“霸道”的优越性，这样就出现了特别是诸如经济学家周弘的一些观点。第二个跟“天下”有关的思考，是在知识论上，因为社会科学随着后现代进入中国也影响到了我们的思想，这些影响中有些是不健康的（当然也有些影响是好的），就是使中国社会科学家对国族的观念产生不满，在社会科学的许多领域也溯及“天下”的观念，试图以它来反思社会科学以国家为单位的研究模式的缺憾。这两点我认为在背景方面出现的现象在今天的演讲中事实上都有所涉及，而且相对比我所见的要深刻。还有另外一个背景是跟知识论上的反思有关系的。我们研究“天下”的时候呢，不见得是为国际政治提供一种儒学式的解答方式，而是在对中国社会科学自身研究上的国家局限性进行反思和批评。所以这样一种“天下”观念实际上针对的不是我们的优越性，而是我们的历史命运和它的弊端。我认为到目前为止，中国的“天下”理论基本上有3类，我觉得赵汀阳的理论是对前两种理论的一种综合，试图提出可以交给外国人学习的一套理论。那么基于这种“一个萝卜一个坑”的安排，我也认为已经预示了对赵汀阳的挑战，兴许最重要的并不是教给外国人怎么看世界，而是教给中国人怎么看世界。这里面就有一个非常重要的层次：我们的这样一个“天下”的世界观是怎么失去的？我们今天又如何恢复，或者有没有可能恢复？如果自己都不能恢复的话，你还有什么资格去教训老外们说你们没有世界制度只有我们有？这是我第一个挖空心思想出来跟你对话的地方。第二点就是说你讲的这个三个“天下”的东西，我觉得“天下”如果没有“天上”就不可能存在，它的世界观恰恰在于我们的地理学、我们的灵感、我们的世界制度是老天爷他老人家定的，这个老天爷就是天下制度之所以寻找到自己的超越性和神圣性的一个背景，但是赵在他的文章里面比较务实，他对那些封神榜不感兴趣。那我们作为人类学家我觉得天下体系如果没有对封神榜的研究的话，它是不完整的，甚至可以说是西方的、国族主义的、叙事的一种重申，而不是一个反思。我就讲两点。

**主持人**：下面请法学院的陈端洪教授作一个回应。

**陈端洪**：刚才王铭铭老师讲说他们有太多的共同性，所以没有对话。我可能就是属于另一个极端，就是有太大的不同，所以也没有对话。这个题目跟我的关系是什么呢？我是研究宪法的，所谓"宪法"呢，就是主权体系下的具体制度。所以我为什么会对这个东西感兴趣呢？就是因为很早以前我就思考这个问题，就是中国古代为什么没有宪法的概念。你有政治，为什么没有宪法？有时候我就想：中国的国家到底是什么东西？它到底是怎么形成的？它为什么就跟别的思考方式不一样？"天下"观念兴起来以后呢，我觉得很有意思。看了两位教授关于这个问题的书，我从里面获得了一些启发。我想说的呢就是，我觉得任何一种政治，从发展的角度讲，它必须从一个"一"开始，不管你是家庭的"一"还是个人生理意义上的"一"，它必然从一个"一"开始。但是从这个"一"开始以后，它又总有一定的限度，组织到这个程度以后它就中止了，太小了不行，太大了也不行。一个时代有一个时代的组织能力，到了这个限度它就中止了。所以这个意义上，你不管是用"天下"的概念也好，用"国家"的概念也好，还是用"城邦"的概念，它只是某个时代的认识和组织能力。它只能到这个点。如果将来我们再扩到天下苍生平等，那我们说天下所有的动物、植物都平等，可能下次我们不是关心我们的权利和自由，而是关心动物（植物的权利和自由）。我们在法律上也有给植物、动物以诉权，给它们以法律上的主体资格。佛教里也有"众生平等"。这个里面可能任何时候都有一个限度。现在问题是，在中国周朝的时候，为什么那个限度会放得这么大？它就比古希腊城邦的大多了，那个时候就已经跟罗马帝国一样的概念了。我觉得就是，很大的一个范围。如果我讲得难听一点，就是政治发育不成熟。我不搞历史，我只是胡说八道啊。胡说八道可以给你们一种思路，太严谨了反而没有什么挑战了（笑）。我认为这里面可能是一种政治发育不成熟，因为其实这里面一个很重要的东西，就是一个“组织”概念。在政治思想里面它讲一个东西，就是以“一”为单位组成的共同体的时候，它一个很重要的概念就是“组织”，最严密的组织是一个法人概念，就是法律人格，它已经超越了个体人格，成为一个权利、义务的承担者。它必须要成为这个东西，最严格的就是到这个程度。我觉得周朝那些东西就是一个非常松散的联合，它的组织技术还不成熟，或者说组织的必要性还没有到。这就是为什么后来它搞不下去，然后到秦才统一。从我做宪法（研究）的角度来讲，我最感兴趣的是秦朝。所以我说中国有两次严肃的政治思考，其中一个是春秋战国，到了战国才真正开始进行严肃的政治思考，就是思考一个真正的国家是什么、一个政治体要什么样的组织程序才能把那些该垄断的垄断起来。我甚至认为中国秦朝已经具备了后来西方人讲的民族国家的主权技术。当然我不是特别喜欢用这个“民族国家”概念，我更喜欢用“主权国家”，因为“主权国家”的概念在法律上是个体权利的类推，然后推到了共同体的头上去了。它是最高的，它有最高的对领土的权力和对人的命令的权力。个体和个体之间没有命令的权力。这里面有一个绝对的东西在里面。我认为秦朝基本上建立了这个东西，立法、度量衡、郡县制度啊，等等。但是它最可悲的，或者说也是一种幸运的是，它两千年来就延续这样一个简单的结构，没有再进步了。所以我觉得天下结构在我看来在这个意义上是帝国的幻想，到了秦建置以后它是一个外衣，是企图同化其他异族或没有完全纳入统治权范围的那些人的一个统治技术。这个帝国统治技术一直到清朝都在用。另外，我还想请教啊，因为你们两位在这个“天下”概念问题上都有很著名的作品，我算是刚学这个概念。我觉得按照主权这个思路再走下去，问题就是任何一种秩序到现在来讲要是可能的话，必须要有一种最高的权力，而这个最高的权力从现代开始就已经概括为立法权了。它只有这个才有可能，所以你“天下”概念最后要成为任何一种现实的制度的话，除了描述意义，要有任何规范意义的话，你必须要有一个最高的立法权。在这个意义上，你超越不了主权。思路上你根本就是跟主权思路完全一致。假如要把联合国改造成一个世界联邦政府的话，你必须垄断军队或对别的军队有指挥权，必须有立法权，也必须有终审权。它必须要有这些东西。所以我就觉得“天下”概念是很空的东西。比如我们讲“天下乃天下人之公器”，那就是换了一个问题，就是你刚才讲的世界资源的问题，天下的土地是天下人公有的。而这个概念正好是当时殖民主义用的概念，所以并不是人家没有用。欧洲人到美洲搞殖民地的时候，就是用“天下土地是公有的”这个概念。另外，就是印第安人虽然住在这上面，但洛克提供了一个理论，就是你必须劳动才能说土地是你的财产。所以“天下”这个东西不是西方没有，而是用于殖民主义了，就是天下土地是公器，上帝给大家平等的权利。这个它是有宗教渊源的。接下来还有个人权概念。“天下众生平等”，除了资源意义上的还有个“众生平等”，那就是人家有人权概念，所以你也不能超越人权概念。现在你要是超越现在的财产权制度，那就是对世界的一个破坏，而不是一个建设。因为我们现在提“天下”概念必须是一个建设，而不是要颠覆世界，只能是改进世界。所以我觉得你拿这个东西去对国际秩序进行批评特别地有道理，但是拿去构建世界秩序的时候，我发现：第一你离不开我宪法学的思维，你必须按照国家模式去建构世界；第二你不能打破人权概念和财产权概念，打破这些概念，西方人不可能接受你的，因为很明显现在话语权还在人家手里。再就是你破坏之后要造秩序的话，我们发现最公正的秩序还是用“权利”的概念，虽然我很反感这个概念，因为这个概念本身包含了一种对抗，就是人和人之间的一种对抗。如果不是设定了人们之间的对抗的话，它不会划清这个东西是你的、那个应当是我的。但是这个概念你想抛弃可能比较难。我说这些只是想跟两位请教。

**主持人**：谢谢两位教授精彩的回应。今天活动最大的一个意义就是请了横跨 3 个人文社会学科的教授进行这样一个对话，我想任何一个法学年会、哲学年会和人类学年会都没有这样的一个机会。我想大家也都非常想听听赵老师对两位教授提出的问题的回应，那下面请赵老师做一个再回应好不好？

**赵汀阳**：非常感谢两位极其精彩的批评。我先说点跟王铭铭有关的，过去我们讨论过很多次。关于他讲的“天上”的封神榜的问题，过去也是有涉及的，确实我们这一点有不同的看法。过去我们有一次合作，他带队，我作为评论员：我们在阿尔卑斯山做一个人类学调查和哲学评论。他一天到晚拉着我爬山去看神庙，搞得我很烦，不好意思了。不过应该说神的问题还是很有趣的，当然跟学科背景有关，人类学对神比对政治的合法性论证要感兴趣一点。我的一个解释是这样：中国的“天”和地上的“人”这个事情，天道和人道，之间有一个对应关系。但这是想象和假设。“天”是说不清的，解决的方法就是，凡是“天”的东西都要在地上找到一些“人”的证据，所谓“天人合一”。民心就是这样一个问题：天命不可见，就只好寻找民心，只要民心所向就是天命了。我觉得这是两套解释系统，一套是政治的合法性论证，同时有一套关于“天”和“神”的解释。这套神话解释当然也是很有意义的，在中国古代的作用不小：凡是地面的事情说不清的时候，这套神秘解释就起作用了，政治有时也利用封建迷信去进行政治诈骗。不过王铭铭可能不太同意把他的封神榜放到补充的位置上。这一点可以继续讨论。

陈老师的问题也是很有意思的。讲到秦朝与罗马帝国，对比是有趣的。秦的时候，中国也出现了中国式的帝国。但这两种帝国不太一样。对于罗马帝国来说，没有国界，没有 boundary，只有 frontier，王铭铭译得最好，叫“边陲”。这是一个模糊地带，是两种势力之间的模糊地带，两种势力在这里消失于无形，只要一方力量大了，就再开拓一块。随着武力的增长，能够发展到哪算哪。这是罗马帝国的模式，这种帝国模式后来演变成为英帝国模式，被征服的地方变成殖民地。这是一种节约成本的统治方法，在经济学上是很有道理的。把征服的地方收为领土的统治成本太高，很容易崩溃，经济上不合算。英国人多精明啊，搞了殖民体系的帝国。今天的美帝国主义，不搞英国那套了，殖民地在今天不合时宜，没有政治正义，所以就搞经济上的操纵和政治、文化上的支配，相当于奈伊讲的“软实力和硬实力”的支配。硬实力方面的支配在后来导致了依附理论的出现，软实力的支配就是所谓“文化霸权”。

至于中国由秦奠定的帝国模式，有些不同。秦始皇自认为功盖三皇五帝，比以往所有的天子都要伟大。他的理由是什么？他并没有放弃“天下”的概念，而是改变了天子直辖区的概念。周的中央直辖区是很小的，叫“王畿”，千里之地，然后周围一圈一圈的诸侯，每一圈一服，有的说五服，有的说九服，这就是远近亲疏关系。王畿相对最大，配备的兵力也按比例：天子军队有6个单位，大的诸侯是3个单位，然后是2个，小的是1个。这样的兵力配备意味着它不是独裁的，而只是领导性的，可见，确实是一个世界共同体。如果某个诸侯作乱，天子很容易把它平了；假如出了昏君，天子自己作乱，只要有3个大国或者几个中等诸侯也可以把中央政府给平了。这种制约关系有许多可取之处，这可以继续讨论。秦始皇的帝国无非就是把王畿大大地扩大了，扩大到整个五服，整个变成直辖区域。这么大的地方当然需要新的统治方式，这就是郡县制。在中原之外还不清楚远方有什么，流沙或者海之外的那些地方太远了，要征服的话，供给也是大问题，所以没法去，那些遥远地方叫作“四海”，是晦暗不明的、搞不清楚的地方。“四海”也是“天下”的一个部分。远方部落或者国都被看作是朝贡国。朝贡体系就是这样被搞起来的。不过，远方国家并非分封诸侯，所以秦虽然还有天下观念，但已经不是天下体系，而是帝国。秦不同于西方的帝国概念，也不是主权国家的概念。我不否定国家主权的重要政治意义，只是说，就像个人和个人之间的冲突关系，国家与国家之间也是冲突的关系，这需要解决。博弈论讨论的就是这个问题，就是从冲突的状态进化到合作是如何可能的。这个问题到现在也没有解决。我觉得西方思维方式不足以解决这个问题，也许中国思维也未必能够解决问题，但或许是很有用的。谢谢大家了。

# 汤一介先生谈治学门径[①]

汤一介*

大约十年之前，“东方之子”栏目采访我的时候，曾经问我：把你和你父亲放在一块儿，你会不会有压力？我说：当然我确实感觉到有非常大的压力。无论从哪个方面来说，我都是不足的。首先是基础上的差距。我父亲，以及陈寅恪、冯友兰等前辈，他们从小四书五经都背过，所以他们对中国传统的经典比较熟悉。另外，他们十几二十来岁的时候有机会去国外深造，一待就是五六年，对当时国外学术界、思想界的情况比较熟悉，外语也较好。具备了国学和西学两个基础，一旦回国，在教育和研究领域都能占据前沿地位。如果把我父亲那一辈算作是第一代，钱钟书等人就是第二代，我这一代是第三代或者第四代了。我们和前两代人比，真的有差距。当然，成才除了外在条件以外，和个人的天分与努力也是分不开的。

我要讲的第一点是，如果大家想要在学术上取得高水平的成

---

① 本文是2007年4月5日汤一介先生在《北京大学研究生学志》编辑部与广西师范大学出版社联合举办的“家学与师承”特约讲座上所作讲演的录音整理，并经汤一介先生审订。

* 汤一介：原籍湖北省黄梅县，出生于天津。1951年毕业于北京大学哲学系。曾任北京大学哲学系教授、博士生导师、中国哲学与文化研究所名誉所长、中央文史研究馆馆员、中国文化书院院长、中国哲学史学会顾问、中华孔子学会副会长、中国东方文化研究会副理事长、中国炎黄文化研究会副会长、国际价值与哲学研究会理事等职务。2003年起，担任《儒藏》编纂中心主任、首席专家。著有《郭象与魏晋玄学》《早期道教史》等。

就，就必须打好国学和西学两个基础。而这个西学基础，必须是当时的前沿思想。就像冯友兰先生出国的时候，流行的西方哲学主要是实用主义、新实在论和分析哲学这些东西。他对这些摸得很透。当然这些现在不是很流行了，除了实用主义最近有些回潮。这是我讲的第一个问题。

关于我和父亲的关系，并不是外人看来的那样。其实我们没有家学，因为他不大管我。（大家都觉得他是一个守旧的人，其实他有很多和守旧不相干的东西。比如他不相信中医，也不爱看京剧。他特别喜欢看西方的侦探小说，很奇怪，这一点和金岳霖先生是一样的。他们两个人经常买英文的侦探小说，交换来看。所以虽然他研究的完全是中国的学问，比如中国佛教史、魏晋玄学，都是中国的东西，可是他的兴趣反而是西方的居多。我想这和他的留学生活有关系。）他对我的指导归纳起来只有这么两点：一是他要我读的书。有庾信的《哀江南赋》。他的想法是每个家庭都有家风，你要考虑怎样把家风继承下来。因为我祖父是进士，曾祖父是教书的而且他教出了 3 个进士，他们是一个系统的。他还要我读《法华经》，那时候我十七八岁，他的考虑是让我对事物的概念有更好的分析。他对我的读书，具体的就是这样要求，其他的就没有管我。二是他教我怎样做人。父亲做学问不大与人争辩谁是谁非，他就讲他自己的。但你可以看得出来，他的书里面是有针对性的，有理性的批判意识。比方说，你在他的《汉魏两晋南北朝佛教史》就可以看出来，他有相当多的地方在批评梁启超研究的不足。你也可以在他的一篇关于文化问题的东西里面看到，他是批评梁漱溟和梁启超这“二梁”的，但他并不特别地去跟别人争论。他当时经常来往的有钱穆、熊十力、蒙文通、林宰平，他们经常在中山公园的来今雨轩喝茶。那时候我五六岁吧，他也经常带我同去。去了他就买一笼包子给我和我妹妹吃，吃完我们就玩去了。据钱穆先生记载说，那时他们大家讨论的有两个问题：一是国家的危难，日本马上就要进华北来；二是新文化运动对传统文化影响的探讨。他们都是比较守旧的，跟胡适的意见不大相同。大家争论得很厉害的时候，我父亲常常是一言不发。钱穆的评价是，他心里有数，但他不去和大家争论。在这一点上我受到了他的影响，我也不大愿意去争论，我讲我自己的就可以了。当然慢慢地也有点变化，现在我也愿意和别人来争论了。

我父亲原来是“学衡派”，这一派是反对新文化运动的，跟胡适是两派。可是他跟胡适的关系并不是对立的。父亲是1931年被胡适从中央大学聘请到北京大学。从思想上讲他们并不相同，但在研究佛教史方面，两人有很多相同的看法，比方说批评梁启超，在这一点上他们是共同的。特别到后来，1947年到1948年这一段，我父亲做北大文学院院长的时候，胡适跟他的关系特别密切：当时傅斯年希望我父亲去中央研究院，而且写过一封信（我曾经谈到过这个问题），傅斯年跟胡适商量这件事，胡适不同意，不让他走。胡适离开北京的时候，写了一封信——给我父亲和当时北大的秘书长郑天挺——说，南京来电催他，来不及告别就要走了，北大的事情就请你们照管一下吧。最后他在信上说：我不会忘记北京大学。这一事件也说明，尽管他们有一些看法不同，但是还是可以相处得比较好。我父亲跟其他的人，比如钱穆、熊十力等，也相处得非常好。

谈到我受父亲的影响，其实也就是这些。我受老师的影响是非常大的。有几个老师给了我很深印象：一是中文系的废名老师，我与他有两层关系：我和他是同乡，都是湖北黄梅人；他又是我大一的国文老师。废名非常有自信，也很敢说。还记得上他第一堂课，讲到鲁迅的《狂人日记》，他说，对这本书的理解，我比鲁迅自己要深刻得多。一下子我们都觉得这位老师非常敢讲自己的想法。他还非常认真：那时学生每月交作文给老师，他都是逐字逐句批改，还有评语。这两点对我影响都很大，就是有些问题你要敢想，而且还要敢讲。当然敢讲不一定是要跟别人去争论，而是你要讲你自己的看法。还有要非常认真才行。还有一位老师，是教逻辑的老师，叫胡世华，是我国最早研究计算机的一代学者。当时他给我们开的课有形式逻辑、数理逻辑、演绎科学方法论，这些课我受益很大，使人思想清晰。特别是数理逻辑这个课程，推理一步步地下来；并且你要做习题的，跟数学一样。还有演绎科学方法论，教你逻辑推理的方法，对我影响也非常大。我认为其实中文系的学生应该学学逻辑，形式逻辑、数理逻辑，一定会有帮助的。还有一位女老师，叫俞大缜，她的态度对我影响很大。当时她在西语系讲英国文学史。我在大学的时候兴趣非常广泛，除了上哲学系的课，也上英语系的课和中文系的课。她的这门课是给西语系的学生开的，用英文课本，也用英文讲课，练习也用英文来写。我是哲学系的，英语水平没有西语系的同学好，所以有时候会听不懂。老师知道我是哲学系的，也知道我的英语水平，所以每次下课，她几乎都亲自与我交谈，问我哪儿没听懂，告诉我再去看教材哪页到哪页。俞大缜也是很怪的人：她是后来国民党国防部长俞大维的妹妹。她的学问不一定有多高，但态度十分认真，关怀学生。当时选课比较自由。我还在中文系选了杨振声的课，他讲的课叫“欧洲文学名著选读”，读英文的原著，从荷马史诗、希腊悲剧一直读下来——当然都是选读了。杨振声老师是山东人，有口音。他念的英文不是很标准，我们也听不大懂，所以我们主要是读书。我还选过梁思成的“中国建筑史”。这个跟我完全没关系，我就是好奇：梁思成是很有名的学者，我是慕名而去，听得也很有兴趣。我觉得在大学学习阶段，也许同学多选其他系的课，可以接触不同的教师、不同的同学，会有好处。

下面我说说这些年来自己是怎样做学问的、怎么走过来的，也有些经验教训。大家都知道最近我出了一两本书，一本叫《我的哲学之路》。我开头就讲，我不是一个哲学家。大概1996年，我去比利时鲁汶大学，鲁汶有一个研究生，她做的论文是《汤一介为什么不说他是哲学家》。我去了，她还跟我谈了两个小时。我为什么不说自己是哲学家？这个是有历史原因的。1949年以后，在中国大陆流行了一个说法，就是只有马恩列斯毛这样的人才能称为哲学家，我们这些人只能叫“哲学工作者”，不能叫哲学家。哲学家是创造思想的，“哲学工作者”是解释这些哲学家的思想，或者用这些哲学家的思想来解释历史或现实问题的。不是我一个人这样想，大家看冯友兰先生的《三松堂自序》，当时他也是这样的想法。当然，冯友兰先生本来是一个很大的哲学家，可是他也不敢说他是哲学家。冯先生的不同是他不甘于做“哲学工作者”，所以经常出来一些不同的思想。一出来不同的思想，就挨批判，他是不断地挨批判过来的。

但是我做“哲学工作者”，对我也有一点好处。在我1951年毕业了以后，我有5年多的时间是在现在的北京市委党校教书，开始是教党史；后来是教“联共党史”，“联共党史”讲9～12章，就是社会主义经济建设；后来是教哲学。在这个过程中间，我想我的收获最主要的是，读了马恩的书，使得我对马恩还是有所了解的，知道了不少东西。因为你要教书，你就要去研究，去看这些书。所以（教书）对（我）了解马恩打下了一点基础。1956 年我回到北京大学。开始的时间正好是“百家争鸣”的时间，我在那个气候下回来旳。但很快，1957 年就开始“反右”了。所以只有不到一年的时间可以读一点书，到 1957 年以后就没法读书了。

不过在那种情况底下，到“文化大革命”这一段时间，我还发表了三十来篇文章，这些今天看起来都是很可笑的文章，大概是两类：一类是批判文章，当时是批判冯友兰还有吴晗，主要是在对传统文化的继承这个问题上批判他们。当时吴晗认为道德可以继承，而我认为道德根本不能继承。就是这样的观点。今天看来非常可笑，可是当时就写，而且胆子非常大。那时登我的文章的多着呢，一个是《新建设》这个杂志，还有《光明日报》当时的哲学版，登这些东西。第二是对中国哲学史上人物的研究。我写过孔子、孟子、庄子，这些都写过。而且当时还开过几次所谓“学术讨论会”，实际上都是对传统的思想家进行批判，比方开过孔子讨论会、老子讨论会、庄子讨论会等等。讨论会的论文集里都有我的文章。我的文章为什么都是批判孔子这些人的呢？因为当时我受的影响主要来自苏联教科书，如日丹诺夫关于哲学史的定义，受他的影响，（我）非常简单地划分唯物主义、唯心主义，唯物主义是进步的，唯心主义一定是反动的，就是这样简单。要说真正研究学问的开始，那是“文化大革命”以后，在那以前不能说是研究学问。

“文化大革命”一结束，我产生了一个想法：我们这代人从经历来看，原来我们在“解放”前就参加了学生运动，一“解放”很快就入了党，等等，是这样的经历过来的。在这个过程中间，我们都是听党的话，把毛主席看作是最伟大的哲学家，如果我们的思想跟他的思想不符合的话，总觉得自己是错的，要检查自己。所以“文化大革命”以后出现的第一个问题就是：我今后听谁的？后来想清楚了，还是要听自己的，不能听别人的。因为听别人的，你犯了错误还搞不清楚为什么。

到了1979年、1980年的时候，哲学界出现了一个问题，就是到底怎样评价唯心主义，因为过去把唯心主义全否定掉了。实际上这个问题在1957年的哲学史讨论会上就提出来了，可是那个时候是被批判的。到1979年左右又提出这个问题来。当时我们考虑，怎么样来突破这种情况，怎么能够比较正确地评价唯心主义。我提出了一个想法，应该把哲学史当作认识史来考虑；如果当作认识史来考虑，能不能首先从研究哲学的范畴着手。因为你研究哲学的范畴，从里面显然可以看出来，在哲学史上哲学家是不断相承的：不仅唯物主义和唯物主义是相承的，唯物主义和唯心主义也是相承的。我们能不能打破唯物主义和唯心主义划分的界限，来看哲学的发展能不能有一个认识的路线，这个路线并不仅仅是所谓“唯物主义有贡献”，同样，“唯心主义也有贡献”。因为当时脑子里还是有一个唯物主义、唯心主义的框框，就想从这个地方打破它。1981年左右，我写了一篇文章，在《中国社会科学》登出来，主要是就传统哲学的范畴问题进行讨论，想从这个范畴问题突破原来的框框。开始有一个考虑，就是要摆脱教条主义的束缚。

到1983年，我有个机会去哈佛大学，当时是罗氏基金会（Luce Foundation）资助的。原来在1980年代初，我主要是研究道家和佛教的，不是研究儒家的学者。到哈佛大学，正好杜维明他们在那个地方，他们都是现代新儒家，特别是传承牟宗三先生这一派的思想。我和他们接触到一个问题，主要是牟宗三先生提出来的：“内圣之学”可以开出适应于现代民主政治的“外王之道”。这是他的一个命题。再一个命题是“心性之学”通过所谓“良知的坎陷”，可以出现一套认识论的系统。我在那边看了他们的一点书，但是我对这个事情总有点怀疑。我的怀疑是从什么角度呢？就是：民主和科学是西方的东西，为什么我们总在借助这两点来讨论中国的哲学呢？为什么非得走这个路子，来考虑中国哲学可能有的贡献？

正好那个时候，在加拿大蒙特利尔开第17届世界哲学大会。这个大会特设了一个中国哲学的讨论组，这在之前是从未有过的。以前只有东方哲学的讨论组，混在一起。世界哲学大会这个会议非常大，好几千人参加，有好多组。由于这个是特设的第一个，所以参加的人非常踊跃，像大会主席科希（Cauchy）和国际现象学学会的主席泰缅尼卡（Tyminecka），他们都参加了我们这个讨论会。参加这个会要写一个东西，我就考虑能不能走另外一条路子来讨论中国哲学，不一定非要抬出科学与民主来，不一定非要走这条路。当时我提出了“儒家第三期发展的可能性”这个问题，讲天人合一、知行合一、情景合一。我认为，天人合一是讨论“真”的问题，知行合一是讨论“善”的问题，情景合一是讨论“美”的问题。可不可以从这样的路子来考虑中国哲学可以发挥作用的地方，而不一定非得从科学与民主这个角度去想。我的英文不太好，所以我是用中文讲的，杜维明做翻译。大会限制只能讲8分钟，可是我连翻译一共讲了近20分钟，大家好像很感兴趣。根据刘述先先生的记载，我讲完之后，大家长时间鼓掌。他们的评价是我讲得很清新，而且比较有实感在里面。在那个会上还有个插曲，跟我们关系不错的有一位叫冯沪祥，他也常到我们北京大学来。他当时站起来提问题，说：我听了你的演讲，觉得很奇怪，你怎么一句马克思主义也没有呢？我想了想回答说：

马克思主义只有一条，就是实事求是。我讲的都是实事求是的，就都符合马克思主义。

这件事给了我一个启示，就是要有自己的思想，即使你这个思想不是完全正确，那也没关系，必须要培养自己的想法。这个文章后来在国内发表了，题目是《论中国传统哲学的真善美问题》。这个问题提出来的最大收获就是为后来考虑的：中西哲学到底有什么不同？当然，中西哲学有很多相同的，可是确实也有很多不同。你无论看亚里士多德也好，看康德、黑格尔也好，他们都是要建立一个知识的系统，而且他们也都讨论真善美的问题。可是中国哲学，当然也讲真善美，但是它主要的是要追求一个人生境界。我觉得这是最大的不同。所以第二篇文章《再论中国传统哲学的真善美问题》，我就讲这个问题。至少这个问题是我自己的想法了。

研究这个问题以后，我看到余英时写的书提出，中国哲学和西方哲学有一个不同，西方哲学是以“外在超越”为特征的，中国哲学则是以“内在超越”为特征的。我觉得这个提法非常有道理，和我的想法，即中国哲学是追求一种人生境界而西方哲学是追求一个知识体系，会有关系。因此我就去研究“内在超越”和“外在超越”的问题，写了4篇文章。我写这个，有一个想法作为背景：中国社会从古代到现在，基本上是一个人治的社会。这个人治的社会是不是和我们的哲学“内在超越”的特征有内在的关系？因为所谓“内在超越”，它是靠自己内在的心性修养，可以超越自我、超越世俗环境，不需要靠外力来帮助。而西方不一样，从柏拉图开始，后来有基督教哲学，基本上是“外在超越”的东西，都有一个外在的标准在那个地方。“内在超越”可能会产生人治的问题，“外在超越”可能有利于法治的建立。会不会是这种情况？所以我研究儒家、道家和佛教，可能它们都是以“内在超越”为特征的学说。当然它有它的意义，在道德、心性的修养上面。可是它有它的问题，就是它容易走向人治，而不容易建立法治的社会。我就提出一个设想：我们在哲学上有没有可能，把以“内在超越”为特征的哲学和以“外在超越”为特征的哲学，在一个更高的层次上统一起来？有没有这个可能性？当然这个问题我没有解决，哲学的同行们也都没有解决，都在考虑。

这就是说，研究学问，不仅是哲学，要具备一种“问题意识”，就是你想到一个问题后能不能解决它，而这个问题又是一个有意义的问题，比如为什么中国经历了长期的人治，而法治很难建立起来。大家可以看到，到现在我们也很难说法治已经建立。这跟我们的传统应该有关系。

在这个问题提出之后，又碰到一个问题。国际现象学学会的会长泰缅尼卡（Tyminecka）在一次演讲中提到莱布尼茨。莱布尼茨是一个大哲学家，二进制是他发明的。但是现在有一个误解，认为他的发明是受了我们《易经》的影响。这个是不正确的。他已经有了二进制的思想，后来看到《易经》，觉得与他的思想相合。事实上是这样的状况。泰缅尼卡是国际现象学学会的会长，她讲到莱布尼茨有一个观念，叫作“普遍和谐观念”。她说这个“普遍和谐观念”是受到了中国儒家思想的影响。我就非常好奇，就要研究莱布尼茨这个观念是不是真的受儒家思想的影响。我找了很多文献，请教了很多人，很难找到直接的证明，说他受到儒家什么样的影响。但是他的哲学，和谐观念是非常强的。因为他讲单子论，这个单子本来就是和谐体。这就启发了我，是不是和谐观念应该做一些研究。所以在1980年代末、1990年代初开始，我写了几篇文章，讲“和谐”，儒家讲的“和谐”、道家讲的“和谐”，还有佛教讲的“和谐”，还讲“和而不同”“太和”这样一些东西。

所以会有这样一种契机：常常你去听一个演讲、看一本书，会给你提出有启示的一个问题，你应该去研究它。比方说这位学者提出一个“普遍和谐观念”来，我就想这确实是一个问题，特别是他认为这和中国儒家有关系，更使得我有兴趣去研究。很可能你们都会遇到这些问题。也许从哪一个地方得到一个启示，就可以有一个问题，去研究它。其实虽然我不敢说自己是哲学家，但我是经常思考一些哲学问题的，比方说“普遍和谐”问题、“内在超越”问题、范畴问题等。

进入 1990 年代，亨廷顿提出的“文明的冲突”也引发了一场讨论。在中国，第一篇批评亨廷顿的文章是我的文章，是在《哲学研究》上登出来的。这以后我对文化问题也很感兴趣了，在这个方面做得不少。由于做文化方面的研究，就想到一个问题：在公元前五六百年的时候不是出了一个“轴心时代”嘛。这一时代，在不同的地方出现了一些大思想家。在希腊、印度、中国、希伯来，实际上还应该有波斯，这些地方都出现了大的思想家。我想到那个时候出了那么多思想家，到了 21 世纪，有没有可能，再出现一个“新的轴心时代”？我是在 1998 年费孝通主持的一个会上把这个问题提出来的。正好这一年，在美国、法国也提出了这个问题。为什么我当时想到这个问题呢？就是想展望 21 世纪，有没有这个可能性。我从两个角度来考虑这个问题，其中一个是从全球化的角度来考虑，第二次世界大战以后，许多殖民地的国家要独立，要独立就一定要发展它自身的文化，从这个角度会不会出现一个蓬勃发展的、多元文化的局面。我最近出的一本书，就叫《新轴心时代与中国文化的建构》。

再后来，我就去研究诠释学了。现在在我们国家，乃至全世界，无论哪一个学科，人文学、社会学的学科，很多都在利用诠释学。文学、美学、哲学、宗教学、社会学、民族学’很多都是用诠释学的方法。正好1998年是北大100年的校庆，我就写了一篇文章：《能否创建中国的“解释学”?》。当时我的想法是，中国对经典的诠释可以说比西方对经典的诠释历史要长。至少在战国时期，我们就有一些诠释的著作。比如，《易传》诠释《易经》，特别是《系辞》，我认为它是一种哲学的诠释。再如《左传》诠释《春秋》，《春秋》里“郑伯克段于鄢”，就那么几个字，《左传》用七百多字去讲这个东西。这是一种历史叙述性的诠释。还有韩非的《解老》《喻老》，这实际上是社会运作型的诠释。就是说，在战国的时候已经形成了各种不同类型的诠释。所以在第一篇文章把问题提出来之后，我写了第二篇文章，分析战国时候经典诠释的类型，讲这个。这样，可不可能在中国建立起不同于西方类型的中国诠释学来？这个我也受到了一点启发，就是在隋唐时期，我们建立了几个中国化的佛教宗派，像华严、天台和禅宗这些。它们为什么是中国化的？特别是禅宗、华严宗，主要是把中国思想加入到佛教里面去了。比方说禅宗，老庄尤其是庄子的思想对它影响非常大；魏普玄学对华严宗的影响也非常之大。今天如果我们把中国的思想和材料加入到西方的诠释学中间，会不会有一种中国的诠释学出现?

这不仅是我一个人的研究，现在至少有四五家在做。一个是已经去世的美籍学者傅伟勋，他是从方法论这个角度来讨论诠释学，把诠释分成了5个大层次，我觉得分析得不错。现在在我们哲学系讲课的成中英教授，他开了一门课，叫“康德与孔子”，不知道大家去没去听。他是讲“本体诠释”，主要是从《易经》、从本体论这个角度来进行诠释的。除此之外，还把我和台湾大学的黄俊杰都算是各成一派。我自己的想法是，在中国有没有可能出现这样一种状况，就是在隋唐时候，我们受到印度文化的冲击已经好几百年了。在这个情况下面就出现了中国化的佛教宗派。那么近一两百年来我们受西方文化的冲击，这之后会不会出现像隋唐时期那样“中国化的西方哲学流派”？有没有可能性？我想这个是可以研究的。我们首先就可以从诠释学这个角度来考虑，因为中国有非常长的诠释经典的历史。我最近在编《儒藏》，编《儒藏》先要编目录，像《周易》的注释，我们在目录上能收集到的就有两千多种；《论语》有三千种的样子。注释非常丰富。我们有那么多的注释，每代又不同，应该可以去研究它。为什么我现在做《儒藏》？其中一个原因是我自己年纪大了，再要出新思想很不容易了，已经不敢去想了，干脆就做材料的工作，把儒家的经典做一次整理，供大家去研究。大概我自己做了这么些事情。

做这些事情我有3点体会。第一点就是我开始讲的，一定要有非常好的、扎实的国学和西学基础，必须这样才行。如果你想要在学术作出比较大的成绩的话，没有这一条是绝对不行的。

第二点是要敢于想问题，就是要有“问题意识”，而且这个问题是当前非常重要且大家都会觉得它重要的问题。比如说20世纪80年代我就考虑“和谐”的问题，现在建立“和谐社会”，大家都开始考虑了，其实我早就在讲这个问题了，对不对？比方“内在超越”的问题，为什么考虑它？就是要解决中国怎么样走向一个法治社会的问题，不能老停留在人治社会上面。这跟我们的历史传统到底是什么关系？我们怎么解决它？有没有可能建立起一个更高层次的哲学思想，这个哲学思想能把“内在超越”和

“外在超越”统一起来，有没有这个可能？所以必须有一个问题意识才行。所谓“问题意识”，就是你必须用一个新的眼光来看学术的发展。

第三点，我觉得是要不断开拓你的学术领域。搞哲学的不能只是搞哲学，很多东西你都应该去关注它。当然，你不一定去研究它，但是你一定要去关注它才行。你的眼界要非常开阔。眼界开阔有一个条件，就是要有相当好的外语水平，你要直接去看外文著作。我最近碰到一个问题——因为我的外语并不太好，比如《共产党宣言》中有一句话，提到要“同传统所有制决裂”“同传统观念决裂”。到底翻译得准不准确？这个英文是差不多，但是你要去看德文到底是不是这样说的。如果翻译得准确的话，那就是说从《共产党宣言》开始就有问题了，因为不可能跟传统观念、传统所有制都决裂的，这是不可能的。特别是现在，我们已经看得非常清楚了，做不到。我怀疑这可能是翻译错了。这样的问题就需要有相应的外语水平，你才能来考虑。有些东西是需要怀疑的。所以做学问不能单一，你搞哲学的应该弄点文学，弄点经济学，甚至还可以了解一点社会学这方面的知识。这样你的眼界就可以开阔了。还有一个就是要花一点时间跟别人讨论。现在我们讲“文明对话”，是吧？要多与别人进行对话。2002年伽达默尔去世之后，有人写怀念他的文章，说到一点，即伽达默尔最后有一个思想，就是要把“理解”提高到“对话”的层面，要讲这个。理解常常是单向的，我理解你，对不对？他认为那是不够的，真正的理解只有在对话中间才能取得，因为对话才能达到主客是平等的，这样才可以真正地在思想上沟通起来。我觉得他的想法是有道理的。

我随随便便讲这些，大家有什么问题我们可以讨论。

**主持人**：谢谢汤先生给我们做了这么长的精彩演讲。下面是提问时间。

**提问**：汤先生好！我是中文系的研究生。胡适先生曾经给年轻学生开过一个国学基本书目，我看过一些，觉得过于高深。对于我们想要在国学方面寻求治学门径的青年学生，您能不能开一个书目，或者说有什么建议的阅读次序？

**汤一介**：现在跟过去有很大不同，现在有电脑了，所以很多东西你不必去背它。不过我觉得像《论语》《孟子》《荀子》《老子》《庄子》这些基本的，还是应该读一读。你读它，就会对这个书有感情。对于中文系的同学，特别是诗词这些东西，你必须去读它，而且还应该读出声调来，你就会对它有感情。文学这种东西，如果没有感情，是学不好的。读这些东西的时候，你必须注意当前发现的新材料。比方说郭店出土的儒家的那批材料，如果你不知道，对儒家的一些思想你就抓不住了。比如说“情”的问题，在郭店竹简里可以了解到。《性自命出》这一篇里，头一句就是“道始于情”。过去我们总觉得儒家讲“情”并不特别多，现在你看了郭店竹简，马上就可以了解到“情”对儒家思想的影响之大。所以你读原来的经典，一定要注意新出土的文献。我自己写了两篇文章讲郭店，一篇就讲“道始于情”，还有一篇，是对《易经》的定性，实际上在郭店竹简里就已经有了。它讲诗、书、礼、乐、易、春秋，《六经》它都讲了。关于《易经》，它说“易，所以会天道人道”。它是要把天道、人道所以会和的道理讲出来。就是说，它把《易经》定性为讲天人关系的问题，我想胡适提的书目确实太多了，我也没读他说的那么多书。（笑）

**提问**：汤先生您好，我是文献学的博士生。我想向您请教一下，您怎么看待中国传统中的“家法”这个问题？另外，现在很多人都在做《论语》，您应该很早就做过《论语》的研究，对于现在传媒、学界中的“论语热”，您怎样看待？

**汤一介**：关于“家法”的问题，现在很难传承了。你看20世纪三四十年代那些大师，像熊十力、冯友兰、钱穆，几乎都没有什么传承。在现代社会中讲这个很困难，我觉得也没有必要了。我自己的儿子他们都学理工科了，他们觉得我这个学科在“文化大革命”及以前都是没有标准的，怎么说都行。学理工科，一加一就是等于二，标准很清楚。现在稍微好了一点，但还是有问题。最近所谓“八本书”的问题也弄得很厉害，这些都没有必要。关于于丹讲《论语》，报纸上也访问过我，我觉得他们讲的只要对人们有益应该可以讲，对不对？不要说非得跟原意一样才行。《论语》的注释，照日本人的统计，总共有三千多种，这里面错误也不少。包括康有为，他也用了受西方影响的解释了，显然跟孔子原来的想法并不一定一样。特别是现在我们社会风气不太好，比如像孝顺父母这一方面不太好，讲一点这个也可以。讲点应该孝顺父母总可以吧！报纸上说有10个博士反对于丹，我觉得不必反对。你可以讲你的，她可以讲她的，不对的可以批评，但是不能不让别人讲。总之，只要对社会没有害处就可以，不要限于用严格的学术标准来考虑这些问题。

**提问**：汤先生您好，我是中文系的硕士生。您刚才讲到您父亲让您读《哀江南赋》，我想这可能跟他们那一代学者对中国命运的关切有关系，他希望通过这些阅读，把这种家国情怀传承下去。您自己关注的文化认同问题、建立中国诠释学的问题，是不是也有在这个多元化的时代重建中国文化的根基，加入到和西方的讨论中这种关怀在里面？

**汤一介**：如果我们回顾这100年中国文化的历史，它一直存在着一个“中西、古今之争”。我写过一篇文章，提出要“走出中西古今之争，会通中西古今之学”，应该朝这样一个路子上走。借用冯友兰先生的话，可以有3个“接着讲”（当然不止是3个）：一个是接着西方哲学讲，就像在隋唐时期我们接着印度佛学讲；第二个是接着自身传统文化讲，这就和照着自身文化讲不一样，它的条件之一就是很好地消化和吸收西方哲学，就像我们宋明理学很好地消化印度佛教文化一样。当然有中国的特殊情况，就是马克思主义的问题。我们应该“接着马克思主义讲”，不能是“照着马克思主义讲”。要把中国的思想加入到马克思主义中间去，让它有所变化，就像现代的西方马克思主义一样来考虑问题，因为毕竟马克思所处的时代离现在一二百年了，很多都不一样了。为什么要传承自己的文化传统？就是因为感觉到佛教的压力太大了。同时还有一支，把佛教的文化融入到中国文化里面来，这个大家大概没有太多的去注意。在唐初，出现了“重玄学”。魏晋是玄学，讲一个否定；重玄学是讲两个否定。重玄学现在大家不大研究它，它的思想结构跟宋明理学程朱学派基本上一样，讲“道”，把“道”讲成“理”，甚至讲成“实理”。“理”，然后讲“心”“性”，然后讲“气”，这4个概念。它的思想方法是从所谓“三论”中来，但它很好地吸收了印度的东西。这样一个思想现在有人研究，要把它跟宋明理学联系起来做考察。隋唐时有3个“接着讲”，我们现在好像也应该有3个“接着讲”。

**提问**：您所说的“接着讲”，是接着朱熹、王阳明或者以下讲，还是接着孔子讲呢？我个人认为应该师承孔子来讲，因为孔子以下已经“儒分八家”，接着其他人讲可能会越走越远。

**汤一介**：你讲得有一点道理。比方说西方的文艺复兴，它就是回归到古希腊，把古希腊作为起点。中国的宋明理学，它要回归到孔孟，作为它的起点。但是它只是个起点，它不是终点，因此孔子以后的那些东西也应该了解，不能说我只是了解孔子思想，后来的孟子、荀子、董仲舒、王弼（的思想）都不了解。这些都要知道，才能真正好地回归到原点去，对不对？这个并不矛盾。你当然可以不去管后来的注释，直接跟《论语》去对话，这是没有问题的。但是你非常可能走弯路，你的解释可能 2000 年前早就有人想到过了，对不对？你不了解人家后来怎么讲的，这是不行的。

**提问**：汤先生您好，我是“元培计划”的本科生，我有个问题想请教您。我们这一代人基本上小时候没有深厚的国学功底，也没有机会在 20 岁左右去国外接受西方的影响。当我们进入一个需要很多积淀的学科比如中文时，需要我们投入大量的精力，而不能广泛涉猎其他领域。在这个矛盾上面怎样进行平衡？

**汤一介**：我觉得像学校或者各个系应该来帮助你们扩大知识面，提供各种各样的讲座来解决这个问题。我在哈佛大学不长的时间，每天都有很多个讲座，你可以根据自己的时间和兴趣来自由地选择。我觉得北京大学每天也应该有很多讲座。我看上海的《文汇报》，每个礼拜全市有哪些讲座都是登出来的。最近这个报纸上林毅夫写了一篇文章，叫作《中国经济学》，就是说 21 世纪中国应该出经济大师。他讲他的想法，就是我们不能老是以西为师，他们的经济学并不能完全解决我们的问题。这些讲座你都应该去听，这是一个方面。元培计划，原来我给学校提的建议是读经典，你必须读中西好几个经典。当时我给他们的设计是要读西方的几个经典：一个就是亚里士多德的《形而上学》，一个是康德的《纯粹理性批判》，一个是黑格尔的《小逻辑》。你要读这 3 本书，老老实实用英文本读下来。至于中国的，你就读《论语》

《孟子》《老子》《庄子》，这个是最基础的东西。其他的课程都作为辅助课程，你可以开中国通史、文化史，都可以开，但是那个都是辅助。你必须读经典。还要读一些佛典。不过学校没有接受我的意见。后来中国人民大学开国学研究院，我又说你真的要培养大师的话，你开那么多乱七八糟的课培养不出大师，大师就是要读经典。他们也不听我的意见。（笑）但我的想法是这样，在文科培养大师，必须要有中西经典的基础，最好还有印度经典，比方《奥义书》，读一点。这些是人类文化中最重要的精神财富，你不知道它是不行的。我们没有认真提倡读经典，所以我们出不了大师。大家看 20 世纪三四十年代出了一批大师，从 20 世纪 50 年代以后我们没有出什么“大师”，至少我们哲学系是没有——李泽厚还可以算个哲学家。为什么？我们没有这个基础，你不能和外国学者对话。我出席国际会议很多，真的跟他们对话是非常困难的，因为我不了解他们的东西。这是我的想法，一个是多听讲座，现在也是有的。前一段我们哲学系就请了杜维明来讲，一个是关于大学理念，一个是关于文明对话。这些你都应该去听，花点时间少睡点觉就可以了。（笑）

# 文艺与异端[1]

王蒙*

（当代著名作家）

刚才金开诚老师夸我像司马迁，实际上哪里有这样的人，写的文章跟司马迁的一样，而且还没受过宫刑。（笑）我有三个孩子，好几个孙子。而且还能够说是一身的君子气，又从来不板着脸，已经达到完美无缺的程度。我觉得他给我们描绘了一个金老师之梦，让我们想象他的梦境。我个人觉得没有做到，而且我经常陷入狼狈。最近有一些媒体也正在攻击我，说我介绍郭敬明参加入了中国作协。有的报纸还发表了本报评论员文章，说：怎么能够介绍一个有过抄袭行为的孩子、一个二十一二岁的人加入中国作协呢？所以我经常陷入窘境。与其说是智慧太多，不如说是傻气足冒。但是经过了开诚兄的梦境美化，我开始觉得坐在这儿美滋滋的，坠入云里雾里了。

今天我想在这里谈的题目叫《文艺与异端》。这里是故意用

---

① 本文是王蒙先生在北京大学书法艺术研究所第二届研究生课程班上的演讲稿，由北京大学书法艺术研究所提供录音，发表之前经过了王蒙先生及其秘书彭世团先生的审定，特致谢忱。

* 王蒙：祖籍河北沧州，生于北京。中共第十二、十三届中央委员，第八、九、十届全国政协常委。中国当代作家、学者，文化部原部长，中国作家协会名誉主席。著有长篇小说《青春万岁》《活动变人形》等近百部小说。曾获意大利蒙德罗文学奖、日本创价学会和平与文化奖、俄罗斯科学院远东研究所与澳门大学荣誉博士学位、约旦作家协会名誉会员等荣衔。

一个比较吓人的题目，事实上胆子不大，说着说着就又会都拉回来。我们研究了一下，世界各国都多多少少有一种把文艺看成异端的倾向。最明显的就是在《红楼梦》里，林黛玉说话的时候引用了一些《西厢记》里的词，薛宝钗就把她拉到一边：你刚才说什么来着？怎么能看这些东西呢？这些东西我小时候很淘气，不听大人话，也看，后来家里面大人打的打、烧的烧。这就是两种对异端的方法：一种是接触文艺的用打，另一种就是把文艺作品烧掉，这样才好了。就是说，你看这些东西，这些东西也好看，但是你看了之后会移了性情，你的灵魂会受到病毒侵害。移了性情就麻烦了，事情就闹大了。

我们再举一个例子，也是把艺术说成异端。底下这个故事，半褒半贬，以褒为主，但是非常可爱，就是英国人毛姆(Maugham）写的小说《月亮和六便士》，它取材于法国画家高更。高更原来是股票公司里的一个很平庸的职员。他在四十岁左右的时候，忽然迷上了艺术，变得神经不太正常，也不回家了。在这种情形之下，他的太太就委托了一个私人侦探，说我怀疑我先生有了外遇，请你们查一查，他跟哪个女人搞上了。私人侦探就做了认真负责的调查。外国人是很敬业的，收人钱财，为人消灾，绝没有胡来的。在极其认真地调查之后，私人侦探最后给他太太报告说：高更先生没有和任何女人有来往，他现在迷上的是艺术。他太太一听，哭了。完了！她说：如果他迷上的是另外一个女人，最多三年，三年之后他就会厌烦（这是我的记忆了，可能和原文不太一样)，而我呢（她太太对自己有足够的信心)，我的魅力不是一般的其他的那些女人赶得上的，我一定能把他的心夺回来，最多三年。如果他是迷上了吸毒，这也好办，我们想办法把他送到戒毒所，两年后他可以换成一个新人。如果他迷上了黑社会，更好办，没有多久他就会被警察抓住，关进监狱，释放出来就老老实实了。迷上了艺术，我这一辈子就完了。然后她委托这个侦探，说你现在要给他散布一个谣言，就说他和某个女人有外遇，打得火热，这样的话就不影响他的威信。一个四十多岁的男人，正是潇洒、健康的时候，有那么一两个 girlfriends，这是光彩的事情。而且在这种情况之下，我还可以显示我的神通：虽然他迷上了几个女人，最后还是在我的手心里，我比哪个同性都更坚强、更有魅力。相反，你要说他是迷上了艺术，完了，没有任何一个公司敢给他贷款，没有一个人把他当正常人，没有一个教堂欢迎一个迷上艺术的人去做祈祷，他就会成为社会的弃儿。这段描写我觉得太可爱了，就是一个人迷上艺术以后，怎么会这么坏？宁可你去嫖娼、赌钱。对了，里面还提到赌钱：如果他迷上了赌钱，最多一年，钱输完了也就不迷了。宁可迷上赌钱，不要迷上艺术。

薛宝钗也好，高更夫人也罢，都是具有相当层次的人。还有没有层次的人，我要说的是我个人的一点经验。应该是在 1970 年，那时候我还在新疆，在新疆维吾尔自治区伊犁哈萨克自治州伊宁县红旗人民公社第二大队。在一次搜查中，和我们一起劳动的一个农民，在他家里搜出了六七本小说，都是苏联出版的维吾尔文的小说，其中有一本是高尔基的《在人间》，还有写维吾尔乌兹别克诗人的几本小说，这些小说都被没收了。没收之后，我亲耳听到一个非常好的农民——维吾尔二大队的书记，他叫阿希姆，他对这个青年农民进行教育，他说：兄弟，不要看小说，看了小说，你的思想会发生变化，你的心灵会发生变化，太危险了。把文艺当成异端，我起码可以找到三个这样的例子，说明中、外都是这样。

比较起来，我觉得书法特别幸运。很少有人把书法看成异端，认为书法特别危险，反而把书法看成是防止异端的方法。贾政对贾宝玉进行教育，经常采取的一个方法就是写小楷，而且要求他写得非常多，以至于林黛玉还给他做“枪手”，替他写。居然林黛玉的字和贾宝玉的字能够很像。这主要说明贾政糊里糊涂，只知道压孩子，并不是真懂得什么东西。

为什么文艺有时候被认为是异端呢？我就想这个问题。我想，原因在于：文艺强调创造性，而创造永远是对平庸的一种挑战，任何创造都是挑战，任何创造都会引起极大的反响。尤其如果这个创造有点超前，和人们已有的审美习惯、思维习惯不太一样，会出现非常激烈的场面。雨果当年写过一个以绿林好汉为主角的戏剧——对不起，我因为今天是从别处过来的，一下子想不起来了——这样一个戏剧在演出的时候，剧场外有游行，就是我们现在叫做“群体性事件”，抗议这样的“诲盗”。我们国家说“诲淫诲盗”，他这就是诲盗，居然歌颂一个绿林英雄，这是多么的危险！中国也是一样，认为《水浒传》就是诲盗，《红楼梦》《西厢记》就是诲淫，就是教给你男女之情，这些本来是不可以说、不可以教、不可以传播的事情。我想，创造对平庸是一个威胁。所以很多有创造性的人，使人感到不安。创造本身又没有一个标准。那么创造和骗子的区别何在？明明水平不太高，明明是胡闹的事情，但是他说是创造，或者明明是创造，别人说他是胡闹，你怎么办？你怎么判断呢？我们知道，四川有个著名的剧作家，也是政协委员——魏明伦，他号称“巴山戏鬼”，他的个子比较矮，人很精明。他原来是演川剧的，而且是演丑角的，虽然没有受过正规教育，但是人非常聪明。他写了很多著名的剧本，比如《乔老爷上轿》，还有《潘金莲》。《潘金莲》演出的过程中，有安娜·卡列尼娜为潘金莲辩护，因为安娜·卡列尼娜也是有婚外恋的。（因为）有这样一些情节在里面，姚雪垠先生就写文章，明确说《潘金莲》是“胡闹台”。姚老是河南人，我不知道河南话怎么说，用河南话发这个音很好听，“胡闹台”就是说认为他是胡闹。这个东西你分不清楚。

这种在文学上的争论，有时候还没有在建筑上的争论激烈。在建筑上，这种争论太激烈了。至今法国还有人提起埃菲尔铁塔就痛心疾首，说它就是一个铁架子，哪有这种塔！欧洲没有这种塔，它和巴黎整个比较淡雅、比较高贵的情调怎么配合！我在巴黎的时候听见有人给我讲了一个故事，就是巴黎有一个最坚决反对埃菲尔铁塔的人，在埃菲尔铁塔修好了以后，他每天在埃菲尔铁塔上度过，因为埃菲尔铁塔上有咖啡馆、展览馆、餐馆，等等。别人问他：你那么反对埃菲尔铁塔，为什么频频照顾埃菲尔铁塔呢？他说，全巴黎只有一个地方看不见埃菲尔铁塔，就是埃菲尔铁塔上。否则，我在塞纳河畔一抬头，埃菲尔铁塔；我到了枫丹白露一抬头，埃菲尔铁塔；我到了凡尔赛宫，还是埃菲尔铁塔……走到哪儿都是埃菲尔铁塔，你躲不开它。可是咱中国的司机最欢迎埃菲尔铁塔，迷了路没有关系，只要找着这塔尖，你最后都能找回去。然后卢浮宫请贝聿铭给投计一个罩，他做的是一个金字塔形的，又引起了极大的争论。巴黎还有一个蓬皮杜博物馆，这个博物馆用的是一种工业化的思路，就连电梯都是设计成大玻璃管子，透明的玻璃，或者是塑料，远远地就能看见。人上下都在管子里，就像一个大的混凝土搅拌机运料一样，把人运上去。里面也是这样。把工业化的东西做成一种建筑的艺术，法国人在搞这一套。

现在法国人的这个争论已经带到中国来了，就是我们的国家大剧院，有人称之为“坟头”，有人称之为“鸭蛋”。鸟巢也是法国人设计的。我一位朋友是个建筑学家，最近他自费印了本小册子，到处散发，痛斥北京的“三大怪物”，一个是鸭蛋，另一个是鸟巢，还有一个是中央电视台的Z字形斜楼。这事让人非常难办。我可以在这说一个真实的情况。我曾经被文化部有关的副部长请去对设计方案提意见。来投标的设计方案很多，摆成几圈。详细的方案将近七十个，其中认为比较好的有十几种，里面国外的有美国的、英国的、德国的，国内的有北京的、南京的、上海的，各种设计都有。但是最后我个人是赞成了这个“大坟头”，就是“鸭蛋”。因为它想象力比较丰富，没见过。当然，我刚说的建筑学家朋友说这不是第一个，国外曾经有过，但是在中国它有这一面，就是它比较新、奇、怪。建筑里面很正常，进去以后就看不到这个“鸭蛋”了。最近我进去了一回，里面非常好。而且请设想一下：我们这个国家大剧院，新中国成立快60年了才修起来，我们把它修成什么样？就在天安门广场上，就在人民大会堂旁边，就在中南海斜对过，就在天安门城楼旁边。如果修成中式的，能修成一个大殿？或者五个殿，一大四小？或者一大一中三小？中国传统上没有剧院，中国有戏楼，戏楼也很可爱，而且要好好保护。颐和园有个戏楼，恭王府有个戏台，恭王府这个戏台我在文化部的时候向他们提过，我说这个就非常好，要好好保护。中国的京戏不一定要现代化的剧场，转台啊，灯光啊。我说这个戏台非常好，一头上，一头下，然后下边摆上一些桌子，又喝茶又吃点心，京戏就这么看。侯宝林当年说相声，讽刺中国没有戏剧没有文明，就说一边看戏一边还有嗑瓜子的。当然，有些混乱要适当改进，但是，中国戏的演法和西洋看戏的方法方式不一样，它节奏比较慢，要慢慢品味，坐在那儿一边喝茶，一边吃点心，一边看，很舒服，不见得不可以。那么现在到了 21 世纪，你模仿维也纳的金色大厅吗？模仿伦敦大剧院吗？模仿莫斯科大剧院吗？那些欧洲的大剧院，它的特点是：第一，要突出雕塑。它本身就像座雕塑，而且还有各种美好的雕塑。第二，要突出地毯壁画，还有顶画，天花板上要有很好的画，而且这些画往往和宗教有关。第三，要有好的喷泉。第四，它的建筑材料要突出石头。如大理石、花岗岩，或者其他什么石头。我们中华民族的建筑很少用石头——这都不是我熟悉的领域，我在这随便说说——我在杂志上看过，说因为中国人讲究阴阳五行，石头是建阴宅的，你看十三陵，还有清东陵、清西陵，都是用石头。十三陵的地下宫殿，都是用石头。石头是死东西，而砖木是活的，它本身是有毛细作用的，能呼吸，它也能吸收潮气、发散潮气，空气经过砖木，仍然能有它的交流、交换。

有时候我想，文艺这东西出现一点让你感到不习惯的、有冲击力的东西时，我们至少可以看一看。我可以说，我甚至于怀着一种带一点点恶作剧的、顽童的心情，想好好支持一下这“大鸭蛋”，瞧瞧这“大鸭蛋”摆在人民大会堂旁边，能对中国文化、对我们中国的艺术造成一些什么样的冲击？能带来思想的解放？能带来中华文化的灾难？灾难会不会比日本入侵、卢沟桥事变，或者九一八事变带来的灾难更严重？我想不至于。能带来中华文化的毁灭？传统的毁灭？从很坏的方面来考虑，我觉得可能性不大，说不定倒能够表现我们改革开放中的一种新的胸怀。

我又想，不知道在座的朋友有没有到过巴塞罗那。巴塞罗那是西班牙的一个少数民族叫作加泰罗尼亚的自治区的首府，加泰罗尼亚有加泰罗尼亚语，和西班牙语不完全一样，但它的人才特别多，比如说多年领导奥运会的萨马兰奇就是加泰罗尼亚人；再比如说欧盟的索拉纳，当年是《北大西洋公约》的发言人，也是加泰罗尼亚人。它那有个建筑家，叫做高迪，他的建筑你如果见了要吓一跳，因为他的窗户、门、柱子都是歪歪扭扭的，就好像一个人不正着站着，那样歪着站着。你甚至以为是坏了，要塌，可它不是，就是那样的建筑。他当时被称为“建筑业的疯子”，但是他现在是加泰罗尼亚的一个品牌，是巴塞罗那的一个品牌，到巴塞罗那一定要去看高迪的建筑。所以说，有创意的文艺本身带有一种挑战性，这种挑战性甚至让你感到非常不安。

但是事物又有另一方面，我说的另一方面是什么意思呢？就是真正的艺术，所谓达到了炉火纯青这一步，它就不考虑挑战性，它甚至也没有叛逆性，它没有任何一种有意识的、刻意的与众不同，不搞一鸣惊人。越是炉火纯青的东西，越让你觉得比较普通，比较能够接受，但是这个接受之中亦不断有新的东西涌现。当年胡乔木先生特别喜欢给我举这方面的例子。他说英国作家高尔斯华绥有一篇文章，里面提出一句名言，叫“小溪最喧闹”，就是说，闹得最厉害的是小河小沟，大江大海顺势流就对了，没什么需要闹腾的，需要吵闹的，需要作态的，需要摆姿势的、需要发疯的，不需要！你充满了信心，有十足的把握，以表现你的智与情，表现你的智慧，表现你的胸怀，与人为善的胸怀，而不是一种恶魔的胸怀。第一，不需要把自己恶魔化；第二，不需要把自己孤独化，那么孤独，那么与人为恶，那么与社会为敌；第三，不需要疯狂，你正常地表达出来，就是大江、大河、大海。这样的例子同样非常多，这些都是非常敏感的话题，同时也都不是我的长项，但是我在这儿借用别人的一些说法。比如说，上海有一个很优秀的作家，叫王安忆，她讲过一个观点，我非常同意。她说，我并不注重风格化，越是特异的标新立异的风格，就越容易被模仿，越容易失去自己的特性。我想我就不解释了，她的话已经说得很好了。但是我亲自经受过这样的事例，就是一个作家，他写的作品非常怪异，受到了抵制，在受到抵制的时候，他显得光芒四射，因为没有人这么写作。他用的语言和别人的不一样，他经常使用语法家所不能容忍的语法，他抒发的情趣和别人的也不一样。我喜欢管这种闲事，就是容忍怪异，包容怪异，保护怪异。当然，当他经过我或者类似我的一些人的保护之后，他的怪异不让人反感了，别人也慢慢接受了。但是这个作家反倒碰到了一个问题，就是难以为继。因为这种标新立异的东西很窄，它最后只剩下两个选择：第一个就是不断重复自己，使标新立异成了不断重复。然而标新立异的吸引力，它的叛逆性，它的陌生感，它的冲击力，都是不可重复的。你不断重复自己，尤其是在没有人声讨的情况下重复自己，反倒让大家审美疲劳了，麻木了，没有什么新鲜感了。你老稀奇古怪，就不稀奇古怪了。所以中国人说“见怪不怪，其怪自败”。第二个呢，我也曾劝导过他——这都是我的缺点，也是我很后悔的事情，“人之患在好为人师”——我曾经劝导说你不要自己拘束自己，可以写一点怪异的小说，也可以写一点正常的、普通的、记述的、描写的、和旁人没有很大不同的作品。他也接受了我的意见，当他写了那个比较普通的作品的时候，读者又感到巨大的失望，感到他的风格已经没了，他的个性已经没了，他的特点已经没了。

我想，这一类的例子确实有。用一种很怪诞的文风，用一种匪夷所思的修辞手法，用一种所谓“颠覆阅读”的手法，就是你怎么爱看我怎么不写，用这样的手法写出来的文学作品，往往一下子能把你镇住。它的冲击力、爆破力、新鲜感，那种另外开辟了一个世界的感觉，使你五体投地，但是它难以为继。相反，有一些最最普通的东西，比如说真性情，宽阔的、高尚的胸怀，对事物、客体的细致入微的体贴，最准确的遣词造句，绘画上的用笔、颜色、明暗……这些才能长久打动人。所以说这个确实又是非常大的矛盾，就是说，异端的东西往往有可能是很新鲜的创造，所以在艺术上千万不要轻易地排斥异端，但是那种真正大气的创造，往往又比异端的东西多了一点适应性，多了一些“免疫力”，不容易被攻击。异端创造的东西很容易被攻击。我很喜欢用一个词，我老说真正的艺术、真正的创造，是有“免疫力”的。所谓有“免疫力”，就是不太可能突然被捧起来，或者突然被抹杀下去，因为它不极端，不那么刻意为之。它对宇宙、对人生的宽阔的理解和表现之中，包含着一种体谅、一种更大的空间。所以，有许多许多人都说它好，你很难被否定掉。那种很容易被否定掉的东西，很可能是极端的一枝一叶一花一梦，很可能是一条漂亮的喧闹的小河，它不是大江，更不是大海。

我这样有点说两面话。我们看到了文艺有异端的色彩，但是文艺也有另一面，就是它对人的亲和，因为文艺很难用强迫命令或是实利引诱的方法，让人们去接受。当然实利引诱也有作用，比如说收藏，书画收藏的利益、效益，它会影响你。但是总体来说，文艺不是为实利所引诱的，它靠的是喜爱，靠的是人们喜闻乐见。从这个意义上说，文艺并不是一个骇世嫉俗的东西，也不是一个与公众为敌的东西。

现在回过头说，文艺又常常遭到误解，常常被公众拒绝，那么其中原因之一，就是公众往往以所谓看得懂、看不懂作标准，但是这个懂和不懂本身并不是一个科学的方法。比方人们看字，看得出你写的什么字，就是看懂了吗？你写的是“中华人民共和国万岁”，远远地一看，“中华人民共和国万岁”，这是看得懂，如果写得非常潦草，看不出来，不知道写的是什么，那就叫不懂吗？绘画更是这样，一幅画，这个是猴，这个是牡丹，这个是石头，这个是竹子，这就算懂得这幅画了吗？有几个人懂得这幅画？反过来说，如果看了之后，两个人争半天，说这画的是什么呀？这个人说这是石头，另一个人说不对，这是土堆，那就算他没懂吗？这是一个说不清楚的事情。

文学作品更是这样。什么样叫懂？什么样叫不懂？文学作品中有一些十分古怪的现象：第一，这个作品十分流行、家喻户晓。第二，谁都说看不懂。你说谁都看不懂为什么人人喜爱呢？怎么会家喻户晓呢？比如李商隐的诗，高小以上文化程度的，几乎人人都喜欢，很多人都会背诵“锦瑟无端五十弦”“春蚕到死丝方尽”，但是要是争论起来，永远谁都看不懂。所以这里我又想到一层，就是我们接触文艺的时候，除了要懂以外，还要去感觉它、欣赏它。有很多东西是靠感觉、靠欣赏，和懂不完全相同。

这方面我也有些个人的经验。相对来说，外国人比较提倡感觉。我因为赶上改革开放的好时候，常常在境外参加一些交流活动，多次参加过这种朗诵会。这种朗诵会是什么呢？就是有一个拉丁美洲人，有一个德国人，有一个印第安人，有一个土耳其人，有一个中国人，我们每人朗诵一段自己的作品，谁也不知道对方讲的是什么。讲英语的有时候还能听懂几个词，其他的什么也不知道，但是大家都听得津津有味。而我的一个好朋友，和我同龄的一位作家，他被德国人请去参加朗诵会，参加完了以后他回来就写了一篇文章，说感觉受到了侮辱：我明明是一个中国人，我一句德语也不懂，英语也不懂，却让我去听那一大堆德文朗诵和英文朗诵。这个是不友好的表现，是对中国人的歧视，为什么不给我们配翻译！朗诵的时候怎么翻译啊，我的天哪，哪有这种翻译？你翻译干什么？翻译的话，你去读翻译作品就完了。就是让你来听他的声音，看这个作家的风采的嘛。有时候你感觉这个作家神神经经；有时候你感觉这个作家羞羞怯怯，似有自闭症；有时候你感觉这个作家小说写得好坏不知道，长得还不错；有时候你感觉这个作家他写得再美，他的形象实在是不敢恭维……就是让你得到这么一点印象。这个中国人觉得不能接受。

1985 年，我到西柏林去参加地平线艺术节。与此同时，南京的江苏昆剧院也在那儿演出，好像演的就是《牡丹亭》。演《牡丹亭》的时候剧院准备了大量的幻灯片，演出方说，你们的幻灯片不能放。第一，这个里面德语翻译得令人非常莫名其妙，人家看着一点都不优美，只能降低人家对你作品的印象；第二，这个幻灯片太多，如果一直这样不断刷刷刷地变化，又会影响大家对这个戏的观看。那么怎么办呢？我们给你一个说明书，把这个故事整个讲一遍，来看这个演出的人都是有一定戏剧修养的人，说明书看完了以后，然后他看这个戏，（演员）手这么一比划，声音是高亢的，带着哭或者带着笑，全明白。中国人就是不接受。争论了半天，还是用了德国人的意见，不放幻灯片，结果效果特别好，他们接受了。所以说培养出好的艺术感觉来也能够使我们对这种所谓带有异端色彩的文艺作品，也能够增加一些理解。

最后，我想说一点我对文艺的一种追求、一种幻想，或者我的一个梦。我就是想，能不能做到，在冲出个性，而且是绝对不随便、随俗和湮没自己的艺术个性的同时，来实现与公众的一种和解。因为你说下大天来，你在你的作品里表示了愤世嫉俗，而且你这个愤世嫉俗也表现出来了，无非是说你胸中有很多块垒，你有许许多多对这个世界的怀疑、困惑、不满和抗议。那别人呢？别人对这个世界同样有很多怀疑、困惑、不满，那么他在阅读、欣赏、观看、听取你的作品的同时，不就达到了和你的交流了吗？文学作品里这样的东西很多，尤其是女作家，比如说她写完一个作品，中心意思就是说全世界男人中一个好男人都没有，千万别相信男人，男人全是坏人，全是狼，全是狗。我看完了以后，我的思路也怪，我的感觉是，她多么渴望有一个好的男人啊！她这种对男人的痛斥，正是表达了她对男人的渴望，对好的男人、对有道德的男人、对有人性的男人的渴望，这不是很容易理解吗？她何必孤单呢？谁不希望有这样一个好的伴侣？男人希望有好的女人，女人希望有好的男人，很正常，很普通。比如说，同样，有人拼命写生活中的黑暗、尔虞我诈，到处是设的局、设的套，到处给你使计策，到处让你不知道什么时候就跌入陷阱。在这样的作品中，我体会到的是对人的真诚、对一种纯洁美好的心灵的呼唤。他为什么写得这么黑暗呢？无非就是他希望更纯洁、更美好的心灵。所以我就觉得，一个人的思想见解达到一定程度以后——这个当然说得过一点，说得玄一点——他真是能够达到对一切的理解，而且从这种理解当中，得到一种心和心的相通。一般情况下，当然除了很特殊的情况，国家发生战争啦，外敌入侵啦，或者还有什么其他稀奇古怪的事情之外，文学和艺术传达的仍然是一种爱心，仍然是一种美好的心情，而不是一种灾难的预告。我觉得我们是可以做到这一点的。

文学和艺术还有一个很大的好处，就是帮助我们实现和公众的和解，就是它本身是一种寄托。比如说，一方面，它表现出了很大的愤懑；另一方面，这种愤懑表达出来之后，就得到了一些梳理。我常常举一个例子，有人很不喜欢我的这个例子，但我说的也是实话。歌德年轻时候一个著名的作品《少年维特之烦恼》，写失恋，写自杀。据说歌德这个作品一出，德国有很多人学着维特和女主人公的样子穿衣服，而且学着维特的方法自杀。但是我们要研究一个问题：歌德没有自杀，歌德不但没有自杀，而且是世界上最长寿的作家之一，歌德在 80 岁的时候还结了一次婚。这说明文艺从它本质来说，不是教人颓废的，它可以写很多颓废的东西，但它不是教人悲观，也不是教人自杀的。而是当你把这些愤懑、这些块垒都通过艺术的形式表现出来，它就使你的悲愤“免疫化”了，就是我刚才使用的那个词，它不会使你走向特别极端的路子。

这是随便和大伙聊聊天，但是我非常欢迎和大家交流，通过交流，可以弥补一下我刚才讲的疏漏，或者大家听得不尽兴的地方。谢谢大家。（掌声）

**问**：我是来自湖南郴州的，从小很崇拜您。我的问题是，我们的文字改革改了很多次，我一直有一个问题，就是繁体字招牌，当前工商、城管说不行，要罚款，说是文字改革中的规定。请问王老，您怎么看这个问题？作为一个搞书法的人，我觉得很痛心，因为书法文字本身是简体字、繁体字可以同时存在的。

**答**：据我所知，书法里面是不限繁体字和简体字的，是没有这个讲究的。但是这个非书法的，比如一些招牌，应该是用简体字，我们要求用简体字。有没有罚款的规定，这个我不知道。现在我们国家早已没有文字改革委员会了，只有一个国家语言文字委员会，是由教育部代管的。题字大概没有这种问题，印刷还是应该用简体字。一般的书法都很少用简体字，繁体字比较好看，但是简体字我也不主张抹杀，简体字是方便，尤其对小孩学习来说。我们很多简体字也并不简单，也都是有根有据的。

**问**：请您谈谈，从政对您的创作是一种促进还是阻碍？

**答**：这也是一个很有趣的问题。我首先说明，因为我从小就参加了政治活动，我从 11 岁就和北京的地下党建立了固定的联系，14 岁就参加了地下党，15 岁的时候北京已经解放。我是北京团市委的干部，我从政在先，不存在从政的问题，我是原生性的。而我开始从文是到了 1953 年，我有我的这样一个特殊情况。那么当然政和文的要求是不一样的，我刚才讲了，文对政来说有时候也会成为异端，因为它比较强调个性，它喜欢说别人没说过的话，你这么说，我偏偏不这么说，用一种个性化的方式来说话。而政呢，有它的要求，我们外交工作经常要求口径，什么问题，不管谁答，只要你是中华人民共和国的官员，你就不能出这个大框，就按这几段来回答。还有，从政要开很多的会，这些是和从文不一样的。从文的人有时候喜欢独出心裁的表达，有时候这也让人反感，所以这是从政和从文互相矛盾的地方。但是从政和从文也有互相一致的地方，最大的一致的地方就是，政治是中国人，尤其是从 20 世纪三四十年代或者二十年代大革命以来，人们的生活的一部分，是很多人最重要的一部分。所以政治也是生活，你如果完全不理解政治，你也无法理解人们生活的变迁。在这个意义上来说，政治同样是文学所描写的对象，而政治反过来在一些重大关头又给文学一些重大影响。从我个人来说，特别是我担任过 10 年的中央委员，担任过不到四年的部长，这里面也有使我开阔了眼界，积累了新的生活层面，这方面具有积极的意义。

**问**：请谈谈你对中国书法艺术的看法。

**答**：我对书法有一种敬佩。我觉得中国的书法是一门非常高级的艺术，因为它相对比较抽象，讲究笔画、架构、笔势，尤其是在文字当中可表现书写人本身的境界，他的性格，他的情趣，以至于有时候看一个人的字可以帮助你诠释一个人的命运、他的遭遇，和他在一些关键时刻的选择。但是也不能说得太过、太绝对。坏人写出好字来的，好人写不出好字来的，这当然也有。但总的来说，书法是非常高级的。外国有一种说法，说音乐是唯一不含有罪恶感的艺术，我想这个罪恶感就是说，其他的很多艺术，它离不开人的情欲，不可能完全回避人的情欲；绘画也好，文学也好，戏剧也好，都会写到人的情欲，但是音乐里面相对来说就少得多。我想如果音乐是一门不含罪恶感的艺术，那么书法更是一门不含罪恶感的艺术，它是从更高的层次上来表现人的精神，所以你很难把很多教条用在书法里面。我个人对目前兴起的这样一个“书法热”表示非常赞成，而且我也希望我们中国有越来越多的书法家出现。

**问**：我们常说“文如其人”，但是现在有很多教授在讲台上说得非常好，但是背后缺乏道德，这个您怎么看？

**答**：“文如其人”啊，不一定是指道德评价，因为道德评价受价值观念影响。“文如其人”讲的特别是人的个性，个性本身是个中性的词。个性本身可以发挥得很好，就看用在什么样的地方。比方说，急躁的人，急躁本身并不是一个褒义词，但是也可能一个急躁的人他心直口快、办事利索；怯懦的人，怯懦本身也不是什么好词，但是一个怯懦的人也有他小心谨慎、很少伤害别人的一面。所以我觉得，我们现在说“文如其人”，并不是说文品等于人品。因为人品里面有更多的道德评价，是一个价值的判定，这个价值判定的问题，不仅关乎一个人的精神境界，还和社会力量的对比、思潮等很多东西有关。“文如其人”是对的，比如说我读过巴金的作品，再看到他，我就觉得巴金是一个非常真诚的、充满感情的，而且特别热爱青年、寄希望于青年的人。你如果读过冰心的作品，再接触冰心的人，你也会觉得冰心是一个高雅、慈祥、善心的人。但是毕竟文和人又不完全是一回事，那么为什么又会有这样的情形呢？因为没有任何人可以在文中百分之百地表现他自己，他怎么能把自己的百分之百都表现在文里面呢？比如说，他的头发，是长得很好，还是有点发秃，这又没写，你怎么知道呢？比如说，他平常有没有口臭，嘴里是口气清新，还是常常有不好的气味，这个很难判断。你要经常和他接触，假如说他嘴里经常发出不好的气味，总是可以闻出来的。但是在小说里，这种不雅的气味是看不出来的，相反，小说写得还都是清香的，这个是完全可能的。所以文和人之间很有一点距离。我们说一个人的人格肯定会影响他的人，一个人的人品肯定会影响他的人，一个人的性格肯定会影响他的人，一个人的智慧更会影响他的人，但这个影响出来以后是多种多样的。人总是把自己最好的东西表现在外面，那些次好的和不好的东西他就回避了。我曾经接触过一个我很尊敬的诗人，我不能说名字，这个诗人非常可敬，但是我发现他在生活中有一些很不拘小节的地方。我举一个很简单的例子，我们俩坐一块吃饭，吃完了饭以后吸烟，吸完烟以后他就把烟灰弹在我面前的一个菜盘里，他不弹在他自己那个菜盘里。他老婆就提醒他，说你怎么把烟放到人家王蒙的盘子里。他说：“他年轻嘛。”年轻和这个菜盘当烟灰碟有什么关系？（笑）没有什么特别的联系。后来我就得出一个结论，他把最美好的东西已经献给了读者，给自己留下的是比较丑恶的那一面。（笑）所以别以为文章写得好的人就是特别好的人，这个也不一定。

**问**：按照您刚才对文艺作品的说法，是不是受欢迎的艺术作品就是好的？

**答**：一千个作品，就有一千种情况。有一种情况就是，你的作品可能有很高的艺术价值，但是很少被人理解，甚至不被理解。这样的事情也有啊，我们四大才子的书从一开始都是禁书啊。我去爱尔兰，我最有兴趣的是参加乔伊斯纪念馆，他写完《尤利西斯》，就受到社会一致的责难。那儿卖一种文化衫，文化衫上用英语写着乔伊斯的一句话：对付这个世界我有三种办法：第一种办法是 silence，就是保持沉默；第二种办法是 escape，就是逃避、躲避；第三种办法就是 canny，耍一点小的花招、智谋。我看了以后觉得很有意思。所以说这种情况是有的，但是不会永远这样，它会慢慢地随着社会进步、智力的发达、文化的发达，逐渐地被接受。

还有一种情况，就是经过一段时间，它能做到雅俗共赏，这个最突出的表现就是《红楼梦》。《红楼梦》真是雅俗共赏，很少有对《红楼梦》不感兴趣的。毛泽东喜欢《红楼梦》，他说：我们中国也没有什么了不起，无非就是地方大一点、历史长一点，我们还有半部《红楼梦》。这都变成了我们的立国之本了。而且后来有人查过，说他原来说的是半部《红楼梦》，后来出《毛选》的时候，觉得说半部太不好听了，改成说一部，《毛选》里写的是一部。共产党也可以喜欢它，国民党也可以喜欢它；毛主席也喜欢它，张爱玲也喜欢它，白先勇也喜欢它。《红楼梦》可以做到这一点，当然这个非常幸福。但是这个幸福也与曹雪芹无缘，曹雪芹活着的时候他看不见这个。有的呢，受到公众的热烈欢迎，然而两年后被忘得一干二净，这样的也有。所以各种各样的都有。受欢迎和它的艺术质量之间，暂时来说是两回事，但从长远来说，（艺术质量高的作品）应该是能够被理解的，能够被接受的。所以说最终一个人也没接受而又成为世界杰作的，这种事很少。这里面有偶然，这就是幸运的问题了。比如，波斯的几个大诗人中，有一个叫奥马尔·哈雅姆（Omar Khayyam），他写的一个《鲁拜诗集》（*The Rubaiyat*），当时在波斯已经流传几百年了，没有人注意，后来翻译成英语之后，在欧洲引起轰动，最后回过头来波斯也把他算成几大诗人之一。他有这种命啊。你说现在还有没有别的这样的作家，非常少，至今还没有中国人能够这样，但也不能说没有，因为世界上的事很难一概而论。

**问**：王老师您好，我是北大的学生记者，想请教您一个问题：政治和文学看起来好像是有很多矛盾的，好像一个是压抑人性的，一个是解放人性的。那么政治家和文学家，您觉得有没有可能达成统一呢？

**答**：政治和文学的统一，这样的例子也有。比如说，法国的一个作家安德烈·马尔罗，他曾经担任过文化部部长，他曾经写过反映中国大革命的小说，他会见过毛泽东主席，而且他一直主张法国应该对中国友好，他一直赞美毛泽东是一个非常难得的伟人。比如说，秘鲁的作家略萨，他曾经竞选总统，虽然没有成功，但说明他至少也算半个多政治家，否则，他很难操作到竞选总统的程度。再比如说，哥伦比亚的作家加西亚·马尔克斯，他政治上非常激进，他是古巴领导人卡斯特罗的好友，他用高尔基歌颂列宁的态度来歌颂卡斯特罗，并因此受到了略萨的抨击。还有一个不是让文学，也不是让政治感到光荣的例子，就是被处以绞刑的伊拉克原独裁者萨达姆·侯赛因。他是一个小说家，他写过小说，而且有的小说构思非常妙。他写了一篇一个部落的首领的小说。伊拉克非常落后，这个国家发生了政变，这个部落的首领就要去拍一封电报给领导政变的将军，表示祝贺，来讨好这个将军，但是由于赶上了下雨，在伊拉克拍一个电报要走两天才能走到那个电报局，说明拍电报是个非常不容易的事。到了电报局以后，他写好了给政变将军的电报，电报员告诉他：你怎么拍这个电报呢？这个政变已经失败了！国王已经胜利了，这个发动政变的将军已经被枪决了。这个首领一听，说，哦，那很好嘛。立刻改成给国王拍电报，祝贺他平息了一次叛乱。（笑）这个小说写得很尖锐啊。1996 年我曾经收到当时伊拉克驻北京使馆的请柬，邀请我参加萨达姆·侯赛因小说集的首发式，但是因为它和我去英国在时间上冲突，所以我没能够参加。要不是去英国的话，那我没准还有这么一个机会，支持萨达姆·侯赛因的小说。但这实在是并非非常光荣的事情。所以搞政治的人，或者有政治激情的人，或者参与政治活动的人，又同时是文学家（比较难）。当然也有成功的例子，比如丘吉尔。丘吉尔是获过诺贝尔文学奖金的，他的散文写得非常之好，他当然是大文学家。当然还有我们的伟大领袖毛泽东，毛泽东的诗、毛泽东的书法，是不能够等闲视之的。所以说，文学与政治的关系有各种情况。当然也有作家搞政治，搞到最后有掉了脑袋的，出了洋相的，发了疯的，自杀的，跳楼的，这样的也有。人生是千奇百怪，无所不有的。我再回答最后三个问题。

**问**：王老师，文学上有延安文学、上海文学，还有北大荒文学这样的分类，我想请问您的个人创作是属于哪一类？能不能把您的创作经验和我们分享一下？

**答**：首先我个人不太赞成这样的文学分类法，比如说，延安文学、上海文学，或者是什么北大荒文学。因为我觉得文学都有它虚构的一面，有它的普适性，就是说我希望我们写的东西不是仅仅地域化的，仅仅针对某些人的。当然我生活时间最久的是在北京。我在新疆有 19 年的生活经验，我有一些作品是写新疆的。我的故乡是在河北省沧州市南皮县龙堂村。所有这些经历对我都是有意义的。与此同时，我又走向世界，我在谈世界，我去过 56 个国家和地区，我写的东西也会涉及它们。所以我不赞成将文学按照地域来划分。比如说，鲁迅是浙江人，茅盾也是浙江人，郁达夫也是浙江人，但是他们的风格又完全不一样。鲁迅的作品早已经跳出了绍兴或者浙江的范围，他有在北京写的，有在广州写的，有在上海写的，有各种不同的作品。郁达夫还有一部分作品是在日本写的，是描写日本留学生的生活的。所以我说，还是不那么划分更好。

**问**：王老师，请问您是政治家吗？请问您怎么看现在禁书的问题？

**答**：第一个问题问我是不是政治家。我不是政治家，我谈不上是政治家，但我是政治生活的一个积极参与者。第二个问题是关于书的结集出版。每一本书的出版情况都有不同，但从原则上我是希望出书出得越宽越好，给读者更多的选择机会。现在采取禁书的方法，据我所知道的，并不多。但是现在有一些书出的问题太大了，给出版者一些批评、警告，一直到采取撤换的办法，这个是有的。另外，人们现在获得书、信息的渠道，说老实话要多得多了。比如，你可以从网上看到，可以托亲友们从境外带到。所以大体上，我认为在多数的情况下，你的阅读需要的是可以满足的。

**问**：王老师您好，我有一个小问题。我比较喜欢您的小说，也比较喜欢李敖的小说，以我的判断，你们是同时代的人，他也来过北大讲演，他说过一句话，就是中国近现代写白话文的前三名是李敖李敖李敖。请问您对这个问题和他的文章的看法。谢谢。

**答**：他比我小一岁。像李敖的这个说法，这是他的个性，这种个性当然和他的环境、他的遭遇有关系。因为他坐国民党的监牢坐了非常长的时间，所以他是憋了很大的火气。至于说在大陆，我们就很难容忍，一个作家在自己的作品封面上写着“第一是我第二是我第三还是我”，这样会被认为是有些失常。其实写作很难说谁是第一、谁是第二。李白是第一？屈原是第一？司马迁是第一？曹雪芹是第一？鲁迅是第一？还是谁是第一？这个很难说清，也不需要这样排。这个作品如果你喜欢看，那么他是第186，也可以看。如果这个作品你不喜欢看，哪怕是第一、超第一，也可以不看。（笑）

**问**：王老师，我有一个现实问题。我们书法班提出“文化书法”，希望通过书法来弘扬文化内涵。我们是写书法的，我自己也喜欢写新诗。我的问题是：新诗容易不容易写？现在有些人随便说两句话，拿出来就是新诗，写下来就是对联。我想请王老师指点一下，如何写新诗？

**答**：这个问题比较难以回答。但是您说的这个现象我是看见过的，现在的对联越来越不讲究了。平仄不对，虚实词不对，怎么着都对不上，怎么就成对联了？有时候电视台里，有时候电视剧里，有时候电影里，有些对联让人看了以后有痛不欲生的感觉。全民的语文水平在下降，这是非常可悲的事情。这方面我和金开诚老师都交换过意见，我们都能举出无数的例证来证明。新诗呢，我觉得写得好的毕竟也还是有的，我们去看一些好的新诗。至于有一些完全不成为新诗的，自己把它分几段，就称为诗，他也不犯法，你很难采取行政手段、司法手段来加以禁止。我想比如说闻一多的诗、艾青的诗、徐志摩的诗、臧克家的诗、年轻的舒婷的诗，更老的当然冰心也写过诗，这些当然都非常值得看。如果你多看这些诗，就会少看那些让人看了生气的诗。我今天回答问题就到这儿，谢谢大家。(掌声)

# “让每一个人都必然感兴趣的事物”

## ——康德关于哲学的世界概念①

尤根·史陶森伯格（Jürgen Stolzenberg）* 著

刘哲译**

依照西塞罗被广为征引的话，是苏格拉底把哲学从天上带到了地下，并让哲学开始思索人类的善恶之事，由此哲学变成了今天这样的实践哲学。如果人们意识到实践不是通过单一个人而是通过共同体社会来完成的，那么哲学也就是政治哲学。在苏格拉底——柏拉图式的苏格拉底——那里，哲学另外还获得了一个新的任务，这就是要进行极端性的询问，哲学要批判被人类生活视为根据的信念和概念的连贯性。由此，它指向的是为善和有价值的事物提供辩护的终极而不可回退的根据（Gründe）。从此，哲学同时既是对终极根据的一种极端性批判，又是对它的一种占据。

① 本文是2004年11月2日到4日在智利圣地亚哥的国际康德会议上的报告。报告的形式（在文中）被保留。北京大学哲学系刘哲博士将其译为中文，并帮助《北京大学研究生学志》编辑部获得了刊发此文的授权，特此致谢。

* 尤根·史陶森伯格教授（Jürgen Stolzenberg）：哈雷-维滕贝格大学哲学史讲席教授，德国古典哲学研究专家，曾师从德国哲学大家迪特·亨里希。因在费希特研究上的卓越贡献，其于2003—2006年被推选为国际费希特协会主席。代表作为《费希特的理智直观概念：从1793/94年到1801/02年在知识学理论中的发展》等。

** 刘哲：北京大学哲学系博士后。

从一开始，哲学还追随着另外一个目标。它总是把自己的研究引向一个整体，从而把问题按照一些确定的并有引导性的方面来组织安排，由此哲学把自己塑造成为了一个体系。而且从此只有以体系的形式才可能把极端性的询问、关于根本洞见的探索和对终极根据的呈现连接在一起。

极端性批判的目的是要在一个体系中把哲学的洞见整合在一些原则之下，这也正是康德哲学的根本特征。另外，康德和苏格拉底那些哲学开创者们都共同认可相较于理论实践的优先性。“建立人类的法权/正义（Rechte）”① 早在年轻的、富于卢梭精神的康德那里就已经成为了哲学的最高任务。康德终其一生秉持着这个信念。因此康德也把哲学的概念定义为“关于所有认识与人类理性本质目的之关系的科学”（第一批判 B 867②）。康德把本质目的又进一步区分为最后的或“终极目的”（Endzweck）和“从属目的”（第一批判 B 868）。康德借用约翰·约阿希姆·史鲍丁（Johann Joachim Spakling）关于启蒙的著名表述，认为终极目的涉及的是他所谓的“人的整体使命（Bestimmung）”③（第一批判 B 868）。这个使命不仅与个体道德相关，而且与个体道德和社会道德的统一相关。④

① 伊曼纽尔·康德《对于美感和崇高感的观察》一文中的评注，由 M. Rischmuller 重新编辑和注释，38 页，汉堡，1991。

② 关于康德《纯粹理性批判》的引文参照第 2 版，并且按照惯例提供缩写 B 和页码。康德其他作品的引文参照学院版全集，并给出缩写学院版以及卷数和页码。

③ 关于康德对“人的使命”这一表述的使用，参考：学院版Ⅷ，18 页以下和 24～28 页；学院版Ⅴ，298～303 页；学院版Ⅵ，267 页以下、50 页和 162 页；学院版Ⅶ，321 页以下；学院版Ⅸ，447 页。

④ 参考：康德的解释：“前者（即人类理性的终极目的——引者注）不是别的，就是人的整体使命，关于这个使命的哲学就叫做道德哲学”（第一批判 B 868）。

在此，康德看到了哲学的“世界公民的含义”或者他所谓的哲学的“世界概念”（第一批判 B 868）。只要哲学试图澄清什么是人类生活所指向的本质目的，它就会涉及那“让每一个人都必然感兴趣的事物”。“世界概念”按照康德的解释，“就是这样一个概念，它涉及让每一个人都必然感兴趣的事物”（第一批判 B 868）。这里所讨论的不只是个体的生活，而且是一个共和国（kosmopolitische）的维度。对此康德这样来解释：人“通过他的理性决定（*bestimmt*）在一个社会中和人们在一起，在社会中通过艺术和科学开掘自己、文明自己和道德化自己”。这就是康德所谓的“道德教化”。我们要问的是康德关于世界的概念意味着什么，以及如何从这个概念出发更加准确地定义哲学的世界概念。

## I. 世界的概念

康德把世界理解为一个囊括“所有存在物”的完全整体。康德把这样的一个完全整体、一个“绝对整全”称为理念[①]（ldee）。因此世界的概念也是一个理念。它有两种解释，这两种解释分别可以回溯到产生世界理念的两种不同的思考方式。[②] 简而言之，第一种思考方式要把关于经验对象的认识命题推溯到更高的和更普遍的命题，直到一个绝对普遍的命题，也即一个不能再被进一步推溯的命题。搜索终结条件系列的无条件者或说最后根据的这种思考方式是对一系列条件进行推理；这被视为对于理性原则的

① 关于康德的理念概念，参考：第一批判 B 369 往后。关于作为近代哲学基础概念的世界概念，参考：新近研究 Ch. Bermes：《作为哲学论题的“世界”：从形而上学到自然世界概念》，汉堡，2004。

② 关于下述内容，参考：第一批判 B 445 以下。

连贯性运用，因此这种思考方式是和理性概念本身一同给出的思考方式，是人类理性本身依据它的逻辑原则而建立了对最后根据的要求，并且理性力图通过从有条件者上升到无条件者的做法来满足这个要求。而理性的另一种思考方式把无条件者等同为无限条件的整全。

康德的一个著名命题是，存在着三个不同的关于无条件者的概念，即：(1) 绝对思考主体的概念，它包含了所有对事物进行表象的主体性条件；(2) 上帝的概念，它被认为是所有可能性全体的实现；(3) 世界的概念，它被认为包含了所有彼此间进行因果连接的现象的整体。[①] 康德所说的“世界的概念”或最好用复数形式“世界的概念们”，不像人们会认为的那样是不同世界的概念。世界的概念们是关于一个世界的概念的各种具体化。这意味着，世界的概念们展示了把一系列条件构建成完全整体的不同方式。因此世界的概念们，或者像康德所说的宇宙论理念们，是理性通过各种方式建立的彼此不同的条件之绝对完全性观念。为理性所称的从有条件者向无条件者的上升，在时间流逝的条件下会导向世界初始的观念，在空间方面会导向世界边界的观念，在与一个范围给定的整体相关中是关于绝对单纯物的观念，在与因果关系相关中是一个绝对的第一因——“绝对的自发性”或说“自由”（第一批判 B 446）——最后在与物的实存相关中则是关于内在或外在世界中的绝对必然本质的观念。

## II. 哲学的世界概念

康德所说的哲学的世界概念意味着什么呢？既然在这里哲学

① 参考：第一批判 B 391 以下。

的概念通过世界的概念来把握，人们应该承认这里所触及的是在哲学理论中发展出的全部洞见的集合。鉴于上面所勾勒的理性产生理念的思考方式以及康德关于最后或终极目的所说的内容，我们或许要从这样的思考出发，即理性洞见的集合必须与最后的和无条件的原则相联系，而这个原则保障着这些洞见的秩序和统一性。在本文的开始之处我们已经谈到了这样的原则，即康德所说的“人的整体使命”。这或许就是那个所有哲学洞见都要回溯的原则。我们应该如何准确地理解这一点呢？

根据我们至此已经谈到的内容，人的整体使命的概念展现的正是一个理性的理念。因为这个概念带有规范—实践的含义，我们或许可以更加准确地说人的整体使命在于实现实践理性的理念。这个理念就是我们所提及的关于道德世界的理念。按康德所说，这个理念所关涉的世界，“符合所有伦理的法则”（第一批判 B 836），并且在它当中每个个体的自由都和所有其他个体的自由相协调。[①] 如果一个哲学理论通过这样一个概念找到了自己的统一性和认识的终结，或许它就可以被称为按照世界概念（建立）的哲学。

在这里，我们可以看到康德哲学的现实性。很明显，正是这个（道德世界）概念为康德哲学在当代赢得了世界范围的有效性。康德对普遍理性的信任，对各种非理性主义和意识形态的抗争以及对于奠基在自由和正义基础上的世界公民秩序的主张（正是在这个秩序中康德看到了对于永恒和平的保障），所有这些要

① 康德把道德世界理念的对象展示为“在它（感性世界——引者注）中理性本质的一个神秘体（*corpus mysticum*），只要他们的自由意愿自身在道德法则下不仅与自己而且与每一个他人的自同都有一个彻底体系性的统一”（第一批判 B 836）。

素成为了在现代条件下共和国式思考和行动的不可后退和不可替代的原则。康德也由此变成了世界性的哲学家。①

然而，康德关于哲学的世界概念并未在此被穷尽，康德关于哲学的世界概念是通过他的理性终极目的概念来确定的，可是对于人类理性的共和国特征的强调并没有公正地对待康德关于终极目的的概念。在此至关重要的是：人类理性的终极目的并没有直接地并且第一位地与道德世界的概念相联系；而是超出道德世界，与两个宇宙论理念的实在性之可能性相关联；这两个理念分别是上帝的理念和人类灵魂不朽的理念。因此，在康德看来，有两个根本的问题，对它们的回答构成了人类理性最后的和最高的目的。一个问题是：“上帝存在吗?”另一个问题是：“死后的生命存在吗?”（第一批判 B 831）。对这两个问题的回答正是让所有人必然并且最终感兴趣的事物。通过这样两个问题，康德敞开了他道德神论（Moraltheologie）的领域。康德关于哲学的世界概念包含着这样的部分，而且离开它就将不可能存在。

由此（我们可以获得）对于康德哲学的意义进行评估的决定性要素。那些在康德哲学的共和国特征中看到其世界范围有效性的基础的人们，必须要清楚地解释哲学和宗教的关系。尤其是对它们关系的解释不仅会涉及康德哲学的内在体系问题，而且还涉及我们当代的问题。近来哲学和宗教关系问题变得具有一种特殊的重要性和紧迫性。首先是尤尔根·哈贝马斯（Jargen Habermas，以下简称哈贝马斯），最晚从他在 2001 年获得德国图书和平奖时所作的关于“信仰与认识”② 演讲开始，把这个问题纳入

① 参考：赫费（O. Höffe）：《“君王的臣民”：康德共和国式的法权和平理论》，2001。

② 哈贝马斯：《信仰与认识》，9～31 页，法兰克福，2001。

到了哲学讨论的议题中来。这个讨论的发生受到了 2001 年“9·11”事件的影响。哈贝马斯说，这个事件以令人震惊和恐怖的方式引爆了“世俗化社会和宗教的分离”关系。从那以后，哈贝马斯便致力于更加准确地界定在世俗化社会的生活条件下启蒙理性和宗教的关系问题。①

这个视角也是康德的视角。哈贝马斯问道：是否现代的、自由的和理性正当的宪法国家不仅要指向约束性的规则，而且要指向宗教的信念，或者说应该考虑这些信念并从中有所受益？对于这个问题，哈贝马斯强调性地作了肯定的回答。哈贝马斯的这个问题正涉及康德关于哲学的世界概念。哈贝马斯提议：科学上被进一步解释的、政治上被解放的意识，在从启蒙传统中汲取养分的同时，可以与宗教意识的信念进行一次新的和开放的对话。并且他在此看到了对于我们当代哲学的要求。② 很明显这里哈贝马斯正处于康德关于哲学的世界概念的框架中。通过这个概念，康德认可并回应了哈贝马斯所说的对于其时代的要求。我们将要看到的是，在当代的条件下我们仍然可以从康德那里学到很多东西。

## III. 理性和体系

通过他关于理性的理论，康德回应了哈贝马斯所提到的要求。如果我们要利用康德关于哲学的世界概念的内容，我们就必

① 参见哈贝马斯：《与拉青格红衣主教的讨论》，载《哲学消息》，2004(10)，7～15 页；哈贝马斯：《信仰与认识的界限：关于康德宗教哲学的效果史和当代意义》，收在《法权-历史-宗教：康德对于当代的意义》，载 H. Nagl-Docekal、R. Langthaler 主编：《德国哲学杂志》，增刊 9，141～160 页。

② 参见哈贝马斯：《与拉青格红衣主教的讨论》，载《哲学消息》，2014(10)，12 页。

须依靠他关于理性的理论。理性是根本的基础，不仅康德哲学的体系建构要从中来被理解，而且它引导着从理论哲学向实践哲学的过渡。只有由此出发，道德神论的设问才可以被阐明。

康德从人类理性的体系建构功能中赢得了哲学的世界概念。哲学的世界概念在被称为纯粹理性的建筑术的研究中被引入；康德把这个纯粹理性的建筑术理解为“体系的艺术”（第一批判 B 860）。[①] 这样，离开对于哲学体系的关注，康德关于哲学的世界概念就无法被恰当地理解。出于文章篇幅的限制，我们对此仅再多说几句。康德把体系理解为一个完整的、在其中有划分和秩序的整体，而不是“堆砌的”，或者说仅依靠主观的和随意的视角来加以划分的整体。人们立即可以看到，理性的概念为整体的形式所假设，同时被假设的还有为各部分以及它们在整体中的位置加以奠基的共同原则的概念。如果哲学体系的概念只具有关于认识的逻辑完整性含义，那么它就涉及康德所称的哲学的经院概念（第一批判 B 866）。沃尔夫（Christian Wolff）哲学以及该哲学在其学生鲍姆伽登（Alexander Gottlieb Baumgarten）和迈尔（Geore Friedrich Meier）的教程中的展示，为哲学的经院概念提供了模型。这里只要理性不限于为各种被用在技术—实践的外在目的上的认识整体提供关于整体性和内在结构性的单纯形式观念，而且还把这个整体置于仅以自身实现为目的的、无条件的实践理念之下，那么哲学的世界概念就与它的经院概念相互区别。无条件的实践理念就是所谓的实现道德世界的理念，也即在自由

① 关于康德理性体系的观念，参见 H. F. Fulda、Jürgen Stolzenberg 编著：《康德哲学中的建筑术和体系》，汉堡，2001。关于《纯粹理性批判》中“纯粹理性的建筑术”的整体背景，参见赫费：《纯粹理性的建筑术和历史》，载 G. Mohr M. Willachek 编著：《纯粹理性批判》，617～645 页，柏林，1998。

法则之下的世界——包含道德神论的角度。因为这个目的是绝对的目的或说自在的目的，哲学就像康德所强调的那样具有“尊严，即一个绝对的价值”，并由此哲学“赋予所有其他认识以价值”。

康德哲学的体系特征被把握为理性的成就。理性不仅是对其功用进行批判研究的对象，它也是贯穿这个研究的主管者。对此我们可以看到《纯粹理性批判》所采用的方法进程展现了对于植根在理性概念自身的奠基式逻辑方法论的应用。这个方法论采取了从一系列条件向无条件者上升的运动方式，即从直观及其纯粹形式“空间”和“时间”，经由知性的纯粹概念，直到理念；另外，在对于认识有效性的批判检查中这个运动甚至把相同的方法论运用于其自身。这就是经常被引用的，但却很少被满意地解释的理性的自我认识（Selbsterkenntnis）概念的核心。离开这个概念，康德从理论哲学向道德哲学的过渡就无法被理解。同样无法理解的还有对于道德神论视角的采纳，或者说被康德当作哲学的终极目的来引入的内容。

如果我们进一步看这个过渡，我们会发现它一方面是理性批判的结果，另一方面是理性对其自身的再次反思性指向。在理性的成就被证明并不在于从理论的角度，对于那些无法在空间和时间条件下被寄予的对象即理念的对象，进行具有对象有效性的先天综合判断以后，它就要被理解为理性对于自身的反思性指向，只要理性从此离开它的理论功能，转向补充性的实践功能，并且在这条路上尝试证明涉入作为其自身本质性内容的无条件者之合法性。这个反思性的指向展现着理性自身的结构要素，这点可以由此看出，即理性的实践功能奠定了无条件自我决定原则的基础，而这个原则是理性在与自身的关系中被加以运用的。通过无条件自我决定模型，理性所进行的对自身的实践—反思指向，可以被这样来描述：它把其本质特征即对于无条件事物的把握，从此设立为实践意向的最高原则。这意味着，只有那些摆脱了偶然性和单纯主观性条件并因此具有普遍有效性的原则可以被允许。这类原则的最高原则是著名的作为自律的自由原则。在这个原则下，像康德所表述的那样，“理性对于自身只是实践性的”。这样，理性就把它涉入无条件原则的固有特征提升到普遍法则的位置，并且要求所有实践意向服从该法则的约束。

这个原则就是康德道德哲学的原则。在康德的道德哲学中，我们在文章开始之处所说的人的整体使命获得了它的理论基础。作为决定性一步，人的整体使命所关联的不仅仅是纯粹实践理性的那个无条件的、给予所有道德意向最高标准的自我决定。另外，如果人的整体使命是整体性的，它也必须包括人的全部，这意味着它必须包含人的自然需求、欲望和爱好。这样，康德的伦理学，并不像反复出现的对其空洞的形式主义加以指责的人们所强调的那样，而是始终赋予人的条件（*conditiohumana*）以价值。它要反思具体的人所具有的自然需求，与此需求直接相联系的是对于整体性福祉的追求以及由此对于康德所谓的幸福（*Glücksdigkeit*）的追求。康德伦理学试图把对于幸福的追求和道德的要求协调起来。这样，康德伦理学不是要压制对于幸福的追求，而是要为此追求提供伦理的认同和辩护。①

正是从道德性和对幸福的追求之关联出发，康德敞开了对于上帝存在和灵魂不朽的设问。这些问题是人类理性的最高兴趣，并且在其中理性看到了自己所有努力的终极目的。这里我们只考

① 参见 B. Himmelmann：《康德的幸福概念》，柏林/纽约，2003。

虑第一个问题。这个问题涉及了人的条件的要害之处，也就是追求与行动的普遍规则所规定的生命相契合的整体幸福。

## IV. 上帝的概念

如果人们试图明确康德在关于这样一个问题的思考中的关键点的话，即在不忽略幸福需求的道德神论中谈论上帝具有什么样的意义，那么我们就要涉及下面的这些内容。表面看来十分具有挑衅性的康德命题是：上帝的理念是因为人类理性的实践功用而被必然假设的或要被假设的，并且只有从这个假设出发那个寻求道德努力和幸福诉求间之平衡之理念的生活计划可能性才可以被把握。这个理念就是康德所说的道德性和幸福之间成比例的和谐并且在“道德世界的至善”的理念下所把握的内容。

如果我们更加准确地看康德关于假设上帝理念必然性的论证，我们就会看到下面这些内容。康德的这个论证从这样的一个洞见出发，即并不存在一个理论性的基础使得我们可以把握道德性和幸福之间彼此和谐的可能性。因为道德行为不可能让世界进程和自然法则服从它的意愿，而自然也不可能从自身出发导向道德法则。尽管如此，仍提出道德世界的那个至善的理念来自这样一个假设：自然法则和道德法则之间的协调是可能的，因为道德要求就是指向这两者之间的协调，可以说是以之为生。

这里关键性的一步在于康德所做的这样一个推理，即与对两者相互协调的要求相联系的是关于一个外在原因的公设，这个外在原因可以带出自然，它包含着对于那个协调从理论角度无法提供的认识基础。这样的一个外在原因必须可以依照道德法则作用，因为它应该是自然秩序和道德世界秩序之间协调的原因。因此它必须具有知性和意志——而这正是上帝概念所意味着的。这里的关键之处在于：人类对于幸福的追求期盼着道德性和自然幸福之间的相互契合，但在我们存在的有限性和偶然性条件下我们对于这个契合既缺乏理论性的基础，也看不到其实现的保障。为了使得这个契合的可能性得以被把握，实践理性设定了“最高的本原之善的实在性，即上帝存在的实在性”①。

迄今，在这个观念中，很多人已经看到并正在看到康德伦理学中由时代所局限的神学的残余，这个残余看起来似乎在表明康德最终没有冒险把形而上学中的理性神学彻底置于一旁。因此迄今在很多人看来，康德关于上帝存在公设的学说只是一个临时之计，无须当真，并且可以毫无损伤地和他的伦理学的核心内容相剥离。

这种想法忽略了或者说低估了公设学说所回应的问题域。这个学说和人的条件有着最紧密的联系，并且试图在被解释的理性概念作用下来公正地对待它。如果我们真实地意愿，我们可以自己关照我们意向的道德性。② 而对于一个生活计划的成功和我们的幸福，以及对于幸福的公正分配，我们无法自己来观照。为了让一个建立在道德之上的生活最终可以被称为是幸福的，我们就指向了一个类似偏爱的事物，它同样通过不在我们掌控中的事物来被证明给我们。只要我们关注幸福，我们就总会希望它可以被我们分有而不是总让我们痛楚。由此我们就总希望我们的道德意

① 关于康德对于上帝存在的设定，图宾根已经作了细腻的论证性重构，参见图宾根：《实践理性的宗教性自我阐释：康德伦理神论的基础》，载图宾根：《作为理性计划的上帝》，263～307、286页往后，2005。关于康德的设定学说，另参见P. Guyerr：《从实践的角度：康德纯粹实践理性的设定概念》，载《哲学年鉴》(*Philosophisches Jahrbuch*)，卷104，1～18页，1997。

② 参见B. Himmelmann：《康德的幸福概念》，柏林/纽约，219页，2003。

向和幸福期待之间彼此对应。而且也由此我们就总希望我们所生活的世界不像但丁的地狱那样总是以这样的呼喊拒绝我们："让所有的希望都离开!"像康德在他的美学理论中所表述的那样，这个希望进一步会是人"与世界的相适"①。这种幸福的经验看起来和美感经验有相似之处，因为在两者那里都存在异质要素之间和谐的经验，并且这个和谐无法由我们来造成，而仿佛是自发地建立起来并由此让我们喜悦。就此我们可以想到恒常友谊或爱情关系的幸福，甚至也可以是整体成功的生命。康德的公设学说正是回应着这些问题。这个学说归因于这样的想法：我们只能希望那些不受我们力量控制的事物，只能希望那些与我们邂逅的事物，而我们又要在这些事物上建立我们的生活；我们为此必须接受或考虑一个基础，因为离开这个基础我们的希望就会变得没有意义。

这个想法就是理性的想法，借助这个想法，理性满足了哈贝马斯所谓的，从宗教一侧向启蒙哲学所提出的"认识要求"②。因为理性的功能就是要给出最后的根基，由此出发有意识的生命可以把自己把握为它的世界关系的整体。康德理性概念的力堡正在于此：它维护对于整体的涉入，也维护与之必然关联的希望，也即这个涉入不是空洞的，而是有其目标的——我们的生活可以成为一个整体上成功的生活。这个希望的焦点指向了一个独立于我们的存在物，这是关于我们生命偶然性和有限性的意识的表达，

---

① B. Recki：《"我们应该希望什么？"康德的人类理解中的美学和伦理》，载《哲学普通期刊》（*Allgemeine Zeitschrift for Philosophie*）（卷19，1～18页，1994）和她的《伦理美学：康德美感和实践理性间的亲缘性》（法兰克福，2001）。

② 哈贝马斯：《与拉青格红衣主教的讨论》，载《哲学消息》，2014（10），12页。

是对我们所看重的生命成功之不可获得性的表达。

至于哈贝马斯关于“哲学面对宗教准备学习”的主张，我们或许可以和康德一起说，一个将自己在启蒙传统中来理解的批判哲学根本无须以准备学习的方式来面对宗教。而是批判哲学要把自身的概念发展到它最后的结论。这样的话，它就达到了哲学的世界概念。这个概念本身包含充分的基础，它把由于偶然性和有限性而如影随形地伴随人类存在的，并且即使在高阶世俗化的条件下也无法与人类存在分离的不可获得者，与意义关联的统一体带入到一种相互和谐中，而不是要消解这个不可获得者。这或许是在面对世界中的恶时唯一可行的理性的神正论，而它也真的会是让每一个人必然感兴趣的事物。

# 试论费正清及其哈佛学派的得失成败[①]

龚忠武*

罗（志田）教授、各位老师[②]、各位同学：

大家好！

能够到我国最高的学术殿堂和“五四”的圣地作学术报告，是我的梦想。现在梦想成为事实，我感到非常高兴，也感到十分荣幸。我要特别感谢各位教授为我这个海外游子提供这个圆梦的机会，也感谢各位同学在开学的忙碌中抽空前来捧场。

今天我的讲题是，费正清及其哈佛学派的得失成败。[③]我之所以选择这个题目来同各位同学和老师分享并请教，一是因为这个题目我比较熟悉，二是想引起大家反思一个迫切的问题：国际上研究中国近现代史的中心，竟然坐落在外国，而不是我们自己的国家。当然接下来的问题应当是：我们该怎么办，才能端正这个

---

① 本文由龚忠武博士提供文稿，授权发表。

② 还有牛可、高超群、郑振清、王元周、于铁军等教授。

③ 近年来国内已经有不少的著述和文章介绍费正清、史华慈和哈佛学派，但都比较偏重其“成”和“得”，而我侧重其“败”和“失”，也即持批判的态度，并且特别突出作为一名中国知识分子的历史责任感和时代使命感。

* 龚忠武：美籍华人学者，历史学家，美国《侨报》创始股东、主笔及资深记者；1960 年代毕业于台湾大学，后在美国哈佛大学师从著名的中国问题专家费正清，获得历史学博士学位。曾任联合国中文处专家。曾经发表重要文章《毛泽东的精神遗产及其现实意义》。

在我国漫长的国史中极其不正常甚至几近荒谬的学术怪象?[1]

哈佛学派是费正清在20世纪50年代初期一手开创的中国学流派，其取代欧美早期以英法学者为主导的汉学，独领风骚数十年。它对当代西方和世界的中国近现代史研究，起了主导作用，并对美国的外交政策发挥过不容忽视的重要影响。

哈佛学派的应时而兴，主要是国际的客观形势促成的：“二战”后，美国取代英国成为西方盟主，建立了势力遍及全球的，甚至超越19世纪大英殖民帝国的民主大帝国。[2] 同时，中国人站起来了，新中国在东方屹立并日益强大，首次在朝鲜战场同不可一世的美国较量，就打成平手，从而对美国在东亚的战略、政治、经济和文化利益构成不容忽视的挑战。

这种崭新的严峻的国际形势为哈佛学派的兴起提供了有利的客观背景。时势造英雄，费正清正是抓住这个历史机遇，在他任教的哈佛大学锐意改造西方的传统汉学，开创现代的中国学，为

---

① 在近代中国，特别是“五四”以来，除了中医之外，几乎所有学问都要从外国引进来，竟然连研究中国自家历史的学问也要到国外去取经，拜洋人为师，而国人也见怪不怪，视为理所当然，丝毫不觉得有什么不妥之处，真是旷古未有的怪现象。记得1966年当我启程前往哈佛入学，我的大伯父问我为什么要到美国去学中国史时，我竟无言以对，只好答以“跟风（出国）么”聊以自解，甚至觉得他是孤陋寡闻、多此一问。

但现在时移势易，特别是今年（2008年）我们刚举办了奥运史上一次最成功的运动会，我们度过了四川震灾的严峻考验，我们顶住了欧美各国蛮横地利用“藏独”问题恶意丑化中国人形象的逆流。在这举世称颂中国人的国力、组织力和创造力的时刻，当我们的民族自豪感和自信心空前增强之际，我们怎么还能容忍中国人竟要向外国人去学自家历史这种荒谬和难堪的病态学术现象？这样屈辱的学术历史早就应该结束了！现在是我们夺回中国历史的解释权和建立本国历史学术权威地位的时候了！

② 公元前450年前后，希腊就曾经建过一个以雅典城邦为中心的海洋民主大帝国，控制地中海周围的160多个大小城邦，虽然为时短暂。所以把“二战”结束后的美国，称为民主大帝国，实在是名副其实，甚至有的美国学者也是这样认为的。

美国霸权事业的世界战略和激烈的美苏“冷战”斗争而服务。所以，美国中国学的兴起一开始就被烙上了深刻的政治印记，其研究成果先天就带有学术上的功利性、实用性和局限性，也埋下了衰微的伏因。可以说其成也美国霸业，其败也美国霸业。

开创一个学派，除了不可或缺的客观条件外，还需要相应的师资、人才、经费、图书，哈佛大学都得天独厚，是美国其他一流大学无法比拟的：师资，有治思想史的史华慈、治经济史和精于考据的杨联升。这使人不禁联想到清华大学 20 世纪 20 年代四大导师（梁启超、王国维、陈寅恪、赵元任）郁郁乎盛哉的恢宏气象。人才，有来自美国和世界各地的精英，集天下英才而教之。经费，除了充裕的哈佛燕京学社之资助外还有各种基金会的赞助，例如富布莱特基金会、福特基金会等。图书，有藏书量仅次于美国国会图书馆但专门为研究而设的哈佛燕京图书馆。加上费正清本人，适值盛年，精力过人①，雄才大略，高瞻远瞩；学养深厚，知识渊博，治学谨严；又富于领导艺术，精于行政组织，善于周旋交际。真是多才多艺，集众美于一身，可以说兼具独力将哈佛大学建立为西方中国近现代史研究重镇的一切有利的主、客观条件。

但是开创新学派是一个漫长的艰辛过程。首先他必须革新欧美以往的汉学，因为 20 世纪 30 年代的中国研究，仅被视为西方特别是法国文明的一部分，也就是分支或点缀。当时的哈佛大学东方学系的老学究们认为，东方历史随着乾隆朝 1799 年的结束

---

① 1967 年秋天的一个晚上，当清代文献讨论班下课后下楼时（他的研究室位于哈佛大学图书馆 Widner Library 的 4 楼），老旧的电梯被我们学生霸占了，他只好从楼梯拾级而下。但当电梯的门打开时，他老人家（刚好是耳顺之年）竟然也出现在电梯门口了，令我们这些年轻小伙子大为惊讶，可见他有多么硬朗。

而结束。当时的哈佛燕京社社长英利世夫（日语名，Seri Elisseeff）公开宣称，1799 年后的中国历史研究，已越出历史范畴，只能归属于新闻范畴。[1]

所以，费正清年轻时代即 20 世纪 30 年代的美国汉学与中国研究，暮气沉沉。这时在中国学习中文的一批年轻的美国留学生，例如费正清、毕乃德（Knight Biggerstaff）、卜德（Derk Bodde）、顾立雅（Herrlee Creel）、拉铁摩尔（Owen Lattimore）、戴德华（George Taylor）、韦慕庭（Martin Wilbur）等，都为学成回国后的饭碗问题犯愁。而这时因缘巧合，中国也涌现了一批著名的西化自由主义学者，如胡适、蒋廷黻、洪煨莲、丁文江等。这批心怀大志的美国未来的中国学者就拜在他们的门下，作为合作伙伴，成为中美近现代学术交流史上的一段美谈、佳话。20 世纪 50 年代之后，这些人都在美国的各个重点大学，如哈佛大学、康乃尔大学、哥伦比亚大学、华盛顿大学、芝加哥大学等校，肩负了开拓、开创中国学的重任并充作先锋。费正清就是他们之中的佼佼者和公认的领军人物。

谈到哈佛学派，这个费正清只手建立的学术王国[2]，其核心还是它的学术事业。费正清就其学术性格而言，也许是源于英美民族的实用主义和经验主义的民族性格与文化，不喜欢像德意志民族的学者一样，构建抽象的大理论、大体系，也没有建立系统的方法学。但在他的领导下，哈佛学派显然具有明确的学则或模式、框架，或者说是做学问的一套清规戒律吧，作为他教授学

① Theodore H. White, “On Offering of History to Men Who Must Act Now”, *Harvard Alumni Bulletin* , May 13, 1967; White, *In Search of History: A Personal Adventure*, Harper & Row Publishers.

② 有人戏称为费正清帝国，费正清的名字中有个 king，就是王者，事实上他也确实有王者的胆识、胸襟、气度、功业。

生、指导论文、撰写出版中国近现代史论著的指导思想和准则。[①]

这点可以从两个方面来考察：

一个是他治中国史的心法：强调知己知彼和实用，绝不为学术而学术，所以他的言论和著作带有浓厚的美国式的官方色彩，万变不离其宗，总是为西方的优势文明、美国的战略利益和外交政策出谋划策或辩护。

另一个是他治史的方法学：虽然他没有刻意构建系统的方法学，但他借用了社会科学的研究成果[②]，设定并构建了一些服务于他的目的的框架、模式或理论：他采用了韦伯和帕森斯的现代化理论来对抗马克思列宁主义的帝国主义理论。在这个理论下，他派生出了传统与现代的矛盾。还有就是借鉴汤因比的文明的"挑战—回应"模式，衍生出西方冲击和中国回应的模式。按此基本模式，中国现代化之所以迟缓和一再失败，归根结底，不是由于帝国主义的侵略，而是由于中国本身的传统文化特别是儒家或儒教不能适应现代工业社会的要求，例如民族主义（国家）、科学、民主、人权、妇女解放等。他的大弟子之一列文森就写了《儒教中国及其近代命运》一书，深入阐述此理念，因而深受费正清赞赏。

为了替欧美帝国主义在中国的侵略辩护，费正清构思了满蒙汉共治，然后是华洋共治的观念，他的例子就是中国的海关交由洋人来管理，例如英国的赫德；他提出依据国际法的条约秩序或

---

① 他的教学和治学特点，也可以称为费正清的一套不是方法学的方法学：具有因材施教、博采众长、实用多变、模棱两可（既是循环论又是线性论）、无门户之见、中庸持平（在学术独立和国家利益也即政学之间、学者公民和批判时政之间、理想与现实的复杂矛盾关系之间寻求平衡点）等特点。

② 他甚至还写了一篇历史社会学的文章。可见他对于将社会科学应用于历史研究之重视。

体制来取代中华帝国传统的朝贡秩序，为不平等条约和欧美在中国的特权辩护，他的例子就是五口通商和广州的公行体制，证明清朝以天朝自居，不以平等地位对待来华的西方外交官和商人，所以爆发了鸦片战争和以后的历次侵略战争。他还为西方传教士在华的非法传教活动辩护，强调传教士的慈善活动，例如办学校、设医院等，以缓和、淡化传教士在华的大量劣迹恶行。

总之，他选取有利于他主张的事实来论证。西方势力在中国造成的悲剧性冲突，归根结底是由于异质的中国儒教文明和西方的基督教文明根本不同、水火不容造成的；进而论断，这是人类历史上高度文明向低度文明传播的必然现象，也是低度文明发展进步必然要付出的代价。上面只是举出几个有代表性的例子而已。

不过，费正清对于“冷战”时期中共和苏共的关系与国共斗争的认识和论断，倒是非常深刻，颇有预见性。他同他的学生，也是我的指导教授史华兹，都一致认为，中共不是苏共的傀儡，两者不是铁板一块。对于国共之争，他同史华兹也都明智和敏锐地认识到，胜负取决于谁能驾驭中国社会革命这匹野马；中共由于致力于真正的而非口惠而实不至的形式上的大规模“土改”，赢得了中国广大农民的热烈支持和拥护。① 所以他断定毛必胜、蒋必败。但是由于他的自由主义立场，必然反共，以致他长期在大陆成为被批判的对象；根据他的研究心得和亲眼目睹，基于长

① 1943年他被派驻重庆时，同周总理领导下的中共驻重庆的代表团时有接触，印象很好，特别是对周总理的时任新闻联络员龚澎（1915—1970）的清新形象印象非常深刻，称赞她秀外慧中、机智幽默，所以，有一次在课堂上他开玩笑地问我同龚澎有没有关系，我以五百年前是一家作为回答。史年兹也曾在他的晚清思想史的讨论班上，开玩笑地问我同清代中叶的思想家龚自珍有没有关系，我也作同样的回答。由此可见，我可能享受到龚家的余荫而不自知。

远的美国利益的考量，他力主弃蒋拥毛，让中国恢复联合国席位，同新中国建立外交关系，以致被国民党斥为中共的同路人，而列为不受欢迎的人物。

他终生的遗憾之一，可能是没有像哈佛的日本史大家、他的亲密合作伙伴——赖绍华（E. O. Reischauer，1910—1990）教授当了驻日大使一样，也出任美国第一任的驻华大使。以他的学术地位和资望、他的政学两栖的性格，如果时来运到，也的确非他莫属，而他也是会当仁不让的。

虽然他的言论和著作，带有浓厚的美国式的官方御用色彩，但他毕竟是位宗师级的大学者，所以在治学上，他自有一套门径和清规戒律。首先，为了知己知彼，了解中美两国、中西两大文明的异同，二者的内心世界，他治中国近现代史循序而进，先是外交贸易史，再是制度史，进而是传教史、思想史、文化史，以致功力深厚、学识渊博，著作等身，少有其匹。

其次，他非常重视历史学的基本功，也就是档案、语文和跨学科的现代研究法，也即将中国学的研究置于科学的基础之上。说它是史学方法的革命，也不为过。

关于构成史学基础的档案，费正清以前的西方汉学家，认为掌握了西方学说和西方资料就足够了；他们压根就不相信中文资料，认为不可靠。这种优越的心态，长期主导汉学、中国学的研究。20世纪30年代以前关于中国的学术著作，大半出自传教士之手，例如赖德烈（Kenneth Scott Latourette）、恒安石（Arthur W. Hummel）等。专家虽然有几个，但都不懂汉语，所以根本不能利用档案。欧美汉学家这种孤芳自赏、闭门造车的落伍的沙文主义现象，现在被英国牛津大学训练出来的美国的后起之秀费正清打破了。他转而大量利用中文的原始资料、官方档案、笔记、文集等。这是一次革命性的改变。中国明清社会史大家何炳棣教授充分利用地方志，写了明清的社会流动和人口问题大著，也是这种方法应用的典范。

20 世纪 60 年代初我在读台湾大学的历史研究所时曾经找了份兼职工作，同李敖、张俊宏、陆宝千等一道参与陶希圣主持的“中华民国开国五十年文献编纂委员会”的编辑，参加编辑《中华民国开国五十年文献》的工作。在这长达三年多的时间里，我对清史档案下了很深的工夫。费正清向我打开哈佛大学的窄门，恐怕同我这一段的经历有着密切关系吧。

关于史学研究的另一个基本工具——语文：除了上述西方文化沙文主义的优越心态之外，欧美汉学日趋落伍的另一个重要原因是，难以过语文关，学中文谈何容易。所以寄居西方的华裔文史学者都成了美国权威中国学者，如费正清、史华兹等随时可以求教的活字典，如杨联升、余英时等[①]，但何炳棣是个例外。大部分所谓的美国中国通，根本没有也不可能精通中文。这样又怎么能期望他们能够理解中国历史、中国政治、中国社会和中国文化，也即中国人的内在世界呢?

针对这个问题，费正清特别开设清代文献研讨班，供研究生

---

① 这方面，杨联升是个范例：由于富有深厚的中国人文素养和渊博的中国历史知识，对中国典籍和书目如数家珍，所以他对美国的中国史研究生和教授的撰写论文与研究工作起到远超过活字典的作用。在美国的中国文学领域，叶嘉莹同哈佛比较文学大家海陶纬（J. R. Hightower，1915—　）的长期密切合作也起着类似杨联升的活字典作用。

美国中国史学界还有一个不成文的惯例，就是华裔中国近代史学者不能在美国一流大学执教，费正清得意的华裔大弟子如徐中约、刘广京、郝延平、张灏等，只能到美国的二三流大学执教。但是专攻中国古代史和中国文学史包括近现代中国文学的华裔学者则不在此限，这也就是余英时、杜维明、李欧梵可以在美国一流大学执教的原因。

必修。其目的在于训练研究生也就是未来的学者能够进入以深奥的古文撰写的文献，作为理解政治制度、政治思想和政治行为的基本资料来源的基础。他让学生到台港学习中文，做实地研习，以便让美国学生能讲能读中文。如果不能读懂档案文献，不能与一般中国人和学者沟通，要做到知己知彼只能是流于空谈的高调。纵然如此，即使到现在为止，阅读撰写中文仍然是美国的中国学者难以跨越的一道关卡。

关于跨学科或多学科：20 世纪 50 年代后期，费正清将中国学的视野从外交扩大至经济、社会、文化思想等领域，并调整研究取向，主张深入开展对人口、社会流动、知识分子倾向、文化史、经济制度、税制、考试制度、共产主义意识形态等的探讨研究。[①] 著名的华裔中国近现代学者徐中约认为，将社会科学的各种理论、方法、手段融入中国学研究，大大开阔了研究者的视野，丰富了中国研究的内容，并使研究结果更为确切可靠。利用这种锐利的新方法建立的新汉学、中国学，同以前欧美传教士主导的重视语言学、文化学的传统史学，截然不同。

这样，费正清从理论到方法，革新、深化、扩大、充实了新汉学、新中国学，将哈佛学派的中国学置于多档案、多语种、多学科的稳固基础之上，奠定了他作为哈佛学派掌门人的地位和在国际上公认的中国学泰斗的崇高地位。

但是，既然哈佛学派为美国的世界战略和美国的利益服务，那么，当它所依附的国际大格局发生不利于美国霸权的重大变化和调整时，它内在的假定、理论和研究成果，不论多么严密、

---

① 当他于 1929 年刚开始进入中国研究的时候，中国研究只是专注于对中国近代外交史的研究，关注探索隐藏大战的背景，所以他在英国师从马士（H. B. Morse）专门研究中国近代的中外关系和沿海贸易。

精确，其根本的致命弱点也将随之暴露无遗。20 世纪 60 年代后期和 70 年代初期的“越战”时期，正是这样的历史时刻。

当时哈佛大学的左翼反战研究生将“越战”归咎于费正清的哈佛学派的一个错误假定，误导了美国的外交政策，以致美国在越南的大泥沼中越陷越深。其中的一个领军人物就是我的哈佛同学——社会学系的詹姆士·佩克。他敏锐地揭示了哈佛学派的盲点和误区：美国一向自认为它是亚洲国家独立的保护人，总是善意地通过非暴力的手段，帮助这些国家走向现代化。这些国家在独立运动或现代化运动中碰到的障碍和挫折，绝不是美国在该地区的政策或美国所支持的国际秩序造成的，而是它们本身的传统社会和文化难以适应“建立在科学技术、现代组织手段以及高效的政府管理程序的理性标准之上的普世文化”。但是，佩克针锋相对地抨击和雄辩地论证说，哈佛学派利用现代化理论，非常卖力地为美国政府“二战”后在亚洲进行的一系列的政治、军事、经济和文化的不义的侵略政策与行为作辩护。①

换言之，现代化理论的要害在于它本身自以为是，假定美国天生就具有以非暴力方式促进社会进步的能力；缺乏自我批判的精神。所以佩克认为只有通过反躬自省，才可以准确地、公正地理解和同情中国的革命以及世界其他各地的解放运动。他们当时深深地为马克思主义和毛泽东思想的解释体系所吸引。我就是在他们的感召、影响下走上了同情马克思主义和毛泽东思想的左翼

① 费正清答辩的要点如下：对国家的忠诚要求我们为之战斗时，我们不能拒绝；帝国主义中的文化和精神因素多于物质贪欲，战略上的考虑压倒经济的利益；当代物质的进步，伴随着人口增长、城市建设、国家政权和军事力量的发展，造成饥荒、环境污染、交通堵塞等问题，从而导致许多国家内部的革命和国家间的武装冲突。

的道路。

为了系统地阐述这个大胆的新思路，佩克邀约了几位志同道合的同学撰写一本旨在系统批判哈佛学派的大书。我是唯一有幸被邀参加这个雄心勃勃的计划的中国学生，负责撰写中国近现代自 1840 年以来直到 1969 年历次思想界的革命性巨变，强调中国历史本身具有强力回应外来压力的内在动力。费正清的另外一个学生柯文沿着与我一样的思路，也写了一本书，系统地批判了费正清的“冲击—回应”的西方中心说的模式，代之以“中国中心说”①。佩克和柯文这两位费正清的高足对老师的严厉和深刻批判，在当时的美国中国学界引起了强烈的震撼和反响，敲响了哈佛学派走向衰微、没落的警钟。这就是我上面所说的“成也美国霸权，败也美国霸权”的原因。

费正清在学生的批判下却展现了一代宗师的大家风范，进行了认真的反思，修改了他过去的“冲击—回应”模式，认为他过去过于强调外部因素、忽视内部因素，现在认为外因和内因是个交相作用的互动过程；认为他过于自以为是，错误地过分美化民主理想和制度，现在发现原来民主的美国，就像古代民主的希腊一样，也会在印度支那和越南干下那样的蠢事。他对学生的批判采取了一种谦逊、包容的态度，他说：“我赞成学生们提出的不同意见，因为顺从一种愚蠢的政策而受到自己学生们的公开指责使人感到耳目一新”；又说“我觉得现在是我们对美国人那种严重的自大狂好好进行反思的时候了”。

也就是在他进行这种自我反省、自我批判的时候，他宽恕了

---

① Paul Cohen, *Discovering History in China-American Historical Writing on the Recent Chinese Past*, 1984（[美] 柯文：《在中国发现历史——中国中心观在美国的兴起》，林同奇译，北京，中华书局，2002）。

我这个同情毛泽东思想的中国学生的反叛行为，让我通过了论文①，完成了我在哈佛的学业。佩克则选择了放弃哈佛学位，到纽约著名的兰登出版社担任编辑。

最后简要地谈一下费正清的历史定位，也可以算是盖棺论定吧。作为一个学者，不论用任何标准来衡量，费正清无疑都是位宗师级的学术巨人，他的巨人脚步横跨中西文化、旧汉学与新中国学、历史学与社会科学、美国与东亚（中、日、韩、越）、政治与学术、学院殿堂与社会大众之间的巨大鸿沟。

具体而言，费正清作为一个美国的中国学者，至少作出了三大贡献和留下了丰富的学术与精神遗产：一是奠定、开拓了新的中国学，使中国学脱胎换骨，不再被视为新闻、故事、欧洲西方历史的分支、附庸，而是与欧美自家的历史学并立的独成一个系统的学问，从而使中国和东亚研究成为哈佛大学精神生活中的正统、受尊敬的显学，结束了长期以来在哈佛学术殿堂中所处的备受冷落的小媳妇地位；二是利用哈佛这块基地，培养了成千上百名的专家学者，然后输送到美国的政、学、商贸、传播媒体等部门，占据要津；并且弟子遍天下，通过师生关系网，构建了庞大的费正清王国②；三是他自始至终，将探索

---

① 我选择了一条不同于我的师兄弟们的治学道路，即探索中国历史发展的内在动力。我之所以选择张之洞作为我的论文题目，是基于这样的考虑：他是中国帝王之学最后一位具有代表性的思想家，因为此后中国的统治意识形态就从李大钊的庶民之学过渡到毛泽东的人民之学；在中国的近现代思想史上，毛泽东应定位为“人民之学”的开创人、奠基人。中国近现代思想史中这一条主线的演变，即由帝王之学到人民之学的承先启后的历史，中国的学术界和理论界相对地忽视了，应给予足够的重视和研究。

② 费正清夫子自道说，他之所以取得今日的成就，在于有世界上最伟大的中国革命，和世界上最伟大的大学哈佛大学；并且在1970年接受哈佛荣誉博士学位时戏称，他的这项荣誉应当同中国的毛泽东主席分享。

对中国的理解视为自己毕生追求的理想和事业、一项集体的事业和一项世界性的事业，在全球范围内促进中国学的研究和提升，使中国的历史文化不但为美国人所理解，还为世界各国所理解。

最后费正清还为这个伟大的事业鞠躬尽瘁，死而后已：在他去世前的几个月，虽然住院治疗，但他仍然不停地修改绝笔之作《中国：一个新的历史》。[①] 1991 年 9 月 12 日上午，终于在与死神的竞赛中，他赶完了新史，把打印稿送到哈佛出版社。几小时后心脏病再次发作，两天后便与世长辞。他的死亡，就像一个老兵或者战士，倒在他奉献了一生的史学沙场之上。

美国中国学的一代宗师走了，斯人已逝，留下的是个支离破碎、过时的哈佛学派，以及那笔在他名下的珍贵而丰富的美国中国学遗产。

作为他的一个离经叛道的学生，作为一个热爱祖国的华裔学者，我的寄语和期盼是：我们中国人再也不能允许国际的中国近现代史学中心在外国安家落户，费正清和哈佛学派是个特殊的欧风美雨时代的异数，中国学最终必须回到它的故乡，回到北京，回到北大历史系！费正清无疑是世界中国学里的一座高山，但却不是不可以超越的，而且必须要超越！

这就是本次讲演的主旨，也是我今天报告的精神和愿景！愿与同道和后进共勉！

那么，我们该怎么办？这个问题，还是让我们在座的年轻一

---

① 《中国：一个新的历史》新在：强调中国是个多民族和多民族文化的国家，汉族只是其中之一；突出海洋中国在中国史上的作用和遭受的挫折；强调中国传统农业经济着重增长但没有发展；并将中国传统经济发展的模式概括为“农业—草原骑射—官僚”，以与近代西方的经济发展模式“工业—军事—企业”作出鲜明的对比。

代，在未来的岁月里，用你们的智慧和辛勤耕耘的汗水来回答吧！但必须有一个前提，那就是必须有一个容许不同学术流派争鸣的宽松大环境。

我就讲到这里。谢谢。

# 性别与历史研究[①]

李贞德*

非常荣幸能够受到邓小南老师的邀请，也很荣幸来到北大。第一次来北大应该是 2007 年，北大给我留下了非常深刻的印象。每次来北大开会，通常报告几个专题，所以面对的一般都是同行，妇女史、中国古代史或者医疗史方面的朋友，无论怎样都是同行，所以如果我说错了什么，他们立刻就会发现，不会造成“遗毒”。所以，我感到应该留给大家一些时间发问，质疑我所讲的东西。下面我会把我所想到的、一路走来所看到的并深刻影响我的东西与大家分享。可能涉及的基本上是台湾的妇女史研究，因为这是我比较熟悉的。

我想从一个故事开始讲起。我不知道诸位是否听过这样一个笑话：不是很久很久以前，曾经有三个男人到海边去钓鱼，钓到一条美人鱼。美人鱼为了得到生存的机会，就对这三个男人说：“你们每个人许愿，我成全你们的愿望，但恳求你们把我放回海

---

① 该讲演稿根据李贞德教授 2009 年 4 月 1 日在北京大学与历史系师生座谈的录音整理而成，经李教授许可由敝刊整理发表，文中涉及的相关文献均由整理者据李教授已发表的论文以脚注的形式注出。

* 李贞德教授，美国西雅图华盛顿大学历史学博士，现任我国台湾地区“中央”研究院历史语言研究所研究员，“台湾大学”、台湾“清华”大学历史研究所兼任教授。主要研究汉唐之间妇女生活以及相关的法制史和医疗史问题。代表作为《公主之死——你所不知道的中国法律史》《女人的中国医疗史——汉唐之间的健康照顾与性别》。

里。”三个男人说没问题，于是就各自开始许愿。第一个男人说：“我希望我的智商高一倍。”美人鱼说：“没问题，成了！”所以那个男人开始演算数学公式、观察天文地理，俨然一个科学家。第二个男人说：“我要我的智商变三倍。”美人鱼说：“没问题，成了！”于是这个男人就开始摇头晃脑、吟诗作词，看起来是个人文大师。第三个男人说：“我要我的智商变四倍。”美人鱼说：“智商变四倍，变化其实是非常大的，希望你能够选择金银财宝或者其他的，华服美衣呀都可以。”可是这个男人很执著，他要他的智商变四倍，美人鱼看他言辞恳切，于是就说：“成了！”这个男人变成一个女人了！20 世纪 90 年代我刚从美国念书回到台湾，每天都在为查资料与论文而忙碌，累得不得了。我的朋友从美国寄了这个笑话过来，这种类型的故事非常多，但这个故事有一些变化。然而，千变万化不离其宗。我觉得，这个故事最令人惊奇的便是从量变到质变的那个部分。这个量变为什么令人惊奇？因为它打破了我们的刻板印象：人变还是人，男人变还是男人，女人变还是女人。然而，在这个故事里一个男人变成了一个女人。惊奇源自这个故事违背了我们的一些刻板印象。我觉得妇女史研究也就是这样一个从量变到质变的过程。

简单说来，妇女史起初是以一种量变的“修辞”匍匐前进的。我们一开始做妇女史研究其实是在弥缝补缺，目的是求真：找到历史的真相、获得历史的全貌。因为做妇女史研究的人发现，如果我们研究历史是为了求一个全貌的话，那么缺少了女性这一部分是没有办法获得全貌的。要使求全求真的目标达成，既然历史上既有男人也有女人，那就不应该缺少了对女性历史的研究。就以我从前做过的魏晋南北朝史为例：我们以往在写魏晋南北朝史或者中国通史时，从来没有觉得这里面没有女人是有问题的，不会特别提到这是魏晋南北朝“男人史”。但自从我们写进了女性后，就往往要特别标示出这叫“魏晋南北朝妇女史”。这是因为我们觉得没有女人没有关系，并不妨碍其成为一个断代史，而一旦有了女人就要特别说明这是一个独特的部分。做妇女史研究基于这样一个前因，所以当我们提出我们要做妇女史研究的时候，如果要求历史的全貌，那么不研究妇女就没有办法达成这样一个目标，我们其实是为了求全责备、弥缝补缺的职责而来参与历史研究的。因此我们是在做一个量变的探讨的尝试，没有打算推翻既有的通史，只是说，如果你知道比较多有关妇女的经验的话，那么对于理解中国通史会提供更多丰富的部分，不会因缺失什么而讲错。打个比方，历史真相如果是我手中的这张 A4 信纸的话，原来没有妇女的部分大概就少了什么，如果把女性的生活和经验加进去，通史就可能更完整。所以，以前是在量变的态度或策略上来补充历史的，妇女史实际是一种补充性质的历史。

不过补充性质的历史吊诡或比较奇特的地方就在于：既然有可以补充的地方，那么也就表示原来的东西是不完整的。本来如果你已经知道历史的真相是张 A4 信纸的话，那你当然不会觉得这张纸少了一个角。然而，当妇女史告诉你如果妇女的历史不讲清楚的话，那么其实你是没有办法了解历史真相的。当研究像这样持续不断地补充时，那就可能提示原来的研究是有缺失的，它是需要重新改写的。因此，原来妇女史研究的说辞或者策略是把妇女史作为补充性质的历史，但是补充了许多之后，大家就觉得这部分历史是不是应该有一点改变了？原来的历史印象加上女性是不是有点不同了？如果确实不同了，那么原来没有女人的历史是可以独立、合法存在的吗？还是其实它也应当被质疑？下面我以我自己做的医疗史研究为例。

譬如过去所做的中国医疗史，其实很多时候做的是“医学圣人”的传记汇编，所以医疗史基本上就是围绕着张仲景、陶弘景、孙思邈、李时珍等人，都是男性的医学专家在写作这些东西。另外，研究什么内容呢？比如《黄帝内经》、针灸，他们怎么看针灸的穴位、脉络等等，接下来有从针灸到草药的一个转变。思想上呢，有从六朝鬼神到宋明进化的一个发展。所以，过去的医疗史谈的基本上是“医学圣人”的传记汇编或者所谓医学思想的发展史，有时候还可能是医疗技术发展史。可是我们常常会怀疑：日常生活中照顾病人的人好像并不是这些医学专家或者“医学圣人”，绝大多数人生病时、需要照顾时，是谁在实际操作照顾呢？所谓日常生活中的医病关系、医疗行为，日常生活中一般平民的医疗思想或者疾病观念，这些细节在我们过去的医疗史中其实是不太被呈现出来的。于是，作为一个妇女史的研究者，我萌生了这样一个意识：中国医疗史似乎已经做得非常完美了，但如果从日常的生活细节、生老病死的照顾这个角度看，实际操作医疗照顾是怎样一个情形，应当是有价值的。[①] 于是我开始从生育的角度看女性生育的风险以及如何处理生育中发生的困难。我资质不太好，在这个题目上研究了 15 年，终于出了一本书叫《女人的中国医疗史》[②]，里面谈的是汉唐之间的健康照顾与性别。当我从女人实际参与生老病死的照顾这一角度进行医疗史的研究时，我发现其实在绝大多数情况下，操作医疗照顾的都是女性。

---

① 有关女性在家庭健康照顾中的工作及其医疗史的意义，参见李贞德：《汉唐之间家庭中的健康照顾与性别》，载黄克武主编：《第三届国际汉学会议论文集：性别与医疗》，台北，“中研院”近代史研究所，2004。

② 参见李贞德：《女人的中国医疗史：汉唐之间的健康照顾与性别》，台北，三民出版社，2008。

可是把这些医疗照顾的事实写下来，把这些医方收集起来，然后传播出去的却是男性。因为男性有阅读的能力，他们可以观察、判断、理解、描述、评估，最终他们可以作出褒贬。其实，传统社会中产婆的助产术是非常好的，包括在今天看来的难产，在传统社会都有成功接生的案例。

下面我讲一个《旧约圣经》里的故事。《创世纪》说有一个人怀孕要生了，是个双胞胎，但产婆在助产的时候，产妇忽然产生了阵痛，胎儿的一只手伸了出来（双胞胎中有一只手先出来准死无疑了），产婆在这只手上系了一条红丝带，又把这只手推了回去，然后按摩产妇的腹部。这时一个胎儿的头露了出来，紧接着是另一个。但先出来的孩子的手腕上没有红丝带，系有红丝带的婴儿是后生的。于是就出现了谁才是长子的问题。《旧约圣经》并非为称赞产婆的技术才记录了这个故事，而是旨在探讨长子的继承权。产婆之所以在先伸出来的手上系红丝带，是为了证明这个孩子是长子。由于存在长子名分的斗争，所以《创世纪》才会记录这个故事。妇女史的资料很少是专门写成的，我们必须在蛛丝马迹中寻找妇女史的材料。如果我们只看“医学圣人”或医学思想家的传记，其实我们不易看到日常医疗照顾中的情形，也就是说，当我说妇女史是用来补充的时候，我其实预设我知道了完整的是什么，但随着补充的量的积累，我会怀疑：也许原来认为完整的东西本身就是有问题的。譬如医疗史的部分，如果写入女性参与生老病死，那么原来医疗史的图像就会发生根本的改变。在这种情况下，妇女史就不再仅仅是一个补充性质的历史，它甚至会变成一个“改写的历史”。如果承认这一点，那么，到底有多少史料能够呈现给妇女史研究的学者，从而让他们来改变历史的图像呢？事实上，我刚才提到的《创世纪》里的那个故事也并不是为了记录产婆助产术高明而记录下来的，换句话说，当我们从补充的历史或妇女史的角度去找材料的时候，很多情况下，我们得到的不是直接的资料，而必须在字里行间的细微处发现材料。另外，很多情况下我们找到的是男性书写女性的资料，而不是出于女性自己的记录，尤其在中国古代史里，绝大多数的情况是男性在观察、记录、评估、褒贬甚至裁判女性的材料。因此我们在用这些资料做妇女史研究的时候会有一些忐忑：这些真的是女人的生活实况吗？还是反映了男性如何观察和理解他们身边的女性的？如果是后者的话，那么它所呈现的就不是女性日常的生活状态和经验，而是男性在理解和评价女性时所留下的资料。简单说，这已经是“两性关系史”了，而不单单是妇女史了。因为这种研究已经不再是把女性作为脱离了观察者的一个物体来研究，而是基于记载者与被记载者之间的互动关系所留下来的资料，所以我们说的妇女史，恐怕不能不说是一种“两性关系史”①。妇女史研究经过一段时间的积累变成了“两性关系史”或许也是一个无可厚非的必然现象。

在美国，当你对别人说你做妇女史研究时，对方或许会以自己做政治史研究而对你采一种居高临下的态度；或者如果你说你做的是两性关系史研究时，别人会认为你做的就是家庭史研究。可是难道在政治里就没有两性关系吗？难道政治家在谈论政治时，男女关系没有作为象征或比喻被使用过吗？我们在讲中国的伦理思想的时候，最常见到的“夫尊妻卑”“君尊臣卑”，这其实已经牵涉到了家庭关系。当一个男性文人在帝王面前失宠时，就

---

① 有关以性别作为历史分析的工具，参见李贞德：《杰出女性、性别与历史研究：从克莉丝汀狄琵珊的故事说起》，载《书写历史》，2·东西方之间——对历史思想的探询，北京，三联书店，2004。

常会有诸如“寡妇赋”之类的诗传世，其实他们是在用男女关系比喻君臣关系。女性形象就像这样经常被拿来在隐喻或象征意义上使用。男女之间事实上是怎样的并不甚清楚，但应该是怎样的则被当作了一种象征。比如，我们日常生活中常形容一对同性的伙伴或同事为“夫妻党”，他们之间便被赋予了想象的夫妻关系、想象的两性关系，用这个冻结了的两性关系看与两性关系本无关联的事物。这就给了我们一个启发：当我们看历史材料的时候，史料的直接层面很多情况下是没有女人的，但却经常会从性别的角度来理解生活中的方方面面，用这种方式来理解看似没有男女、夫妻和两性的事物，但是它却用一个凝结了的“性别权力关系”来理解不同的领域。John Scott 的“Gender：A Useful Category of Historical Analysis”① 在 1993 年就介绍进我国台湾地区了。那时，“gender”这个词找不到一个合适的翻译，有的学者叫它“两性”，有的叫“性别”，还有的叫“关系”，在大陆则翻译成了“社会性别”，在台湾地区最后被翻译成了“性别”。之所以起初找不到一个合适的翻译概念，就是因为当时不少概念不知应该如何在妇女史的范畴内认定。后来有了量变式的研究的积累，我们发现传统文献的书写中将“性别”作为一个比喻套用在非性别的领域原来也是存在的。有了这样一个理解后，我们终于知道“gender”可以翻译成“性别”。这之后的研究翻译得就比较快了。

近来由于“史语所”80 周年所庆的关系，我邀请了一些做妇女史研究的朋友（来合作一本书），其中有幸请到了邓小南老师合作写唐宋部分，也请到了刘静贞老师写宋代部分，而我自己忝

① John Scott，“Gender：a Useful Category of Historical Analysis”，*American Historical Review* 91（1986），pp. 1053 - 1075.

为主编也写了一篇有关魏晋南北朝与汉唐之间的文章。就我所写的这部分来谈，台湾地区的状况是很多做妇女史研究的学者多从文学等角度研究，然而，经济生活、劳动力和财力也是非常重要的方面，可是先前很少有人涉足，所以我利用了一些出土文献来考察妇女财产权的问题。妇女在“做小姐”、守寡、离婚等情况时，她们能得到怎样的财产权？我大致的结论是：只要女人结婚，其财产权就多少会有一些损毁，嫁到夫家时的不动产田宅之类就纳入了夫家。妇女能够最完整地保存财产权的手段就是招赘。可是看了邓小南老师的文章，我才发现自己忽视了一个很重要的层面：在传统社会中，妇女离婚、守寡或招赘并不是什么光彩的事，更遑论财产权了。而邓老师的文章在利用敦煌吐鲁番文书的基础上，将唐宋之际大环境下的妇女在生活中的困境很精彩地呈现了出来；更令人称道的是，邓老师利用了墓葬壁画，借此比对了其与经典论述的差异。而在邓老师的文章中我们看到的也是：在大部分情况下，男前女后、男外女内的情形在这里与经典论述之间还是没有太大的差别。问题就出在这些壁画是谁画的？谁书写的？谁观察的？也就是说，除了研究女性的真实生活和两性关系史之外，还有一个很重要的问题是要问：书写者是谁？书写者是用怎样的态度和感情来书写的？这会成为我们下一步研究的重点。刘静贞老师的文章是关于“性别与文本”，比如她提到了《列女传》，为什么没有“列男传”？这说明妇女被作为一个固定的形象抽离了出来。这样一项研究显然不是去研究那时女性的实际生活，而是去研究把“列女”选进《列女传》的人，他们在作这样的选择时是怎么想的。此外，刘老师在她的文章中用了王昭君的例子：在宋代士大夫那里是如何重塑王昭君的角色的？王昭君究竟应如何理解？也许我们不应只从宋人的记述中理解王昭君，宋人所书写的王昭君也未必是王昭君的真实生活经验，反倒是反映了宋人所界定的阴阳之分、华夷之辨。所以，王昭君可能是一个妇女史的课题，但最终成为我前面所讲的，作为一个冻结的、象征性的比喻为我们重新理解思想史和政治史，以及我们以为和妇女、家庭都没有关系的领域提供了一个角度。

从弥缝补缺的量变研究，渐渐发现妇女史的勃兴使我们对于整个历史的理解都变了，史料是如何留存下来的都遇到了挑战和质疑，史料所反映的是女人的真实生活还是男人对女人的想象就成为另外一个课题了。所以，妇女史研究经历了从妇女研究到两性研究，再到性别研究的过程。那么，性别研究里还有没有女人了呢？还是有可能有女人，但其目标仅限于女性的生活呢？已经不是了。所以，如果从性别的角度切入，就不仅仅是从量变的角度把女性的这一部分补充进来以求历史的完整，而是从性别的角度重新去看思想史、政治史、医疗史、法律史等领域。如此，我们的理解也将变得和以前不一样。当性别变成重新看历史文献的一个角度的时候，整个历史的观念可能就会发生一点改变。这样的改变就不再仅仅是“补充”而是“改写”，原来的量变已经渐渐变成质变了。这种质变往往是挑战刻板印象，让你觉得非常不舒服的：原来所认知的真相难道就没有了吗？这个冲击是非常大的。可是做学者的就要经历这样的焦虑，然后在抽丝剥茧中杀出一条生路来。作为“史语所”的同人，虽然现在还不能提出一个宏大的真相来告诉各位，不过我希望我所说的能够无愧于我们“史语所”的祖师傅斯年先生的格言“上穷碧落下黄泉，动手动脚找东西”。我们过去说没有资料就没有历史，我们今天还要问：为什么这个部分会没有资料呢？为什么女人在这个部分会没有活动呢？为什么她们的活动没有被记下来呢？这些也变成了我们问并可以问的问题。

讲到这里就又让我想起了美人鱼的故事。我听到这个故事后从（20世纪）90年代起就到处宣讲，我最喜欢讲笑话，而最开心的是我讲完笑话还真的有人笑。这个故事常常有人笑，所以我就乐此不疲地一直讲。(20世纪）90年代末有一次我到欧洲去访问，和我国台湾地区在那里的留学生一起座谈。在座的大多数都是男生，只有一个女生。这些男生高谈阔论、引经据典。那个女生看起来年纪有点小，很害羞。所以为了打破这个僵局，我就讲了那个美人鱼的笑话，在座的男生都笑了，那个女生仍是沉默。过了大约十秒钟，她忽然叹了口气说："我该怎么样来要求自己呢?"（笑）答案在茫茫之中，不如说在转瞬之间。跟各位分享，谢谢!

# 美学的基本理论和北大的美学传统

叶朗*

感谢研究生院王恩哥院长的热情邀请，请我来“才斋讲堂”讲一讲美学；也感谢各位同学来听讲座——昨天是中秋节，但据说今晚的月亮才是最圆的，在这样美好的夜晚大家不去赏月，反而过来听我的美学讲座，我感到非常荣幸！

研究生院开设“才斋讲堂”，在研究生中提倡多学科、跨学科的视野和方法，这是非常好的。我觉得特别要提倡文理交融，提倡科学与人文、科学与艺术的交流和结合。季羡林先生在晚年的时候一直在提倡这个理念——“北京论坛”第一届大会开幕的时候，请季先生讲话，他就讲人文和科学要交融。钱学森先生晚年也一直在提倡这个理念——他在接受记者采访以及每年温家宝总理探望他的时候，他都谈这个问题。我非常注意钱学森先生的谈话，我把他的谈话概括为三点：第一，他说我现在年纪大了（当时已经九十多岁了），小问题我不考虑，我就考虑大问题。第二，什么大问题呢？就是怎么培养拔尖人才、怎么创建世界一流大学的问题。第三，怎么创建世界一流大学呢？根据历史的经验和他

---

* 叶朗：浙江衢州人，1960年毕业于北京大学哲学系，1986年9月起任教授。曾同时兼任北京大学哲学系、宗教学系、艺术学系三个系的系主任，并曾兼任教育部哲学教学指导委员会主任委员、国务院学位委员会哲学学科评议组召集人。现任北京大学哲学系教授，兼任北京大学艺术学院名誉院长、北京大学文化产业研究院院长等职务。主要著作有《美在意象》《美学原理》《中国美学史大纲》等。

个人的经验，他就讲了一条，就是科学和艺术的结合。钱学森先生去世以后，很多人写文章来纪念他，大家都在讨论一个问题，就是所谓的“钱学森之问”，就是我们怎么没有能够培养拔尖人才呢？其实我认为，钱学森先生自己已经回答了这个问题，至少从一个重要的方面，回答了这个问题，这就是科学和艺术相结合。用季先生的话来说就是人文和科学的交融。但是我感到很遗憾，那么多纪念钱学森的文章都没有提及这一点——也许有，可能我没有看到。把这么重要的思想给忽略了。现在我们研究生院办这个“才斋讲堂”，就是要贯彻这样一个精神，跨学科的交叉和融合，充分发挥我们北京大学学科齐全的优势，使我们这种多学科的优势变成激发学生创造力的一种推动力，我觉得这是非常好的。

我要讲的题目是《美学的基本理论和北大的美学传统》，所以我这里既要讲到美学学科的建设问题，同时也要结合我们北大的情况，因为北大有一个美学传统——我认为这是我们北大非常重要的传统，从蔡元培先生当我们北大校长时就开始的——这个传统我们应该继承和发扬光大。

美学是哲学的分支学科，涉及很多哲学概念，由于今天时间短，不可能来谈这些理论问题，我就着重介绍一下这个学科的历史情况和学科建设的具体思路，这样，其他专业的同学听了可能也会有一些兴趣。

今天我想讲四个问题。

## 一、美学学科建设的历史背景

### （一）中国美学的特殊品格

从学科讲，中国美学和西方美学有一个很大的不同，这就是，西方美学基本上是少数学者在书斋中作纯学术的研究，整个社会对这个学科不很关注，尤其是年轻人、大学生对这个学科不很关注。但是在中国不一样，美学这门学科在中国受到整个社会的关注，受到艺术界的关注，也受到我们年轻人、大学生的关注。20 世纪 50 年代和 80 年代我们社会出现了两次美学热。80 年代时，我们哲学系美学硕士生招生的名额是 6 个，最多招 8 个，但是报名的有七八十人，最多达到一百多人。现在文化热是退下去了，美学热也退下去了，但是，相对来讲，社会还是比较关注美学这个学科的。2010 年北大主办了第 18 届世界美学大会——世界美学大会每 3 年举办一次，过去都在欧洲开，亚洲就在日本开过一次。2006 年北大美学与美育研究中心代表北大申办第 18 届世界美学大会。虽然这个申办没有奥运会竞争那么激烈，但还是有很多人竞争，最终我们成功了。此次大会盛况空前：国外学者就来了 331 人，加上国内六百多人，一共是一千多人；开了 5 天的会，有 676 位学者在会上发表了论文；会议直到第五天每个分会场依然挤满了人，学术气氛很浓。外国人看到中国这么多人对美学感兴趣，感到非常的吃惊。相对而言，我们中国学者对西方美学的了解较之西方学者对中国美学的了解要多得多。很多外国学者说，“我们这次收获很大，过去我们只知道中国有孔子和老子，这次来中国才知道中国还有朱光潜和宗白华”。

这说明，美学这个学科依然受到社会的关注。在中国，为什么我们的社会关注美学？这和我们中国文化、中国美学的特点有关系。很多人说，中国的文化是审美的文化，是诗意的文化；中国的哲学是审美的哲学，是诗意的哲学。中国美学最大的特点就是和人生紧密地结合，渗透到我们民族精神的深处，因而对我们中国文化的发展产生十分深远的影响。中国从孔子开始一直到我们蔡元培校长，历代的思想家没有一个不重视美育的。孔子提倡诗教，提倡乐教，提倡“兴于诗，立于礼，成于乐”，就是强调审美活动要参与塑造人格，还要参与塑造整个民族精神。从孔子开始，中国哲学逐渐形成了人生境界的学说。我们哲学系已故教授冯友兰先生认为，中国传统哲学中最有价值的学说就是关于人生境界的学说——人生境界的学说就是塑造人格、塑造民族精神的学说，而审美活动在里面起到重要作用。

受中国美学的影响，中国传统艺术都十分重视精神的层面，重视心灵的作用。我们北大宗白华教授强调，中国艺术是一个虚灵的世界，是一个永恒的灵的空间；强调中国艺术是世界最心灵化的艺术，同时又是自然本身——心灵和自然是统一的。中国艺术家追求意境——意境就是艺术作品显示的一种人生感、历史感、宇宙感——宗先生在他的著作里就强调，中国艺术有一种哲学的美，包含一种形而上的意味。我们中国很多的艺术家都追求这种形而上的哲学的美。中国的美学也广泛渗透到广大老百姓日常生活中，中国的老百姓都在平凡的日常生活中着意营造一种美的氛围。北京有位文物学家、收藏家王世襄就研究鸽哨，他讲：鸽哨就是北京的音乐，它每天清晨不知多少次把大人和小孩从梦中喊醒。老百姓的生活虽然很平淡，但也要营造一种美的氛围、一种诗意的氛围。我们中国的美学渗透到老百姓的生活中去，和人生、和老百姓有很紧密的联系。为什么我们中国的美学和西方的美学不一样呢？为什么整个社会比较关注美学呢？这可能和我们中国传统文化有关系。

### （二）中国近代美学的特点

中国近代美学从王国维、梁启超开始。他们的特点是，引进西方美学，特别是引进德国的美学——他们尝试把中西美学融合起来。我认为这是一条正确的道路，中西美学的融合是我们中国美学发展的正确道路。这一点我不细说了。

（三）中国现代美学的特点

在中国现代美学方面，贡献最大的是我们北京大学的学者。首先要讲到的就是我们蔡元培先生。他当校长以后在北大开设了美学课，这是蔡元培校长在北大讲的唯一的一门课。他提倡美育，这对我们中国的现代教育影响极大。接下来就是朱光潜、宗白华、冯友兰诸先生——冯友兰先生主要是搞哲学的，他关于人生境界的学说与美学也有关系。他们的特点是：

(1) 他们继承了梁启超、王国维的路线，继续引进西方美学，并且力图和中国美学结合起来。尤其是朱光潜先生，我认为他对中国美学不朽的贡献是翻译了大批的西方美学的经典著作：柏拉图的《柏拉图文艺对话集》，莱辛的《拉奥孔》《歌德谈话录》，三卷四大本的黑格尔的《美学》，维柯的《新科学》——《新科学》是朱先生晚年翻译的。当时他已经八十多岁了，我到他家里去时，看到稿子散落满地。后来这本书出版时，他已经去世了。他来不及看到这本书的出版。黑格尔的《美学》很难翻译，主要是因为它涉及的理论知识面非常宽。当年周总理说过一句话：像黑格尔《美学》这样的书，只有朱先生翻译，才能胜任愉快。这是周总理说过的，当然也是非常对的。朱光潜先生翻译的黑格尔《美学》在“文化大革命”前就出版了一卷。在粉碎“四人帮”以后不到三年的时间，朱先生连续翻译整理出版了黑格尔《美学》两卷三大本，还有莱辛的《拉奥孔》和《歌德谈话录》，一共是一百五十多万字吧。当时朱先生已经八十多岁高龄了，这是何等惊人的一种生命力和创造力！

还有宗白华先生，他也翻译西方的经典，比如康德的《判断力批判》上卷，因为《判断力批判》上卷讲美学。宗先生对中国艺术的研究，精深微妙。我们中国的艺术家都承认，宗先生对中国艺术的理解至今还没有人能超越。

（2）他们在美学理论的基本、核心层面有很多贡献，这集中表现为对审美意象理论的贡献。冯先生的突出贡献是关于人生境界的理论。冯先生说，世界是同样的世界，人生是同样的人生，但同样的世界和同样的人生对每个人的意义不一样，这就构成每个人的精神境界。比如说，两个人一起到山里游玩。对于地质学家来说，他看到的是地质构造；对于历史学家而言，他看到历史的遗迹，所以同样一座山，对两个人的意义是不一样的。

我看过一个美国人写的故事。有一个大老板，一生辛辛苦苦，在晚年时，他的太太劝他出去玩玩。他就到世界各地去旅游了。旅游一圈回来后，大家问他这次旅游有什么收获，他说，我最大的收获是使我更加感觉到办公室的可爱。世界是无限地大，但对这位老板来讲，唯一有意义的只是他的办公室。我们中国人讲“画地为牢”，他就画地为牢，突不破这个圈子。所以同样的世界、同样的人生，对每个人的意义不一样。这个不同的意义就构成每个人不同的精神境界。所以，冯先生说，没有两个人的境界是相同的。动物没有自己的境界。

哲学和美学的意义就是要提升大家的人生境界。我们中国人非常强调人生境界。中国的学者都强调，一个学者不仅应注重增长知识和学问，更重要的是要拓宽自己的胸襟、涵养自己的气象、提升自己的人生境界。过去开学典礼时要我去和学生讲话，我就和新同学讲，你们到北大来，不仅要注重学理论、学知识、学技术，同时或者更重要的是，要注重拓宽你的胸襟、涵养你的气象、提升你的人生境界。

精神境界表现为一个人的内心世界，我们古人称之为胸襟、胸怀；表现为一个人的言谈笑貌、举止态度——我们古人称之为气象，或者叫格局。胸襟与气象，说起来是抽象的，看不见、摸不着的，其实是客观存在的，别人是能够感受到的。冯先生说，他当年在北大当学生时，第一次去校长办公室见蔡元培校长，我一进校长办公室，就感到蔡先生有一种光风霁月的气象，而且满屋子都是这种气象。你说这个气象是虚的？它客观存在！而且冯先生说，如果一个人的精神境界很高，他的气象就能够对周围的人产生一种春风化雨的作用。冯先生说，蔡先生治学有两大端：第一是兼容并包，第二是春风化雨。根据冯先生自己的体会，兼容并包做到好像还不算很难，但要做到春风化雨，实在是太难了。因为春风化雨不能勉强，做个样子是不行的，要很自然。你有那个境界，你就自然产生春风化雨的作用；你没那个境界，你就不能起到这个作用，不能勉强，不能做假。人生境界的理论对美学很重要。审美活动可以多方面提升人的文化品格、文化素质，但最终归结起来，就是提升人的人生境界。

（3）这些前辈学者的文风特别值得我们学习。文科和理科都有文风问题。杨振宁先生特别强调，文章要有秋水般的风格。文风很重要，因为文风是一个人的思想境界和文化素养的综合表现。冯先生、宗先生、朱先生的文章都写得特别好。

第一是明白通畅。文章要写得明白通畅。我们现在有些人写文章让人家看不懂。有的学生，我说你的文章我怎么越来越看不懂了呢。你写得很深刻，康德、黑格尔写得不见得不如你深刻，我都能看懂，怎么你的我就看不懂呢？

第二就是有味道——有味道就更难了。冯友兰先生到八九十岁的时候，写的文章依然很有味道。我随便举个例子。他快九十岁的时候写了一篇文章。当时出了一些中国哲学家画传，如孔子画传、孟子画传。冯先生讨论这些哲学家的画像不像的问题。他说：孔子谁也没有见过，他死了几千年了，也没有照片留下来，那么怎么画呢？怎么叫像，怎么叫不像呢？那么是否就可以随便画了呢？冯先生说不，不能随便画。还是有一个像不像的问题。为什么？因为孔子用他的言论和行为在后人心目中留下了一个精神形象。你画孔子必须要符合这个精神形象。这就说得非常好。我听了冯先生的话以后，有一次，我到一个地方，看到有组雕塑，表现孔子与他的弟子谈话的情景。孔子说：你们平时都没有时间谈理想，今天就谈谈你们的理想吧。前面几个学生都说：我想怎么样怎么样治理国家。有个叫曾点的学生说，我和他们不一样——他说我的理想是，几个大人和几个小孩，春天的时候在河里游泳，洗完澡，穿上春天的服装，吹着春风，唱着歌，“咏而归”。孔子听完叹了口气，说，我还是同意曾点的理想！——“吾与点也！”而我看那组雕塑，一个个垂头丧气、愁眉苦脸的。我说怎么能这样子呢？根本不是这个精神状态。我觉得不像。

下面冯先生接着讨论不同艺术门类的转换问题，也就是意象世界的转换问题。冯先生说：我个人不喜欢看将《红楼梦》改编的戏曲。为什么呢？我总觉得舞台上那些人与小说里的不像。你看小说里那些贾宝玉最不喜欢的老妈子、粗使丫头，小说里那些很鄙俗的人都“俗得很雅”。等到把小说里的林黛玉等人物搬到舞台上，你看他们都“雅得很俗”。你看冯先生多妙！八十多岁的老先生了。我现在看一些电视、电影，里面一些人物真是雅得很俗！他没有那个经历、那个气质，所以就表现得很俗。这是说写文章要有味道。

我建议在座的各位有空可以看看冯友兰、朱光潜、闻一多等老先生的作品。闻一多先生写的文章也非常好，你们可以看看他写的论庄子，写的论唐诗，都非常好。那也是学术论文，但可以写得那么生动、那么深刻，生动而深刻。不像我们现在一些学术论文，死气沉沉，啰里啰唆。

（4）这些老一辈的学者，他们身上都体现着一种北京大学的人文精神和人文传统。我刚才提到朱光潜先生，在粉碎“四人帮”以后，八十多岁了，不到三年就翻译整理出版了一百五十多万字的著作。朱先生去世以后，我写了一篇文章悼念他。我引用了小时候看到的丰子恺先生的一幅漫画，漫画画的是一棵大树被拦腰砍断，四面萌发着很多枝条，旁边站了一个小女孩，她指着树给弟弟看。上面题了一首诗：“大树被砍伐，生机并不息。春来怒抽条，气象何蓬勃!”我觉得拿这幅画和这首诗来作为朱先生生命力、创造力和人生境界的象征，非常恰当。

冯友兰先生在九十多岁高龄时，依然在写《中国哲学史新编》。那时冯先生眼睛不行了，想要翻书找新材料已经不可能了，但是他说，虽然我不能看新的书了，但我可以从以前看过的书中，发现新的问题，产生新的理解。他说，“我好像一头老黄牛懒洋洋地躺在那里，把已经吃到胃里的草料再吐出来，细嚼慢咽，其味无穷，其乐也无穷。古人所谓‘乐道’，大概就是这个意思吧!”冯先生所说的“乐道”就是一种精神的愉悦、精神的享受。冯先生又说，人类的文明就像一笼真火，几千年不灭地在燃烧。它为什么不灭呢？这是因为，古往今来，一切对文明有贡献的人——文学家、艺术家、思想家、科学家等等——他们是呕出心肝，把自己的脑汁作为燃料加进真火里去，所以人类的文明至今不灭。他们为什么要“呕出心肝”呢？冯先生说：这是因为“欲罢不能”。这就像一条蚕，它既生而为蚕，它就只有吐丝，它也是“欲罢不能”。“欲罢不能”，就是对中华民族文化和人类文明的献身精神，就是对个体生命有限存在和有限意义的超越，就是对人生意义和人生价值的不懈追求。这就是我们北京大学的人文传统、北京大学的人文精神。这种人文传统和人文精神构成北京大学的人文氛围和人文环境。一所大学有没有这种环境和氛围，给人的感觉是完全不一样的。一个人生活在北京大学的环境和氛围中，会油然生起一种崇高感、一种历史感、一种使命感，这种崇高感、历史感和使命感会鼓舞并推动我们在新的时代条件下进行新的创造、开拓新的境界。

（四）20 世纪 50 年代的美学大讨论

这次大讨论主要是关于美的本质的讨论。这次美学大讨论是从批判新中国成立前朱光潜先生的美学理论开始的。当时认为朱先生的观点是唯心论，所以要批判。那场讨论从现在看，有两个问题：一是把美学讨论纳入主客二分的认识论的框框。其实美学问题不是认识论的问题。二是对朱光潜先生的美学全面否定。这有片面性，这使得我们割断了与中国传统美学的联系，也割断了与西方美学的联系，其结果是使得我们美学理论发展的建设离开了美学发展的主航道。尽管当时讨论很热闹，但是在理论上没有多大进展。

改革开放以后，王朝闻主编了一本《美学概论》，这本《美学概论》是（20 世纪）80 年代很多美学教材的母本。这本书主要采用李泽厚的观点，可以说是（20 世纪）50 年代美学大讨论的成果的总结。随着思想解放和人们的反思，大家发现这本书有很多缺陷——当然，这本书是特定历史条件下的产物——第一，美学里很多丰富的内容、很多新的成果都没有吸收进来，内容贫乏，没有味道；第二，这本书没有中国的东西，书中所有的概念、范畴和命题全部是西方的；第三，这本书只写到 19 世纪，没有 20 世纪的东西，西方近现代的美学成果都没有吸收进来；第四，这本书与改革开放的审美实践、艺术实践没有联系。这本书有这么四个问题，所以（20 世纪）八九十年代很多人写了一些书，就是试图突破这本书所代表的（20 世纪）50 年代大讨论的那个理论框架。

## 二、要突破 20 世纪 50 年代美学大讨论的局限，必须从朱光潜接着讲

“接着讲”这个概念是冯友兰冯先生提出来的。冯先生有两个提法，“照着讲”和“接着讲”——哲学史家照着讲，哲学家接着讲。哲学史家是“照着讲”，例如康德是怎样讲的，朱熹是怎样讲的，你就照着讲，把康德、朱熹介绍给大家。但哲学家不同，他要反映新的时代精神，有所发展、有所创新。冯先生谓之“接着讲”。例如，康德讲到哪里，后面的人要接下去讲；朱熹讲到哪里，后面的人要接下去讲。冯先生认为，这是自然学科和人文学科的很大的一个不同——“学习自然科学，不一定要读最古老的科学著作，不一定要‘接着讲’，研究最新的成果就可以了。但学习人文学科必须要‘接着讲’，学人文学科而不读经典，绝对学不好”。

中国美学“接着讲”就是要站在 21 世纪文化发展的高度，吸收 20 世纪中国学术积累的成果，吸收蔡元培、朱光潜、宗白华、冯友兰、熊十力等学者的学术成果，尤其要从朱光潜、宗白

华先生“接着讲”。之所以要特别强调朱先生，主要是因为他更加重视基础性的理论工作，重视美学与人生的联系。朱先生突出了对“意象”的研究。这些对于把握未来中国美学的宏观方向都很有意义。宗白华先生同样重视对“意象”的研究，重视心灵的创造作用。他从文化比较的高度阐释了中国传统美学的精髓，帮助我们捕捉中国美学思想的核心和亮点。他的许多深刻的思想可以源源不断地启发今后的美学史、美学理论的研究。

很多年以前，在很多场合我就提倡对这些老前辈的书要“细读”，我们要“细读”汤用彤，“细读”冯友兰，“细读”朱光潜。“细读”这些前辈学者的书可以读出许多今天对我们仍然很有启发的东西，可以提升我们的品味，使我们更快地成熟起来。哲学系已故教授张岱年先生讲，熊十力的哲学思想，就其深刻性来讲，相对于西方大哲学家如海德格尔来说，毫不逊色。张先生的话也是启示我们，要细读前辈学者的作品。这可能是推进人文学科发展的一条重要途径。学术研究的目的不能仅仅限于搜集和考证材料，而是要从中提炼出具有强大包容性的核心概念和命题，思考最基本、最前沿的理论问题。从朱光潜“接着讲”并不是只研究朱光潜先生一个人的成果，而是要沿着朱光潜先生开创的道路往前走，在新的时代条件、新的时代课题面前做新的探索，因为每一个时代都有其学术焦点，这就形成了每一个时代在学术研究中的烙印。“接着讲”的目的是回应我们时代的要求、反映新的时代精神，这必然要推动我们对朱光潜、宗白华、冯友兰等前辈学者的工作有所超越、有所突破，而不是要照搬他们的东西。

## 三、提出“美在意象”的理论框架是“接着讲”的一种尝试

20 世纪 80 年代开始，我一直在思考这条“接着讲”的路线，逐渐形成了以“美在意象”为核心的理论框架。2009 年我出了一本书叫《美学原理》，2010 年又出了这本书的彩色插图本，叫《美在意象》。这本书有三个核心概念：意象、感兴和人生境界。这三个概念都是中国美学的概念。“意象”就是指审美对象，美在“意象”；“感兴”相当于西方哲学中从狄尔泰到伽达默尔说的体验，就是审美感受、审美体验，简单地说，就是“美感”；“人生境界”是指审美活动对人生的意义，审美活动的最终目的是提升人生境界。这三个概念构成了理论构架的核心，具有强大的包容性。

“美在意象”这个理论框架的最大特点就是重视心的作用，重视精神的价值。这里的“心”并不是被动的、反映论意义上的意识或者主观，而是具有巨大的能动作用的、意识的生发机制。它赋予万物以各种各样的意义，其中就含有关于美的判断。离开人的意识的生发机制，天地万物就没有意义，就不能成为美。“美在意象”这个命题实质上是恢复了创造性的心在审美活动中的主导地位，提高心灵对于事物意义的存在的能力和创造的能力。提出这个理论核心，并不仅仅是出于建设美学知识体系的需要，更重要的是突出审美与人生、审美与精神境界的提升和价值追求之间密切的联系。美的本体之所以是意象，审美活动之所以是意象的创造活动，就是因为它可以照亮人生，照亮人与万物一体的生活世界。美学研究的全部内容最后归结起来就是要引导人

们去努力提升自己的人生境界，使自己具有一种光风霁月般的胸襟和气象，去追求一种更有意义、更有价值和更有情趣的人生。所以，真正的中国美学研究不仅可以使人们获得理论和知识的滋养，培养其纯理论的兴趣，更重要的是使我们更好地感受人生、体验人生，获得心灵的喜悦和境界的提升。这个理论构架如果用八个字概括，那就是“美在意象，照亮人生”。

提出这个理论核心，是对中国传统美学精神的继承，同时，也是对时代要求的一种回应。当代社会一个最为突出的问题，就是物质追求与精神生活之间失去平衡。200 年前，黑格尔在海德堡开始他的哲学史的讲演时，曾经对他那个时代轻视精神生活感慨万分，他说：“现实上很高的利益，和为了这些利益而作的斗争，使得人们没有自由的心情去理会那些比较高的内心生活和较纯洁的精神活动，以至于许多较优秀的人才都为这种环境所束缚，并且部分地被牺牲在里边。”黑格尔那个时代重物质轻精神的现象在 21 世纪不仅重新出现了，而且变得更为严重：物质的、技术的、功利的追求在社会生活中占据了压倒一切的统治地位，而精神的活动和精神的追求被忽视、被冷淡、被挤压、被驱赶。这样发展下去，人就可能会成为马尔库塞说的“单面人”，成为没有精神生活和情感生活的单纯的技术性动物、功利性动物。这非常危险。现在，从物质的、技术的、功利的统治下拯救精神已成为时代的要求、时代的呼声。当代美学应该回应这个时代的要求，更多地关注心灵世界和精神世界的问题。而这又正好引导我们回到中国的传统美学，引导我们继承中国美学的特殊精神和特殊品格，因为中国传统美学恰恰十分关注精神价值。关注人的心灵世界。在我看来，对当代美学而言，继承中国的传统和回应时代要求、反映时代精神是一致的。

二十多年的思考，使我越来越深切地认识到，朱光潜先生所走的路是在美学发展的主航道上，传承和发展中国美学。需要回到朱光潜，需要从他那里“接着讲”，而提出“美在意象”的理论框架是“接着讲”的一种探索。当然，这种尝试不一定是十分成功的，是需要大家讨论和经过时间检验的。

## 四、创建有中国特色或有北大特色的美学学派是否可能

我们这两年在讨论学科建设问题的时候，常常会讨论到建设学派的问题。我个人认为，这的确是一个需要提出来讨论和研究的问题。十多年前我出了一本书叫《胸中之竹》，书的序言中提到创建学派的问题。我在序言中说：任何一场大大小小的学术争论，都会有不同的观点，都会分成若干派。20 世纪 50 年代的美学大讨论虽然有美是主观的、美是客观的、美是主客观的统一、美是客观性和社会性的统一等不同的观点，但这些还不是学派。学派形成有几个标志：一是有自己的理论观点和理论体系，要有一个比较稳定的理论核心；二是有独特的治学风格；三是要有创造性的学术成果；四是要有一支优秀的学术队伍。历史上产生过积极影响、有生命力的学派总是从某个侧面反映时代精神和民族精神。在我国的美学领域，20 世纪 50 年代虽然有了学派雏形，但不能说已经有了真正的学派。接下来发生“文化大革命”，学术研究中断了 10 年。在这样的历史条件下，美学讨论的几大派没有可能发展成为真正的学派。

但是，现在的历史条件发生了巨大而深刻的变化，使得在学术领域创立新的学派成为一种需要，同时也有了现实的可能。中

外的学术史告诉我们：没有学派，就没有理论的原创性；没有学派，就没有真正的百家争鸣；没有学派，就没有学术的大发展和大繁荣。在同一个学科领域中，出现不同的学派以及不同学派之间的争论，有利于学术的发展和繁荣，但是学派不是宗派，宗派和宗派之间往往是你死我活、势不两立，而学派和学派之间应该是互相尊重、和而不同。每一个学派都应该像荀子说的那样，“以仁心说，以学心听，以公心辨”，要抛弃无端、骄横、褊狭、刻薄的学风和文风。

现在有一种创立新的美学学派的需要和可能，我在第 18 届世界美学大会上也重申了这个想法。特别就中国的美学学科来讲，创建有中国特色或者说北大特色的美学学派，我觉得，现在确实已经有一种现实的可能性。之所以这么讲，是因为我们有了以下几个条件：第一，现在学术界基本上达成了一个共识，即立足中国文化，吸收世界学术成果，中西融合，是今后学术发展的一个大方向，也是中国美学近代以来就走的道路；第二，中国美学界已经有了比较厚实的学术积累和人才储备，以及比较畅通的学科综合和国际学术交流的渠道；第三，新的时代条件给我们提出新的理论和实践问题。在这样的条件下，我们有可能建立新的学派。当然，这是一个长期的过程，也许要经过两三代人的努力。但我们从现在起就应该确立这样一个目标。

创建有中国特色或者说北大特色的美学学派，关键在于，要在美学理论的核心层进行新的理论创造，要有一种稳定的理论核心。在这个过程中，我们要特别注意吸收朱光潜、宗白华、冯友兰等前辈学者的理论成果，也包括吸收现在仍然在不断进行创造的老一辈学者的理论成果——譬如我们哲学系的张世英先生，张先生现在已经 89 岁高龄，还在不断写文章，譬如《天人之际》

《哲学导论》，这些书都是讲哲学的，但有很大一部分篇幅讲美学，非常有意义，譬如人生境界的理论，至少对我个人非常有启发。我们不能撇开他们一切从头来起、一切自我创造，那是违背人文学科的发展规律的。这就是我讲的要从朱光潜“接着讲”。

# 中国文化的精神和特点[1]

楼宇烈*

很高兴今天有机会到我们对外汉语教育学院给研究生同学们做这个演讲，我要讲的是关于中国文化的精神。

对于文化，我们可以从各个角度去考察和把握，我曾经把文化概括成四个方面：第一个方面就是我们常常讲的价值观念。每一种文化都在传达一种价值观念，不同的文化就有不同的价值观念，也有不同的表现形式。第二个方面就是它的思维方式。这个思维方式在文化中也是一个比较重要的方面，我们怎么样地看待问题、分析问题、表达问题，各个不同的文化有它不同的表达方式、思考方式和思维方式。第三个方面就是我们讲的生活的样式，即通过衣食住行等所体现出来的文化。第四个方面就是我们讲的信仰、习俗，如我们民间的一些信仰、习惯、风俗等。

文化的四个方面中，前两个即价值观念、思维方式，往往我们不一定能看得见、摸得着，但是它又是在我们生活的方方面面

---

① 本文为楼宇烈先生 2012 年 9 月 23 日于北京大学国际汉语讲坛所作报告的整理稿。

* 楼宇烈：浙江嵊县（今嵊州）人，北京大学哲学系教授，北京大学哲学系东方哲学教研室主任（1985 年 12 月起）、北京大学宗教研究院名誉院长、北京大学学术委员会委员（1989 年 12 月起）等，代表作品有《国学精神——中国的品格》等。

都会体现出来的，所以从某个角度来说它们又会指导我们的生活。后面两个，即生活样式和信仰习俗，都是看得见、摸得着的。我们穿什么、吃什么等，都是看得见摸得着的。那么这四个方面可以说又是相互影响的；有什么样的价值观念和思维方式，就会有什么样的信仰、习俗和生活方式；反过来，有什么样的信仰、习俗和生活方式，也就会有什么样的思维方式和价值观念。

那么，我们在现实生活中也可以看到，随着我们生活样式的变化，信仰、习俗的变化，我们的思维方式、价值观念也在不断地变化。我记得，跟一些年轻人交流的时候，讲到传统文化，我们好多的年轻人经常会感叹，说我们读古书有困难，传统文化大多数是文言文写的。我就说，这个困难里面是有两重困难：一重困难是文字应用方面的困难，繁体字可能有些看不懂，读音不准，意思与现代同一个字的意义有变化。但是这个是现在比较容易解决的困难，因为我们有那么多的字书、辞书可以查。再说，中国有很好的传统，只要是经典的作品，历朝历代都有人对它进行注解。为什么说我们读不懂呢？另一重困难也即最根本的问题是我们的生活方式发生变化。古人这么讲话要说明什么问题，我们用今人的思维方式去看，就会不明白：他为什么这么讲话？这样讲对么？他不是自相矛盾么？这个就是思维方式发生变化。所以很重要的一个问题就是生活方式发生变化了。还有一个就是价值观念：他这么讲，我们不理解，为什么要这样呢？这样对么？很多在古人看来天经地义的东西，在我们现代人看来已经完全不用了，不符合时代的定义和潮流了，违背了人性，等等。所以，第一，我们很难把它放到当时的历史环境中，去看它有没有它的合理性。第二，我们也很难去思考，这样一个规定对于我们今天有什么可以启发的意义。所以说，我们读不懂传统的最大困难是在这里，不是在文字语言性质上面，而是生活方式和价值观念发生变化，我们不能理解。

因此，不同时代的文化，它的价值观念和思维方式都有自己不同的表现方式。根据这个，我想讲讲我们中国传统文化的思维方式、价值观念是怎样的。

我们讲到中国文化，常说它的根本精神就是人文精神。其实，人文精神这个概念，从古代中国传统文化的角度来讲，它是相对于天文来讲的，有天文才有人文。所以《周易》里面讲到，天文就是阴阳刚柔各有天赋，而人文就是礼乐教化。现在来讲，人文又是相对于科学来讲的。我们讲文化有两大类：一类是科技文化，另一类是人文文化。科技文化是向外的，人文文化是向内的。科技文化以研究人类之外的客观物质世界为主，而人文文化主要是探讨人与人自身的问题。如果我们把科技文化看成是物质世界的，我们也可以把它说成是对物质的。但是人类还有另外一种世界——神的世界。这个在西方文化中就很明显了：人在中间，面对着天，天上就是神；面对着地，地是物。人在中间，要面对神和物。在西方中世纪文化中，侧重的就是神文文化、以神为本的。这个是基于宗教出现的一种信仰，人绝对地服从神，没有依据。所以人文又可以跟神文相对。我们现代的科技主要就是物的文化，也可以称为地的文化。

中国的文化我们说它最根本的特点或者精神就是一种人文精神，是注重人本身，所以我们常常讲中国文化是以人为本的。我们面对天、脚踏地，我们处理好和天、地的关系。那么天究竟是什么？地究竟是什么？中国的这种人文精神它强调人在神和物之间，有他自己的独立性，有他的主体性、能动性。我们既不能做神的奴隶，也不能做物的奴隶。简单地讲，中国的人文文化就在这里：既不做神的奴隶，也不做物的奴隶。

那么，这样一种精神是怎么总结出来的或者说怎么形成的？这就涉及中国文化中非常重要的一个传统，这个传统叫作以史为鉴，就是把历史作为一面镜子，鉴就是镜子。中国人非常重视历史的经验和教训。唐太宗曾经说过一句话：以铜为鉴，可以正衣冠。拿一个铜镜子照一照，可以发现衣服有没有穿整齐。而以史为鉴呢，可以知兴替。兴就是兴起，替就是衰败。我们以历史作为一面镜子来照一照，那么我们就可以看到我们这个国家怎么兴起，又怎么衰落和灭亡的。

在周代以前，中国古人也是很相信神的保佑的，当然我们一定要说明这个神和西方所讲的神是完全不同的概念。中国古代的神，尤其讲到能够保佑我们的神，是指祖先神，就像直接的祖先那样保佑自己的后代。所以夏商两代都是相信自己的祖先会保佑自己的。可是到了周代，历史的经验又告诉他：你的祖先不一定保佑你，如果保佑你，你怎么又会灭亡呢？所以周代兴起后，就总结夏商两代的历史经验、教训。总结结果就发现：夏代的兴起是因为大禹治好了天下的水灾，使得百姓能够安居乐业，所以大家都拥护他，所以才建立了夏代。而到了夏代的最后一个天子夏桀时，桀是一个暴虐的君主，老百姓都诅咒他。他们民间都传着这样一句话："时日曷丧，予及汝偕亡。"你这个太阳什么时候掉下去啊？我们和你一快灭亡就完了。于是中原地区的商户，在陈汤的带领下，推翻了夏桀，建立起了商代。当时人们就称赞陈汤，说是解民于暴虐，把人们救出了苦海，所以大家就拥护商王朝。可商王朝的最后一个君主纣王又是一个荒淫暴虐的君主，人们也是诅咒他、希望他灭亡，于是人心就归向了西北的周部落。当时纣王的部下曾经提醒纣王：你这样下去危险，人心都向周了，你得注意。纣王说了一句话，这句话记录在现在的《史记》里面："我生不有命在天乎！周人其奈何我。"《史记·殷本纪》大意是：我的命是老祖宗给我的，周人能够把我怎么样？所以他依旧我行我素，还是那么荒淫、那么暴虐。后来通过著名的武王伐纣，武王就灭了商，把纣王流放了。周王朝建立以后，总结夏商两代的经验教训。他们得出了一个结论，叫做"天命靡常"，也就是天命不是那么永恒，会改的，命数是会改变的，祖先也是保佑不了的。那么既然如此，祖先保佑不了你，那么什么东西能保佑你呢？他们就提出来了，只有德能够保佑你。所以周王朝就反复地提敬德，而且总结出了那么一个教训，叫作"皇天无亲，唯德是辅"，即皇天是没有什么亲的概念的，就看你有没有德，你有德我就帮助你、辅助你，没有德我就放弃你。所以周王朝从这样一个历史教训里，得到了这样一种认识：人自身的德行才是最后的命运。所以不是靠外在的一种力量，而是靠自己的德行的提升。

从这个时候开始，可以说就奠定了中国文化以人为本，强调人的主体性、能动性这样一种文化特征。我们就称它为人文精神：强调通过礼乐教化来提升人的自我的道德品质，注重道德的自觉和自律，而不是依靠外在的力量来保佑自己。

我们可以看到中国历史的记述是非常完备的。从《史记》开始，我们有"二十五史"。每个朝代当它政权相对稳定的时候要做一件大事，那就是修前朝的历史。为什么要修前朝的历史？因为我们要把它当作一面镜子来照。不要走同样失败的道路。所以就形成了中国的一种观念：观今宜鉴古。我们看待今天的问题最好是拿古代作为一面镜子来看一看。所以历史的教训、经验不可忽视，最为重要。

在中国文化中的这个天，皇天也好，天命也好，这个“天”指什么呢？很广泛。自然是天，祖先也是天，最重要的东西也是天。我们口头上常常说的一句话是“民以食为天”。离开了食，民就无法生存了。食就是民的天。那么民又是谁的天呢？民又是王的天。春秋时期，五霸都想统一天下。第一霸，我们知道是齐桓公，他有一个宰相叫管仲。齐桓公一心想要王天下，王天下就是统一天下。而且这个时候周朝也开始衰落了，平王东迁以后，周王朝就开始衰落了。所以他就来问管仲：王者当以何为先？管仲说，王者当以天为先，即要把天放在第一位。齐桓公就抬起头来看看天，为什么要把它放在第一位？管仲一看，就知道齐桓公没有理解他的意思。他就对齐桓公说，“起苍苍之天，王者以民为天”。

王者以民为天，很明确，民就是王者的天。天命是谁？民的意志。所以《尚书》里面有这样两句话：“天视自我民视，天听自我民听。”（《尚书·周书·泰誓》）天看谁呢？天看老百姓的，老百姓看什么他也看什么，老百姓听什么他也听什么，老百姓想什么他也想什么。《尚书》里面就反复地讲“民为方本”，即民是一个国家的根本。所以，我们讲中国的文化是民本、人本，重视人的因素，以人为决定力量；不是靠天，不是靠神。

到20世纪初，西方文化传入中国，同时也传入了一个宗教观念。当时根据西方对于宗教概念的描述，它有几个特征：第一，有神信仰，而且是一神信仰。第二，信仰者要绝对服从，服从宗教最高的神的意志。第三，宗教关怀的是彼岸世界，我们到彼岸世界后现实世界的痛苦就可以解除了。第四，当时西方发展起来的科学是在冲破了宗教的牢笼之后才得以兴起的，因为中世纪欧洲有许多的思想家、科学家，他们的发明、言论违背了上帝、《圣经》，所以被宗教裁判所处以死刑，被绞死或者烧死。我们学过欧洲历史的都应该知道。这是欧洲近代启蒙思想家对欧洲中世纪的宗教的一种描述。

这样一种宗教概念传入中国后，中国的学者拿这样一个宗教特征的描述去衡量中国的传统文化，一比较就得出一个结论：中国没有宗教文化。中国没有一神信仰，没有绝对服从以及向往彼岸世界等。中国最重视现实，最注重此岸世界。中国文化中最重视的是人的理性的自觉。中国没有一个至高无上的、独一无二的、主宰世界以及命运的神。所以很多人问：中国文化里有没有宗教？我想大家看到，最近一段时间美国的国务卿希拉里到处都在说中国是一个没有信仰的国家，她的这个信仰就是指的宗教信仰。在西方人眼里，没有外在的管束，你不就可以胡作非为吗？他们不明白中国是强调自我管束的。自己把自己管好，要慎独，要勿自欺即不要自己欺骗自己；一个人自己走，也要很谨慎，黑的屋子里面谁也看不见你在做什么，但是也要遵守一个基本的原则。中国人强调要认真为自己定位，不要违背良心。所以他不是强调不要违背上帝的意志，而是强调不要违背自己的良心。

我们要了解中西文化的一个差异，这种差异常常可以从一个口头语上看出来。西方人碰到了高兴的事情时，碰到了十分悲伤的事情，碰到了胜利的事情，碰到了艰难的事情时，脱口而出的一句话是 my god。而中国人呢，常脱口而出的一句话是“天地良心”。可见，中国人强调对得起良心，西方人强调对得起上帝。这种价值观是不一样的。所以我们现在不能说没有信仰，我们是有信仰的，只不过我们原来的信仰失落了，追求的是一些另外的信仰。什么信仰呢？今天的信仰是现代的精神信仰。

中国文化中强调人的主体性、能动性，和西方文化强调一种外在的力量来约束自己形成了一种鲜明的对比。而同时应该可以说，二者也是能够有所互补的，因为中国的人文精神在西方从中世纪走向近代的这种过程中，曾经起过相当大的积极作用。

西方从中世纪发展到近代，经历了三个阶段：第一个阶段是文艺复兴，那就是从他们传统的希腊、罗马文化中去寻找如何能冲破宗教文化统治。第二阶段是宗教改革，从宗教内部来冲破一个缺口，比如说改革以后就产生了新教。新教就是我们现在称为基督教的这一支，而另外一派比较传统、保守的，以罗马教廷为核心的，现在就称为天主教。宗教改革以后，传统的天主教就失去了很多领地，很多天主教的传教士都没有事情可做了，于是这些传教士就来到了东方，来到了中国，希望开辟新的传播福音的地方。这些天主教士来到中国以后，发现中国的文化和西方的大不相同：中国人是没有天主信仰的。那时候正好是16世纪的明代。明代是理学盛行的时代，理学是强调天理、良心的，而天理又不是神格化的，而是一种根本的价值理念。所谓天理者，按照理学家的诠释就是“三纲五常”，它不是一个神，它是一种道德的训条。所以传教士发现中国这个社会几千年以来是用道德自觉来维系的，和西方中世纪以神的意志来维系这个社会是不一样的。他们很惊奇：怎么靠道德自觉也能维持呢？因为西方的基督教文化认为人生来都是有罪的，生来都是有缺陷的，人自身是不可能自我完善的，必须要通过神的拯救才能完善。而中国的观念认为人是可以自我完善的：在儒家看来人经过道德的修养是可以成为圣人、贤人的。在道教看来，人通过自我努力是可以成为仙的、成为真人的、成为智人的。佛教虽然是外来的，但是它传到中国以后，也强调佛来源于人。于是，传教士们把16、17世纪时可以看到的一些中国的经典，如《论语》《孟子》《老子》，带回欧洲，有一些则翻译了过去。这些经典对17、18世纪欧洲的启蒙思想家产生了巨大的影响，给他们找到了来冲破以神为本的基督教文化的一个事实的依据。中国文化被一些欧洲启蒙思想家高度地赞扬，像西德罗、伏尔泰、莱布尼茨，他们都高度赞扬中国的文化。他们把中国以道德理性来维持社会的这样一种文化看作是理想的文化。他们在自己的著作中公开地赞扬和号召来学习中国的文化以及人文的精神。所以欧洲从中世纪走向近代的过程中中国的人文精神曾经产生相当大的影响力。

后来欧洲从中世纪走向了近代，人解放了，原来一切要听从宗教的审判，现在发生变化了：什么东西都要用理性来判断。人的自由意志、人的理性得到了充分的发展。而这样一个发展也使得西方的科学技术得到了突飞猛进的发展。于是人就觉得自己可以主宰一切了，当时就提出来我们人类应该征服自然、改造自然，直到马克思也提出这个口号：我们人不是要解释世界而是要改造世界。于是人们千方百计地希望天地万物都听人类的指挥：我希望怎样，它就得怎样。我可以随意地去改造它。没有想到的是，人的理性力量发展的结果是人得到了许多想要的东西。但是人自身也在这种情况下开始异化了。异化就是指让这些物来牵着你的鼻子走，拿中国的古话来讲就是，不是役物，人不是去支配物了，而是到后来人被物支配了，成了物的奴隶了。人原来是神的奴隶，后来好不容易从这一枷锁中冲破出来，现在为了得到物去攫取更多的物，一切为了物而奋斗，异化成了物的奴隶。

所以在第一次、第二次世界大战后，西方的思想家开始反思：怎么会发生这样残酷的大战呢？西方文化是不是出现了什么问题呢？从这过程中，人们实际上开始认识到原因就是人成了机器的奴隶、成了物质的奴隶、成了财富的奴隶，人仍然是失去自我的。所以第一次、第二次世界大战以后，西方的思想家又提出了重建人本主义，他们几乎一致地认为要重寻人文主义还是要到东方去寻找资源。但是我们也知道，人的这种物欲，一旦被引导出来，要缩回去是很难的。因此，第一次世界大战以后，德国的一位思想家斯宾格勒写了一本书叫作《西方的没落》，也是在反思西方文化在走向中产生的问题。但是还是遏制不住人们对于自然的这种控制的欲望。对物的欲望随着第二次世界大战结束后科技的迅速发展而得到了急速的增长，人们对于金钱、物质的追求也迅速增长，以至于后来造成了自然环境的破坏、生态平衡的破坏，影响到了人类自身的生存问题。于是人们才开始反思，才有了现在的这些活动，如绿色活动、生态伦理的强调，等等。这些活动搞得很轰轰烈烈。但是我们也看到，效果不是很大。所以这是一个大问题，也就是说，从根本上来讲，我们人怎样来认识自己、怎样来把握自己、怎么样来做自己，这个问题就是整个人文精神的核心。

从 20 世纪来讲，都存在着这样的问题，就是对科技文化的重视远远高于对人文文化的重视。人文教育严重缺失，尤其是在中国。我们有那么悠久的人文传统，但这一百年来我们为了富国、强国，把目光全部放在发展科技文化上，而对人文文化轻视，甚至可以说抛弃了人文文化了。并且认为我们的人文传统会让我们积弱而不是富强。可是到了今天我们又发现，虽然国家越来越富裕了，可是国民的人文素质却越来越为世界所嘲笑、所轻蔑。

所以，我想我们首先要了解中国的人文精神是中国文化价值观念的集中体现。人的自身的价值是第一位的，中国人文精神是既不做神的奴隶也不做物的奴隶，很警惕过分膨胀的物欲对人的道德提升的妨碍。如果不是去拼命地追求物，那么很多违背良心的事我们就不会去做。

汉代有一本书叫《淮南子》，里面有这样一句话："圣人量腹而食，度形而衣，节于己而已，贪污之心奚由生哉!"（《淮南子·俶真训》）即根据我们的肚子来吃，根据我们的身体来穿衣服，适合自己就行了。这几句话是恰到其分。于是他得出一个结论，如果能够做到这几件事，那么"贪污之心奚由生哉"？如果我们能做到以上几点的话，那么贪污也不会发生了。我们之所以出现贪污就是因为去追求了超出自身需要的一些东西。所以中国这种强调人的德行第一的这种理念对于物欲对人道德的破坏是有启发性的。"君子役物，小人役于物"，这句话出自《荀子》，是荀子引用的前人的说法，所以可以看出这句话历史的久远。我们不要做物的奴隶，我们要做物的主人。物是为了让我们的生命活得更加健康，道德更加提升，而不是让物来损害我们的生命，来损害我们的道德。人要绑住自己，人要自觉自立，这就是中国文化的一个根本的价值观念，不能破坏。

我们要讲我们的基本道德，仁、义、礼、智、信。"仁"是道德的一个开始、根本，也有人说"仁"是中国道德的核心。那么这个"仁"字究竟是什么？昨天我在河南参加一个文明对话的论坛，在这个论坛中，我们现在高等人文研究院的院长杜维明先生就说，仁亦人。我们过去传统的解释是，尤其是清代的阮元做过一个很接近的解释，他说仁者相人偶也，说的是两个人之间的关系、人与人的关系。在我们发现的古典竹简里，"仁"的写法是上面一个身、底下一个心，所以"仁"主要不是讲外在的东西而是讲内在的身心关系。这个也许有道理，但是我觉得不一定去古典竹简字形中找依据，流传下来的文献中已经很清楚地表达了。最有名的一句话，是《论语》里面的“克己复礼为仁”，即能管住自己的行为让它符合礼仪就是“仁”，是每一个人的道德的自觉。所以才有后面接着讲的“非礼勿视，非礼勿言，非礼勿听，非礼勿动”，也就是自我来约束自己。

不仅如此，我们在《荀子》里面还可以看到一个故事。《荀子·子道》里记载了一个故事，这个故事说：有一天，孔子在里面坐着休息，他的弟子子路进来了。孔子就问他：“何为知，何为仁?”即什么叫知？什么叫仁？仁和知在儒家的文化里面是非常重要的，也可以说是成圣的最基本条件。我们讲天下有“三达德”。哪三达德呢？就是知、仁、勇。知和仁是做人非常重要的品德，而且是一个公共、共同的品德。在《中庸》里面，有对“中庸”的解释：“好学近乎知”，知是好学；“力行近乎仁”，要实践、要力行，近乎仁；“知耻近乎勇”，所谓勇就是能够自我改过，能够有羞耻心，知道自己做错了，改正。孔子问仁和知，子路是怎么回答的呢？子路回答说，仁者被人爱，知者被人知。孔子一听，给他一个评价：“可谓士矣。”可以说是一个读过书的人了，居然懂得仁者应该被人爱、知者要被人知。

子路出去了，子贡进来了。孔子还是问：“何为仁？何为知?”自贡的回答是，“知者知人，仁者爱人”。这是我们通常说的。孔子听了以后给他一个评价，“可谓士君子矣”，即是士里面的君子了。所谓君子，就是有道德的、讲道德的、遵守道德的人。小人就是不讲道德、不遵守道德的人。“可谓士君子矣”，可以说是一个读过书的君子了，他还懂得爱人、知人。

自贡出去了，过一会儿，颜渊进来了。孔子还是问他这两个问题。颜渊说，“知者自知，仁者自爱”。孔子一听，非常高兴，说“可谓明君子矣，”是君子里面明白大道理的人了。可见，人本身就是从自爱开始的，不是从爱人开始的。你只有自爱，才能够去爱人，才能够被人爱。你连自己都不爱，你能去爱人吗？你能够得到别人的爱吗？所以中国人非常强调自尊、自爱、自信、自立、自知，等等，从自我入手。我们的道德都是建立在这样的基础上的。如果我们把这一点忘掉了，都靠外面的力量来管理我们自己，那就有问题了，那就是西方文化了。西方文化靠外力来管它，或者靠法来管它。那是有文化的历史传承在的。西方人认为，上帝是绝对神圣的，我们一定要听上帝的话。所以外力是绝对的，人自我是无法完善的，只有靠上帝来给予你帮助。那么，我们将上帝转变成法，法的力量也是神圣的。我们人自己管不住自己，那就要靠法来管。所以在西方，法的神圣性、权威性是不言而喻的。但在中国不是这样的。法没有这样一种神圣地位。中国人很聪明，很会利用这个法来钻空子，因为它没有这样的神圣性。当然，西方的法本身也不是完备的。哪一个法是完备的呢？人们之所以如此得听从法，也是因为他内心对它的这种敬畏心。可是如果你没有呢，你照样可以通过法律打官司，可以找到各种各样的法律空子、漏洞来为你的行为辩护。这是正常的。我也会跟我做律师的朋友讲，我说律师的职业就是专门找法律的空子，否则的话，人家找你来给我辩护干吗？你给我辩护了半天证明我有罪，那我请你来干什么？花这个钱干什么？所以我请你来给我辩护，总是希望你在法律中给我找到减轻我的罪责甚至让我不受制裁的这些东西。

有一次，我在一个佛教会议上，有一位律师提出了一些观点以后，我就讲了：我发现现在有两类人来倾听佛法：一类就是律师。他的心里有这种纠结，所以希望能够通过佛法给自己净化。还有一类是演艺界的人士。他给别人带来了欢乐，但是自己痛苦很多。所以这个也不平衡，给人快乐，自己痛苦。

所以，法律不是那么万能的，尤其在中国这个文化传统下。我就讲，中国这个文化传统，一定先建立好理智，然后再来谈法治。或者要像荀子讲的，我们要“隆礼重法”，光是重法不隆礼了，那也不行。礼是什么？礼就是让我们每个人明白自己的责任、义务。因为礼的根本目的就是规范每个人在这个社会上的身份，所以礼是在构建社会的一个关系，让我们每个人都明白自己是一个什么样身份的人，明白，在这样一个身份下面，自己的言行举止应该有什么样的特点，应该承担什么样的责任、义务。当然，同时也会有自己的权利。但是，中国文化中把责任、义务放在第一位，把权利放在第二位。不是先讲权利后讲责任，而是先讲责任、义务再来讲权利。我是父母还是子女？我是长还是幼？明白了我是父母，那我应该尽父母的责任；明白了我是子女，那我就应该尽子女的责任。所以，礼是来规范我们每个人在社会上的身份的。一讲到这个身份我们就害怕，很多人就反感。那有什么办法呢？这是一种自然的身份，而且不是固定的。你上有老下有小，你就既是父母又是子女。在你父母面前你是子女，在你子女面前你是父母。所以你不要搞错了，你不要在你父母面前也摆出父母的架子，你也不要在你子女面前像子女那样。你一定要清楚：在父母面前，你就要尽你作为子女的责任，在你子女面前你要尽你作为父母的责任。所以一个人哪会有一个固定不变的身份呢？这个身份随你的境遇、你的时间的变化而在变化。要找准这个身份。找准了身份，你的一言一行、一举一动都会得体的，都会恰如其分的，都会得到别人的信任、尊重的。如果搞不清楚这个，则在这个场合我应该以这个身份来出现，可是我用那个身份来出现；在那个场合我应该以那个身份来出现，可是我以这个身份来出现。搞乱了身份，你的一言一行、一举一动就做错了。你的一言一行、一举一动错乱了，你的人际关系还能好吗？你的事情能做成吗？做不成。礼是让我们认识自我的。礼的核心就是让我们来认识自我，我究竟是一个什么样的人。明白了我是什么样的人，就要担负起我这个身份应该担负的责任。所以它不是靠外在的法来规定，而是要你自觉地来认同自己的身份，然后去做自己该做的事情。

那么这里面又有一个很有意思的问题：中国人那么强调人的主体性、人的中心，可怎么就没有像西方人那样把自己凌驾于天地万物之上呢？刚才讲的，西方从中世纪的神的文化中冲出来以后，人的理性一下子高扬了，一下子把人自我膨胀了，变成了一个以人类为中心的世界。所以人想怎么样去支配就怎么样去支配。为什么中国文化，如此褒扬人的主体性、能动性，却没有把人凌驾于天地万物之上呢？这个问题值得探讨。刚才讲了中国传统文化里面的一个精神——以史为鉴。还有一个传统精神，就是以天为则：我们要以天地万物作为我们学习的榜样、法则、原则。我们的一切言行都不能够违背天地万物，而需要和天地万物合一。这就是我们经常讲的“天人合一”。

《论语·泰伯》里面有一句话，是孔子赞扬尧的：“巍巍乎，唯天为大，唯尧则之”。“巍巍乎”，很崇高了，高得很。中国人非常强调向天地万物来学习，认为人只不过是天地万物中的一分子，人是不能够离开天地万物的，人应该参与到天地万物之中去，参与天地万物的变化，所以在很多传统文学里面，比如《荀子·天论》里面就清楚地讲道，“天有其时，地有其财，人有其治”，“治”就是参与到天地之间去。“天地人参”，“参”就是三、并列。天地人可以并列，但人不能够站到天地之上去，而应该在天地之中，要向天地学习。人的很多品德、心胸都是向天地学来的。首先，天地最大的品德就是大公无私。我们常常批判宋明理学“存天理，灭人欲”，把人的欲求都给禁锢了，要服从“三纲五常”的天理。其实天理就是公，人欲就是私。为了满足自己个人的欲望，就是人欲。为众生、为大家谋福利的，就是天理。天理和人欲之分是公和私的分别。一个是公利，一个是私利。天是大公无私的。我们常常讲“天覆地载”，万物是在天的覆盖下面、地的承载下面才成长的。天覆地载，万物才能够生长。所以《中庸》第一章里面有句话，“致中和，天地位焉”，即天在上，地在下；“万物育焉”，即万物生育。可是天和地一个盖着它，一个承载着它，它们有任何的偏好吗？有任何的私心吗？没有。不管你是什么样的物，我都会盖着你，都会承载你。所以我们又有一句话，《韩非子》里说“天无私覆，地无私载”，即天地是大公无私的：日月光照，普照万物；水流润下，普润万物。日月普照万物，水普润万物，所以天地这种大德，就是大公无私的包容精神。我们要学习。天地又是最讲信用的，讲诚。所以《孟子·离娄上》里面有这样的话，“诚者，天之道也；思诚者，人之道”。诚信、诚实，是天道，按照“诚”这样去做，就是人道。所以人道也是向天道学习的，人道的诚信也是向天学习的。怎么说呢？《周易》中有个卦叫观卦，观卦是这样说的，“观天之神道，而四时不忒”《易传·彖传上·观》。我们观看天的神道。什么叫天的神道，就是天地的变化。《易传·系辞》里面很明确地对这个神作了解释：阴阳不测之谓神。意思是阴阳变化我们无法预料，这就是神。按照宋明理学家的讲法，鬼和神其实都是阴阳本身所具有的功能，所以它没有什么神力。我们“观天之神道”，观看天运行的规律，那是一种什么样的规律呢？“四时不忒”。“忒”是有差错，“不忒”就是没有差错。我们“观天之神道，而四时不忒”，就是一年四季没有差错。“四时不忒”就是有信用。简单讲，今年这样，明年这样，后年还是这样。接着一句话是，“圣人以神道设教，而天下服矣”。我们口头上常常讲的“神道设教”就出自这里。“圣人以神道设教”，可能我们过去的理解是，拿一个神来让大家去膜拜，而这句话很明确，是以“天之神道”来“设教”。

那么“天之神道”是什么，就是“四时不忒”，就是有诚信。圣人以这样一种天的诚信来教化民众。这和我们平时讲的，拿出一个神让大家来膜拜，是毫无相关的，而是以天的诚来教育民众，所以人也要诚。《孟子》里讲，“诚者，天之道；思诚者，人之道”，而拿观卦里面的话——“观天之神道，而四时不忒，圣人以神道设教，而天下服矣”——来解释“诚者，天之道；思诚者，人之道”最贴切。可见，在儒家的理念里面，天是最高的道德的象征。一个人怎么才能成为圣人？圣人的道德、品德就应该和天地一样，叫作德配天地。所以中国以天为则，就是强调人要向天地学习，要学习天地的广大、诚信等等。这就是“天人合一、天人相应”。尤其是道家，最强调这点。“道法自然”，就是要我们尊重万事万物的自然本性，不要随便去改变它。所以道家提倡的“无为”并不是什么都不做。“无为”究竟是什么意思呢？第一，“私志不得入公道”。万物都有自己的规律，你不能够用自己的意愿去干涉它。第二，“嗜欲不得枉正术”，你不能用自己的个人爱好去干扰它。所以“无为”都是强调不能将人的主观意志加到客观的事物身上去。那么怎么做呢？人就应该“循理而举事”，“举事”就是做事，要遵循这个事物本身之理去做事情。应该“因资而立功”，你要成功，要“因资”。“资”是环境、条件。

这个事情这样做是对的，但是如果环境、条件不允许、不成熟，你能做吗？不能做。所以必须同时具备这两个条件，才能够成功。整句话是“循理而举事，因资而立功，推自然之势”。《老子》里说，“以辅万物之自然而不敢为”，“不敢为”就是“无为”，但是不等于不做，我们还要“辅”，“辅”就是做，做万物自己发展的趋势、规律。所以，道家的“无为”思想并不是消极地什么都不做，而是反复强调不要加上主观意志。“以天为则”就是要尊重每个事物的自然之势。正因为如此，中国的文化没有发展出把人凌驾于万物之上。所以“天人合一”的思想，不是简单地讲人与自然的和谐关系，而是一个根本的理念：人应该与天地和谐相处，不能够凌驾于万物之上，随人的私志、嗜欲去任意地改造万物。这就是中国的整个的人文精神，既不做神的奴隶，也不做物质的奴隶，要做人的主体。而人的主体又位于万物之中，又必须尊重天地万物。所以它没有像西方文化，从神的奴役中解放出来以后，就不可一世，结果自己沦为各种异化。中国这样的人文精神我们要很好地去传播。

好，这是我讲的一点，时间差不多了，接下来两个问题我简单地讲一讲。

第二个问题是思维方式。中国人的思维方式强调整体关联，强调由表及里。我们现在习惯的思维方式是二元对立，我们求清晰、求准确、求明白，因此，此是此、彼是彼；我们要给它梳理得非常清楚，我们还要作出定量、定性的分析，确定此是此、彼是彼；我们甚至要还原，还原它本来面目。这种思维方式，我想我们在学习、研究工作中都有很深的体会。这主要是西方的思维方式。而中国传统文化的思维方式是整体关联的思维方式，是一个由表及里的思维方式。什么是整体关联呢？就是要看到彼此不是各自分别的，彼此恰恰是联系在一个整体里面的。不仅彼此不能分离，此离不开彼、彼离不开此，没有此就没有彼、没有彼就没有此；而且此中有彼、彼中有此，此还能变成彼、彼还能变成此。这是中国非常重要的思维方式。最形象的比喻，就是八卦：黑色是阴、白色是阳，阴阳是一个圆圈，阴阳在一个圆圈，阴离不开阳，阳也离不开阴，阴里面又有个阳，阳里面又有个阴，而当阴阳消长的时候，阳不断扩大就变成阴了，阴不断扩大也变成阳了，因此，阴阳是互根的、互传的、互补的、互转的。这是中国人非常重要的思维方式——整体关联，没有一个孤立的个体，没有一个孤立的部分，整体中的任何一个部分都是跟其他部分联系在一起的，都是跟整体联系在一起的，所以任何一个部分里面（都有整体），用我们现在比较实在的话讲，一个个体里面都有整体的信息。

那么中国古代，像华严宗的思想里面，这个是最明显的，提出有理法界，有事法界，理事无碍，事事无碍，也就是每个事物都有个整体的联系。当年华严宗的创始人法藏对武则天讲这个道理，武则天听了半天也听不懂。他就给她举例，他说：你看殿前面不是有个金狮子吗，这个狮子身上有眼睛、耳朵、鼻子、爪子，这个金狮子其实各个部分都不是割裂的，都连在一起才形成整个狮子。而且这里面每个部分都有个完整的金狮子，一耳中有一金狮子，一眼中有一金狮子，一毛中有一金狮子，一根毛中也有整个金狮子的信息在里面。这个道理我们后来看《西游记》就明白了。这就是讲部分不是孤立的，毛不止是毛，毛里面有整体的金狮子的信息在里面。

这个思想指导了我们很多的实践，中医是最明显的。中医是强调整体系统，中医重视的是生病的人，而不是人生的病。人生的病是局部的、部分的，而且在一般人看来这个病跟那个病没有多大关系。不是，你病在这，因在那，不是头痛医头、脚痛医脚就能解决的，说不定头疼要医脚、脚疼要医头。中医的足疗等都是这个的应用。所以前两年社会上掀起了一股风说要取消中医，甚至主张把中医从医疗保险体制中撤下来，中医看病不能报销，不受医疗保护。这引起了社会大讨论。当时钱学森先生就讲了一句话，他说：中医是建立在整体论和系统论基础上的，而整体论和系统论恰恰是现代物理学的基础。这是说整体系统的思维方式对现代科学都有重大影响。现在世界医学也越来越注重于生病的人，而不再去纠缠人生的病。人生的病是无数的，新的病会一天一天地增加，而根源都在生病的人，要把他作为一个整体来看待。生病的人，肉体上的病很多是精神上的，所以美国有位医学家讲，76％的病是情绪引起的病。其实他这个数字还是估计得比较低的，要我来讲，90％以上的病都是精神引起的，因为很多的生理病变都是由精神引起的。明显的例子就是溃疡：长期的失眠、精神紧张就会引起肠胃的溃疡。所以我们要是不把它作为整体，光是止住这个溃疡，没有从整体上调整过来，能好得了吗？好也是一时的好。所以说相互关联的思维方式非常重要。

还有我刚才讲的由表及里。我们的思维方式都不是停留在表面的，不止看表面的形象、语言，而是要通过表面的语言、图像去把握它内在的更深层的意义。这也是语言学家提出的一个很重要的命题“得意忘言”“得意忘象”，这也是中国整个思维方式、艺术表现方式的特征。不停留在图像、语言的外表，而要去深挖它内在的含义。“文以载道”大家都很熟悉，它是指不光看外在的文章如何，而且要看这个文章传达的做人的精神、天理人道、天道性命。可见，我们对很多的东西都是求其意，而不是停留在形上。欧阳修曾经说过一句话，古画画意不画形。苏东坡讲得更好，“论画以形似，见与儿童邻，作诗必此诗，定知非诗人”。你论一幅画，说这幅画画的老虎真像，你的见识跟儿童一样，因为大人不是看像不像，而是看这种虎虎生气给我们怎样的鼓舞。这首诗就写这个东西，而且写得很逼真，他也不懂得诗里面包含的真正意义。我经常讲两句话，可以说是诗里面很有特点、很有启发的一副对联：“未出土时先有节，便凌云去也无心。”这两句诗形容什么呢？谁都知道，一看就明白，写竹子的。我们去挖挖它的根总有节，可是竹子长得再高，要够到云彩了，中间还是空的。这两句话我们说描写的竹子真逼真、真好，那你是没读懂这首诗，因为这首诗不是要让你看到竹子是什么形象的，是让我们体会怎么做人的：在你还没有冒尖、出头、成功的时候，你也不能丧失气节、做人的气节。孟子讲“富贵不能淫，贫贱不能移，威武不能屈”，这个是大丈夫的精神，不要为了飞黄腾达而去阿谀奉承、丧失气节。所谓“便凌云去也无心”，是指在飞黄腾达的时候也要谦虚谨慎、谦下。这告诉我们的是做人的道理。这就是中国文化。“道”和“艺”分不开，“艺”只是“道”的一个载体而已。所以我一直提倡中国艺术和“道”的关系应该是这样一个关系：我们任何的文艺作品都应该以“道”来统，我们学习任何一种艺术都要把它上升到“道”，不管是自己做也好，还是欣赏也好。这种思维方式决定我们不是停留在表面的现象上。这个如果要说起来，我们跟西方的分析哲学是大相径庭的：西方的分析哲学就停留在字、词、概念的分析上，不在乎究竟要表达什么、文字游戏、逻辑的推理。中国的文化则强调要有所受用，跟我们的生活密切关联。我这有一个笑话：当年北大哲学系的一批教授在一起聊天，讲到气节的时候，一位教授讲：气节当然是孟子讲的大丈夫的气节，一个人做到“富贵不能淫，贫贱不能移，威武不能屈”就不简单了。照我看还要加一条——“时髦不能赶”。（笑声）有趣不有趣？但我觉得意思也很深，确实是，一赶时髦就没有气节了。他不愧是一个哲学家。

关于思维方式我主要讲这两点，此外我们还有实践的原则。怎么去实践？怎么指导我们的实践？我想中国文化的实践原则，就是一个原则——中庸。我今天上午讲课，讲佛学、讲中庸。学生说他们以前对中庸的认识就是油头滑脑、不讲原则、东倒西歪。我说这怎么是中庸呢。现在很多人都是这样理解中庸的，可见我们传统文化的丢失啊、被误解啊。在中庸里面，用孔子的话来讲，“中庸之为德，其至矣”，而且他也感叹，“民鲜久矣”，即人们这样的长久以来已经很少了。那么“中庸”究竟是什么意思呢？这个“中”，我们也可以念成河南话，恰如其分。中庸就叫我们把握一个分寸，所以二程在解释中庸的时候就讲，过犹不及，过了、不及都是违背中庸的，中庸就是恰到好处、恰如其分，既不过也不不及。简单地讲，我们吃饭，既不要老饿着，也不要老撑着。而现在的家庭教育里面存在一个大问题，我们可以看到两个极端：一种是家长根本不管孩子，另一种是家长过分地溺爱孩子。这个过和不及都不行。所以中庸就是告诉我们要有个度、一个节点，这是我们做什么事情的一个原则。而执行了这样的原则，我们就会达到一个状态，就是“和”。所以《中庸》（第一章）里面那句话讲，“喜、怒、哀、乐之未发，谓之中。发而皆中节，谓之和……致中和，天地位焉，万物育焉”。所以万事达到和就是最好的境界。如果做什么事情想要达到和的状态，那么你就要按照“中”的原则去做。“礼之用，和为贵”。民间流传着一句话，“礼多人不怪”，但我就常讲“礼多人要坏”，因为人家不明白你干吗给我这么多礼啊，一定是有所求。所以要做到恰到好处。我们调节我们的心情也要达到“和”。为什么孔子赞《诗经》，说《诗经》中重要的是“和”，赞扬《雎鸠》是“乐而不淫、哀而不伤”？这就恰到好处。人的七情也是如此，只有七情达到中和的状态、恰如其分，那么身体才会健康。什么事情就怕不平衡，一个社会也是如此。如果阴阳不平，贫富两极分化，那这个社会就有问题了。所以要社会稳定也是要达到“中和”。“中和”的实践原则是中国文化的要点。

美国有位军事学家曾经为一本英译的《孙子兵法》做了个序，在序里面他讲到一个故事：在第二次世界大战的时候他曾经到中国的驻美国大使馆去采访，接触了当时中国驻美国大使馆的武官。他就问他们是在哪里学的军事学问，他们答是在黄埔军校。他又问你们在黄埔军校读些什么书，答说读了很多西方的军事著作，包括您的军事著作。他继续问道：你们读过《孙子兵法》没有？答：我们读过，但我们感觉离我们的现实太远，没有什么太大的用处。这位军事家听后大吃一惊，说：你们如果读懂了《孙子兵法》，我这些著作可以通通不看。如果拿中国的《孙子兵法》跟《战争论》比的话，可以发现两种明显不同的思维差异。西方的军事思想是理想主义的绝对论，中国的军事思想是现实主义的中庸之道。《孙子兵法》强调攻心为上，不战而胜。我一直觉得这不仅是对《孙子兵法》和《战争论》的分析，也是对中西文化的分析。

我们现在的年轻人理想主义特别严重，容易导致抑郁症。我们学了中国文化，就要学会它的实践原则。希望各位在日后的工作中好好弘扬中国文化。

好了，我就讲到这。

# 当胡适遇到蒋介石[①]

## ——论自由主义的挫折

汪荣祖*

我今天讲的这个题目是胡适与蒋介石。大家都知道，近年来出现的蒋介石手写日记，很多学者都能够用到。大陆的学者也到斯坦福大学去看蒋介石日记。胡适的日记现在也已经全部出版了。这两个人的日记，给我们提供了很好的材料来了解这两位在中国现代史上的重要人物。但是我必须说，日记，尤其这两位先生的日记，绝对不是所谓的私密空间。换言之，以他们两个人的名气，他们不可能认为他们的日记不会给后人看。蒋介石如此，胡适也是如此。我们可以看到胡适的日记里头有很多打叉叉的，假如说这是私密的空间，又何必有所隐瞒。我觉得最重要的就是通过日记，我们可以更深入地了解这两位人物。而且，胡适和蒋介石，他们周旋了一辈子。他们两个人的关系，从胡适的日记可以知道，是从 1927 年开始的。那一年，蒋介石和宋美龄在上海

---

① 本文系根据汪荣祖教授 2012 年 4 月 9 日在北京大学历史系讲演录音整理而成。

* 汪荣祖：1961 年获“台湾大学”历史学学士学位，1971 年获美国西雅图华盛顿大学历史学博士学位。曾任美国弗吉尼亚州立大学教授、澳大利亚国立大学访问研究员，以及复旦大学、“台湾大学”、政治大学、台湾师范大学等校的客座教授。2003 年 2 月起就任台湾嘉义中正大学讲座教授。2008 年任台湾“中央”大学讲座教授。著有《康章合论》《史家陈寅恪传》《史传通说》《史学九章》等中英文专书十余部。

结婚，胡适去参加了婚礼。在那个时候，胡适也许知道蒋介石，但是蒋介石不一定认识胡适。我想他去参加婚礼，最主要是因为宋子文的关系。从 1927 年开始，一直到胡适 1962 年去世，这两个人纠缠了一辈子，关系从来都没有断过。所以，我今天要讲这两个人的关系，而且把重点放在“自由主义的挫折”这个议题上。最近几年，很多人都提到蒋介石日记中说到胡适的部分，有些是相当的不堪的。我现在就比较系统地给大家做一个报告。大家知道胡适是一个自由主义者，他想影响蒋介石，但是最后是失败的，也引起了蒋介石极大的反感。我今天就是要讲这样一个题目。

在台湾“解严”之前，有一张照片一直没有正式公布在这张照片中，胡适坐在蒋介石旁边，跷着二郎腿。当年在台湾没有人敢在蒋介石旁边跷起一个二郎腿。这张照片的意义就在这里，胡适跟蒋介石是平起平坐的。表面上，蒋介石也是和颜悦色，但是，我们从日记里看到，两个人的关系是非常紧张的。下面这张照片就是蒋介石当中华民国总统的时候，胡适给他当选证书。我们从照片看，两个人好像是非常融洽：胡适支持蒋介石，蒋介石非常礼遇胡适。胡适与蒋介石的关系近年来成为热门的话题。我今天主要讲的就是这几个问题，主要的取材就是两个人的日记。

胡适如何代表自由主义？我必须说，胡适不是整个自由主义的代表，他可以说是自由主义中的一个人物。他的自由主义也不是很完美的。蒋介石毫无疑问是代表威权体制的。所以这两个人相遇，也是自由主义对威权主义。他们两个人的关系长达 35 年，有抗争，也有合作，藕断丝连，从来没有间断过。1949 年，蒋介石失去大陆之后，退居台湾，仍然大权独揽。胡适虽然避居北美多年，但是（在 20 世纪）50 年代，仍然回到了台湾，出任“中央研究院”的院长，最后死于任上。蒋介石未能让胡适如其衷，胡适也未能让蒋介石的自由多一点。

胡适作为一个学者，他的专业是哲学。除了宣扬他的老师杜威的实验主义之外，胡适在哲学上并没有重大的建树。专门研究杜威哲学的吴森先生发现，胡适打着杜威的旗号，葫芦里其实卖的是自己的药，和杜威本来的药方相差甚远。这是一个研究杜威的专家的论断。但是胡适一生的名声其实不来自学问，而来自新文化运动。他推行白话文，一生支持民主与自由，成为中国自由主义具有代表性的人物。

胡适对自由主义的理解，有时候很令人困惑。我直接引他说的话：“自由主义里没有自由，那就好像长坂坡里没有赵子龙，空城计里没有诸葛亮，都有点叫不顺口”。这话我觉得很奇怪，怎么自由主义里面没有自由，长坂坡怎么可能没有赵子龙？而且他说“自由主义是人类历史上各民族的大运动”，这一点我也觉得非常困惑。据我的了解，自由主义是西方文化的产物，并不是所有民族都有自由主义的运动。胡适又把敢于批评政府和反抗政府的人，从墨子、杨朱到桓谭、王充等，都说成为思想自由而奋斗的东方豪杰之士。能把这些人都说成是自由主义者，我也觉得很困惑。假如这些人都是自由主义者，那中国比西欧就更早有了自由主义，那又怎么可能呢？假如说中国从春秋战国以来，就有那么多斗士，为什么东方的自由主义运动不成气候？胡适的解释是，他们没有抓住政治自由的特殊重要性，所以始终没有走上建设民主自由的路。但是这个东方自由主义的大运动进行了几千年，仍然抓不住政治自由，又有如何的说法？

胡适将范仲淹所写的“宁鸣而死，不默而生”，等同于西方的言论自由——“不自由，毋宁死”，我觉得是模糊了两者的貌同心异。两者表面上看起来有点类似，其实内容很不一样。西方的言论自由，是要争取个人私领域的思想，不容外力干涉，不惜以死维护自己的思想，和“冒死直谏以报君恩”的目的与动机是很不相同的。

所以，我认为，胡适认为中国自由主义古已有之是非常令人困惑的。他明白地说，“自由这个词并不是外来的，不是洋货，是中国古代就有的”。他引王安石的诗句“此瓦不自由”，就认为是古代人自由的意义，即表达自己做主的意思。王安石的诗句里，固然出现了“自由”这个词，但是与胡适所提倡的自由，即 freedom 和 liberty，是不相干的。

胡适认为孔子、孟子、老子都是自由主义者。孟子的“民为贵，社稷次之，君为轻”，是重要的自由主义传统。“富贵不能淫，贫贱不能移，威武不能屈”，给读书人一种宝贵的自由主义精神。老子的无为政治也是自由主义。这些观点都是对近代自由主义的误解。其实，自由主义不可能从一个封闭的思想系统中生发出来，即使在西方，自由主义也是到近代才发扬光大，真正走向建设民主政治的路。

所以，我觉得胡适对自由主义的了解是有一些问题的。我必须说一下，什么是近代自由主义（modern liberty）。这个发生在欧洲，是有其历史背景和物质条件的。西欧脱离中古之后，资本主义和资产阶级取代了封建。西方所用的“封建”跟我们现在通用的“封建”一词意义是不一样的。工商阶级取代地主，城市取代乡村，思想从宗教中解脱出来，科学取代了宗教，个人主义（individualism）和个人权利（individual right）取代社会控制，才逐渐形成自由主义。所以自由主义的形成是有一定的条件和一定的过程的。从 17 世纪的宗教容忍与宪政，经过 18 世纪的启蒙运动（Enlightenment），一直到 19 世纪才为自由主义的全盛时期。从拿破仑瓦解到欧战的爆发，没有一种学术比自由主义更有权威。但这一股自由主义思潮只限于欧洲和后起的美国。自由主义是在崇尚自由、平等、民主、人权、法制的社会里产生的，不可能在没有这些条件如中国这样的社会中出现。

以胡适的学术与思想背景，应该知道自由与平等是不可分割的，也就是说不允许一个人以特权加诸其余之人。在一个专制体制下，所谓“刑不上大夫，礼不下庶人”的中国传统社会里，又如何出现自由与平等？

可见，胡适对自由主义有很大的误解。

胡适的自由主义并不来自中国传统，主要是从美国带回来的，内容是美国式的自由民主。胡适早年对美国总统威尔逊极其崇拜，学威尔逊的笑容，曾自拍“威尔逊之笑”的照片，以做留念。胡适对美国民主的崇拜，主要在于选举，由公民自由选出领导人。这是最重要的一点。

胡适是杜威的信徒。杜威的基本主张是民主素养需要依靠教育来培植，从思想与文艺入手，逐渐改善社会与政治的环境。杜威曾经指出过，多年来，他所写的《民主与教育》最能够充分表达他的思想。他在书中强调，“教育有深入人心的优势，可以形塑正在成长过程当中的年轻人”。他认为民主素养不是一下子就可以实现的，要经过教育，教育需要时间。

胡适认为自由主义与马克思主义，不是主义对主义，而是问题对主义。胡适说实验主义只是一个研究问题的方法。他这种说法过于简化，失去了真相。杜威的哲学绝不只是方法，而是还具有丰富的内容。就民主而言，杜威的方法不是研究问题，而是充分讨论与批判议题。要想达到这一目的，全体人民必先具备相当的教育，最终形成共同的民主生活方式。这不是一下子形成的，要经过教育的过程。要通过参与互动，达到社会与文化的互动。

胡适批评马克思主义是19世纪欧洲工业社会的产物，不适合20世纪的中国社会与政治。但产生于欧美社会的实验主义，又何尝适合中国呢？不过，胡适信仰民主与自由，将民主、自由作为一生信仰，终身不移。虽然他对自由主义有所误解，但是他对自由主义的信仰是终生不变的。

胡适是如何追求民主、自由的？胡适中年以后在革命中国［我个人认为中国在辛亥革命以后一直到“文化大革命”是一个革命中国（the revolution of China）］选择了与当政者建立关系，因而进入了蒋介石的圈子。他的目的无非是想从体制内来改变威权体制，因为他是个民主、自由的信仰者，他想要改变这个威权体制。蒋介石表面上礼遇胡适，希望胡适为其所用。我们大家都知道，像胡适那样的知识分子都为蒋所用，包括像叶公超、王世杰。我觉得双方的期盼都没有实现，从这点我们可以看出威权体制与自由主义在意识形态上不能够相容。我想也因为意识形态的不能相容，最后，胡适想改变蒋介石是彻底失败的。

现在我们谈谈胡适与蒋介石的关系。胡适在1927年正好从欧洲回到上海，出任中国公学的校长。最初我觉得他是接受蒋介石政府的，不过他希望能够容忍言论自由。但是强调训政的南京政府，崇拜孙中山，以三民主义作教条，要求思想统一，力行一党专政，是毫不接受批评的言论的。所以1928年南京政府的成立，在胡适看来是“五四”新文化运动的倒退，因而在1929年忍不住严厉批判国民党。胡适挑战孙中山的“知难行易”，认为“知难行不易”，甚至认为“行易之说”成为不学无术的军人和政客的护身符。胡适在《新月》等期刊上，直接挑战当时的政权。

特别是发表《人权与约法》，公开谴责国民党压迫言论自由，妄想做到思想的统一，要求废除一些钳制思想的言论、制度、命令和机构。他又发表了另外一篇有名的文章《我们什么时候才可有宪法》。他质疑孙中山的《建国大纲》，指出“没有宪法和约法，训政就是专制，绝对不能训练人民走上民主的道路”。1929 年年底他又为新月书店出版了《人权论集》，并写了序，更加强烈地表达言论自由的诉求，他说：“我们所要建立的是批评国民党的自由和批评孙中山的自由，上帝我们尚可以批评，何况国民党与孙中山？”

他当时所争取的是言论的自由。他批评的结果如何呢？上海特别市党部陈德征提出《严厉处置反革命分子案》。1929 年 8 月 13 日，上海国民党区代表通过这个决议，支持国民政府要求教育部将中国公学校长胡适撤职惩处。显然，国民党要以侮辱孙中山和反动的罪名逮捕胡适。8 月 29 日《大公报》更以《污辱总理，背叛政府——胡适担不起的罪名》为题加以报导。教育部在国民政府的压力下，于 10 月 4 日训令中国公学惩处胡适。当时的最高领袖蒋介石在 1929 年 10 月 10 日辛亥革命 18 周年纪念会上，警告“秽言乱政”的后果。1930 年上海国民党宣传部奉命没收和焚毁胡适和罗隆基批评政府的《新月》杂志第 6、7 期。争取言论自由的后果，就是遭到谴责，甚至逮捕。胡适在 1929 年成为国民政府的反党和反动分子。在胡适的眼里，蒋介石既好战又独裁。胡适更不能接受威权政府，因言论直接辞退大学教授，他因罗隆基一案写信给蒋介石的幕僚陈布雷。胡适也注意到蒋介石不仅对党外独裁，对党内元老也独裁，他将胡汉民被幽禁在汤山的新闻大量剪贴在日记中。

1930 年 11 月，胡适举家北迁，重回北大任教。

但是，1931 年，胡适就从国民政府的政敌变成诤友。1931 年 11 月 11 号，胡适接受了由宋子文推荐的财政委员会委员的任命，作为教育家的代表参加委员会。我觉得这是他一生中的重要转折，他开始逐渐进入蒋介石的圈子。

1932 年 11 月 27 日，蒋请胡适吃饭，但是客人不止胡适一个人。他们没有单独谈话的机会。胡适原以为蒋约见他是要听听他的话，显然与其预期不尽相符。胡适对教育制度与学风的不客气回答，就是要反对蒋改革学制以整顿学风的独断做法。蒋是要控制学校，统一国家意志。蒋似乎并没有听出胡适真正的意思，也没有领会到胡适送他《淮南王书》的意思——《淮南王书》是道家的书，胡适希望蒋少管事。

当时，不少自由派学者像蒋廷黻、钱端升、吴景超、丁文江等，因为“九·一八”的影响，都主张独裁专制、振兴国家。因为国家太弱了，所以受到外敌侵略，中国需要一个强人。大家知道那个时候法西斯主义是很受欢迎的，因为德国和意大利都因法西斯主义而强盛起来。但是胡适在这一点上是很坚持原则的，他独排众议反对独裁，这是他的原则。蒋介石虽然在 1934 年 11 月 27 日与汪精卫共同通电，认为没有独裁的必要与可能，实际上是明目张胆地来搞独裁，换言之，胡适当时的朋友很多都倾向于中国是需要独裁的，但胡适还是反对。实际上蒋介石暗中仿效意大利的黑衣社、德意志的棕衣社（黑衣社就是所谓的“black shirts”，棕衣社就是“brown shirts”，这些都是穿制服的法西斯主义组织），搞起了蓝衣社（一个特务机构），所以他的领袖独裁、一党专政已经开始了。

胡适明明知道蒋介石一直在搞独裁，也不看好蒋的新生活运动（当时蒋在提倡新生活运动），尤其反对中统，但既已进入蒋的这个体制里，他仍然基本支持现政府的信念，一直站在蒋的这边。胡适当然不可能盲从蒋介石，而是一心一意地想要规劝蒋；希望他不要越权。在“西安事变”后，胡适痛斥张学良是“莽夫”，为小人所误，感到蒋的重要。1937 年“卢沟桥事变”发生之后，中国与日本进入战争状态。其实中日战争的开始不是在 7 月 7 日，而是 7 月底，因为在 7 月 7 日之后，双方还在想怎么样来调停。所以在 9 月的时候，蒋就派胡适作为特使飞越太平洋，到欧美去游说。第二年（1938 年）7 月 20 日，胡适接到蒋介石的电报，要他出任驻美大使，他考虑了几天以后才答应上任。他为什么要考虑那么久呢？因为接受驻美大使一职以后，就等于做了蒋介石的官。他受到美国人普遍的欢迎。因为在当时的美国，对于中国受到日本侵略还是表示同情的，而且胡适又是一个非常崇敬美国的人，他口才也很好，所以他在美国受到普遍欢迎，美国人把他当作一个自由主义的代表。所以他在向公众演说的时候，或在跟美国政府官员交涉的时候，是非常得心应手的。

他作为驻美大使的困难，不在对外，而在对内。因为蒋介石及其周边的要员对胡适或期待过高，或信任不够，或昧于事理及形势，要向美国提出其无法接受或兑现的要求，所以使胡适感到非常为难，甚至气愤、丢脸，这些都在胡适的日记里可以看得出来。按说大使必须服从命令，可是胡适是一个自由主义者，他认为有的事情不应该去说的，他说出来也很丢脸，于是这个大使就很难做下去。后来胡适在 1942 年就请辞了，因为他实在做不下去了。而且当时蒋介石又派了宋子文到美国。胡适在日记里也说道，宋子文有时候做事根本不和他商量。在这种情况下他更做不下去。1942 年 9 月 18 日，他就离开了华府，搬到纽约去住。蒋介石想要为胡适另谋官职，胡适一概婉辞。他知道蒋介石的官不好做，他也知道做了大使之后，他就从“清客”变成了蒋介石的下属。他再也不愿意放弃独往独来的自由，想要毫无拘束地、自由地说话。所以在战后他就回到中国，出任北京大学校长。

但是国内的乱局（国共内战）使得自由主义人士大失所望。蒋执意要打内战，施行残酷的高压政策，制造了闻一多、李公朴事件。自由派最不喜欢国共内战，因为在他们看来，国共内战的结果，无论哪一方胜出，都绝对没有自由主义生存的余地。他们的生存就是在两党中间取得一些影响。不过倡导自由主义的胡适继续支持国民政府，我们可以看到战后那一段时间之内，胡适跟其他的一些所谓自由主义派不是走一条路，很多的自由主义派慢慢地疏离了，而且成为蒋的反对者，可是胡适继续支持国民政府（蒋介石政府），希望蒋介石可以拯救大厦将倾的政权。所以胡适强烈的反共意识，使他与蒋介石之间不会相弃，他仍然寄望于蒋来推行民主立宪。当时胡适在美国著名的期刊 *Foreign Affairs* 上发表过一篇很重要的英文文章，这篇文章的题目叫“China under Stalin’s Grand Strategy”，就是《在斯大林大战略下的中国》。他说这不是国共的内战，而是斯大林利用中共来控制中国。这说明他有很强烈的反共意识，还是支持蒋介石的。

在这个过程当中有一件很有趣的事情。在 1948 年 3 月 30 日要选举总统之前，蒋介石突然提议胡适来做总统，愿以总统之位相让。从胡适日记中可以看出，他也考虑了很久，最后他答应了。答应了之后就麻烦了，国民党就开个会，表示不赞成，蒋介石就跟胡适讲，他说我们这个国民党没有纪律，我要请你当总统，他们不赞成。大家想一想蒋介石这个独裁者，什么事都是他决定的。假如他真要把总统之位相让，谁敢反对？到底怎么回事，一直搞不清楚。后来有一位参加国民大会的代表死了以后公布回忆录，才透露出内情。原来蒋请胡适竞选，目的在于示意由胡适来推己。这是中国的政治文化。实际上蒋要胡适来证明，当今总统一职，非蒋介石来担任不可。然而胡适居然假戏真做，不但不说这个话，他自己真的要做。我现在还搞不清楚，到底胡适是不晓得中国政治文化呢，还是故意要“玩”蒋介石一下。

国共内战爆发之后，胡适与蒋介石可以风雨同舟了。1948 年 12 月 15 日，在局势急转直下的时候，蒋介石派专机把胡适从“围城”北平接出来。到了南京以后，胡适见到美国的驻华大使司徒雷登。胡适跟司德雷登说，蒋虽然有缺点，但还值得支持，他希望美国人继续支持蒋介石。胡适在 1949 年 4 月 6 日从上海搭船到美国去，蒋介石派他到美国游说。我们从蒋介石 1949 军 5 月 28 日写给胡适的密涵（这封密函就收藏在中国台湾地区的胡适纪念馆，后来才发现的。我看过这封信的原件）中可知，当时蒋最需要的是美国的物质或者军事援助，可是他在信里跟胡适讲，最主要的一点是美国不能承认中共，要游说这点，这是他最关心的（还要李宗仁继续反共）。所以对蒋而言，重中之重是要维护其政权的存在与合法性。

胡适到了美国以后实在无能为力。我们从胡适日记中可以看到当时他是很灰心的。但是人算不如天算，最后“冷战”越来越厉害，韩战又爆发了（就是所谓的朝鲜战争），就没有游说的必要了。大家知道，在朝鲜战争之前，美国是决定放弃台湾的。可是朝鲜战争一爆发，美国认为这是共产世界的进攻，所以它就派第七舰队到台湾海峡，后来毛泽东出兵朝鲜跟这个也有关系。“冷战”的态势就是共产阵营跟美国阵营的对立、对峙，严重到不必由胡适去游说，蒋政权在台湾也慢慢稳定下来。所以胡适从 1931 年被蒋介石接见后，一直支持蒋介石政府，抗日的时候他也是配合的。抗战之后，储安平主编《观察》，这个杂志是个自由派的杂志，可是我们可以看到里头几乎没有胡适，胡适由于强烈的反共意识站在了蒋的一边。

胡适到了美国以后，对于当时美国的“失去中国”的辩论（1949年在美国有个辩论，论中国怎么会失掉。蒋介石丢了中国，在美国看来等于美国也失去了中国），胡适保持沉默，没有发声，但他跟撤退到台湾的蒋介石的关系并没有破裂。讲到“失去中国”的这个辩论，我记得有一个比较客观、公正的美国学者讲（在“冷战”的时期讲这种话不容易），“the United States never own China，there is no question of losing it”。意思是你们这个辩论辩了半天有什么意思？这个中国从来不是美国的，根本无所谓“失去中国”。1952年到1953年间，胡适曾经两次到台湾，当时胡适还是住在美国。胡适在台湾期间，受到蒋介石极高规格的接待，等于是受到国外元首的待遇，因为蒋介石一直希望胡适能为他在美国做宣传，展示他反攻大陆的决心。其实老实讲，美国人并不希望他反攻大陆，因为反攻大陆会把美国牵扯进去。所以1954年所谓的“中美协防条约”（即“中华民国”跟美国的协防条约）好像是帮助蒋介石来防守台湾，可仔细看这里头，它也限制国民党反攻大陆。可是在一般言论上，蒋介石的口号还是反攻大陆。我想在座的很多年轻朋友不知道，在台湾长大的我们一直听到这样的口号：“一年反攻，二年扫荡，三年成功”。

蒋介石跟胡适因共同的反共意识而走在一起。但是他们反共的方法不一样，胡适相信民主、自由才是反共的利器；蒋认为要反共，就要集中意志，在他领导之下才行。他们的方法不一样。但是据胡适的言论，胡适自己以为蒋居然忍受了，或许虽然蒋不接受他的意见，但可以容忍他。其实，蒋在日记里（日记的用处就在这里）痛斥胡适唱民主、自由的高调，不同意必须与民主国家制度一致，方能并肩作战、感情融洽，以国家生命权在于自由政权之中。这是胡适跟他讲的，他完全不同意。蒋的日记很有趣：他似乎也想开导胡适，有时候觉得还蛮成功的。他在日记里说，与胡适之谈话两小时，“不知彼果有动与中否”。意思是我跟他讲了两个小时，还不知道他对这事有没有心动。其实两人各说各话，蒋介石没有办法感动胡适，胡适也说不动蒋，反而往往（我们从日记中可以看到）令蒋对胡适很生气。

蒋的盛情款待当然感动了胡适，胡适当然不知道蒋介石在日记里骂他。喜欢热闹的胡适很寂寞地在纽约做寓公，见到万人空巷的场面当然不能无动于衷。唐德刚先生在纽约就常跟胡适在一起，他就感觉到胡适在纽约的寂寞。胡适在1954年回到台湾捧场，因为依照“宪法”6年要选“总统”了（第二届）。胡适力挺蒋介石，因为他觉得依“宪法”可以连任一次。他说了几句话（胡适亲口说的）：“除了蒋‘总统’以外，没有人比蒋‘总统’领导政府更为合适。”所以当蒋介石当选连任之后，胡适又公开地说：“今后6年是‘国家’民族最艰难困苦的阶段，只有蒋先生才能克服一切困难。”胡适可以说是护驾连任。蒋这一次竞选连任可以说是宾主尽欢，蒋介石跟胡适皆大欢喜。

胡适得到鼓励之后，继续发表他的自由主义主张，而且愿意回台湾长住（在纽约很寂寞，回台湾多热闹）。蒋在连任之后心情非常愉快，所以在1957年主动任命胡适为“中央研究院”的“院长”。胡适在1958年1月1日出任“院长”，4月10日举行盛大的就职典礼，蒋亲自出席并致辞。因为当时大陆正在清算胡适的思想，所以蒋赞美胡适的人品与道德。为什么呢？就蒋来讲，这个坏人骂你，你一定是好人；对胡适来说，共产党要清算他的是民主、自由思想，并不是清算个人所谓的道德，所以不能不辩证。胡适更不能不辩证的是，蒋要学术界及“中央研究院”挑起“反共复国”的任务，但是作为新上任的学界祭酒——“中央研究院院长”，胡适是要引领学术研究，要避免扭曲学术使命，故胡适又不得不有所辩解。这一幕极其精彩，可惜当时没有录像。因为蒋介石讲话从来没有人驳他，胡适却当面就不赞成他的说法。可惜当时只是少数人参加了这个典礼，人家出来也不敢讲，就是有一些传言说胡适给蒋介石提出了一些表示不同意的意见，蒋也没有说什么。当时的印象是觉得蒋还不错，在这种场合居然还容忍。其实不然，当时胡适提出的两点不同意见，其实很平实，不过在蒋的威权下，也只有他敢直言纠正“领袖”的错误。因为他说：“总统”你错了。我们在文字上留下的较为谨慎的记录，也是一些经过修改的记录，显然不是全部实况。我们现在也不是百分之百地实况全录，但比当时知道的要多得多。根据胡适秘书的说法（胡适的一个秘书叫王志维，他老年时也不愿多说，可稍微透露了一点，透露给吕实强，吕实强又透露出来，蒋其实还提到胡适当年提出“打倒孔家店”的往事，认为现在的胡适应该不会再有这样的看法了，胡适听到后立即回答：“我要打倒的只是‘孔家店’的权威性与神秘性，世界上任何思想与学术，只要是不允许人家怀疑和批评的，我都要打倒。”）所以这个实际的情况比起外面传说的要严重得多。这不仅仅是纠正错误，而且有一点抢白了。蒋听到后立刻站起来要离开会场，这个也是我们以前所不知道的。幸亏陈诚把他拉住坐下来，才化解了这个紧张和不愉快的场景。所以大家可以想象，当时是多紧张的一个情况。当时外面不知道这个详情，胡适的胆识与蒋介石的容忍一时传为美谈：胡适了不起，敢在蒋介石面前批评他；蒋介石居然容忍了，两人都不错。但是假如不是陈诚把蒋劝住，这个“不容忍”的形象便会公开了。

实际上蒋介石在私底下极不容忍。我们怎么知道他私底下极不容忍？就靠他的日记。蒋介石指胡适纠正他的错误是“狂妄荒谬”，他终日抑郁，到了第二天还不能够彻底消除。由此也可以看到一个威权者的心态。所以蒋介石日记的可贵，就在于透露其真实的性格。胡适不同意他的说法就成为狂妄，甚至说心理病态已深。蒋介石对于胡适的批评有没有道理根本不予理会，反而牵扯到个人的恩怨。他说因为他待胡适太好了，才会有求全之毁，甚至于抱怨当年他派专机把胡适从北京接出来，胡适“居然不知报恩”。这就透露出这个心态了。我们以为他把胡适接出来是为国惜才，但是被他当作他个人的恩惠了。蒋希望胡适能够领悟他的恩情，为国效忠，合力反共，而蒋一贯思维就是将他自己等同国家，为国效忠，潜台词就是要为他效忠。作为自由主义者的胡适又如何能做得到呢？这个事件就可以让我们看到自由主义和威权主义的交锋。

我们可以从蒋的日记中看到，他有“蒋存国存、蒋亡国亡”的想法。我存在国家才能存在，国家由我来领导才能够继续。所以他在第二任“总统”6 年任期以后，坚持还要做下去。这一下子胡适就难以认同了。前面两任于“宪法”尚有据，胡适还可以支持他，可是他现在还要继续做。我们知道他第一任的任期其实没有做完，因为内战失利（淮海战役失败）他被迫下野，由副总统李宗仁继任。本来照“宪法”李宗仁应该继任，可是他不给李宗仁正式继任，叫“代总统”。显然意思是说让李宗仁代理一下，他还会回来的。所以 1950 年到台湾复职，胡适也没有挑战蒋的合法性。当时蒋复职的原因是说李宗仁不回来了。可是，李宗仁敢回来吗？李宗仁说，我回来就是张学良第二。所以第一任做完成了，第二任的任期也做完成了，再做第三任根本就是“违宪”的。

胡适风开始也很震惊，他希望蒋介石明白地宣布不要再选第三任了，树立政权和平转移的风范。胡适就请张群（张群是蒋介石的秘书长）转告蒋介石想单独跟蒋介石密谈。但蒋断然拒绝了，所有意见都由张群转达，他晓得胡适要讲什么。胡适要张群转告蒋，最主要的是给国家建立一个合法的和平转移政权的风范。讲来讲去胡适就是这句话。张群答应转达，但是回答说蒋介石有使命感。最后胡适也无可奈何，只能尽一点公民的言责而已。可是蒋居然在日记里开骂，他骂胡适反对他当第三任，他说“胡适无耻，要求与我密谈选举‘总统’的问题，殊为可笑”；他说“此人不自知，所以也最不自量”；他还说：“我这时候的脑筋唯有如何消灭‘共匪’，收复大陆，以解救同胞，之外再无其他问题留存于心。”换言之，要达到这些事情非我当“总统”不可，可是他后来当了“总统”也没有达到。

当然“违宪”的问题根本不在他的心上，他认为胡适没有资格反对他连任，更断言胡适在配合美国人来反蒋。美国人当然也不希望他连任，美国人要民主、自由。胡适只是不希望蒋连任，他并不是要国民党下台。其实胡适是蛮温和的一个人，他说可以由“副总统”陈诚来继任嘛，“副总统”继任，还是国民党执掌政权。但是蒋就说：“胡非真爱于辞修也。”也就是说，胡适希望陈诚当“总统”，不是真的有爱于陈诚。其实与爱不爱陈诚无关，胡适只希望不要“违宪”，还是你们国民党的天下，可是蒋一口咬定胡适想操纵政治、断送国脉。你看离题如此之远，这是胡适始料不及的。胡适到死都不知道蒋介石这样骂他。

但是胡适在不愿公开决裂的压力之下（假如他说公开反对蒋介石第三任的话，那就决裂了，他当然不愿意公开），不得不默认所有这些为蒋连任的动作，比如说修改临时条款不等于是“修宪”，也不得不去“国民大会”报到。胡适去报到了，参加了他认为“违宪”的选举，选出了蒋当第三届“总统”。大家知道蒋介石一共当了 5 届，但他第五届任期未满就死了。胡适赤手空拳，怎么能够铁下心来与蒋介石对抗？然而，如王世杰所说的，当时台湾唯有胡适曾经直率地反对蒋任第三任“总统”。全台湾除了胡适，没有第二个人敢说蒋不应该当第三任“总统”。所以蒋在担任第三任“总统”后，在日记里面还奚落了一下胡适：“此乃其观望美国政府之态度而转变者，可耻之至!”也就是说，他认为胡适去参加说明胡适转变了。这是不对的。这充分显示了自由主义在威权之下的无奈与悲哀。

在蒋第三任上发生了震动一时的“雷震案”。我们必须说一些背景。在 1948 年年底，胡适结合了一些文教里的国民党开明分子，发起了所谓“自由民主中国运动”来对抗共产主义，国民党的监察委员雷震负责运动的推广。所以就在上海组织了“自由中国社”准备出期刊。胡适还写了宗旨，它的最主要的目的是使整个中华民国成为自由的中国。

雷震随蒋退到台湾之后，他们就在台北办了一个《自由中国》半月刊，以胡适作为发起人，得到台湾“省政府主席”陈诚的支持。既然这个号称“自由中国”，当然要跟“不自由的中国”有所区别。但是在蒋介石统治下“自由”只剩下千分之三的地方，仍然自由不起来。这个《自由中国》的半月刊最基本的目标就是向蒋介石争取言论自由。最引人瞩目的是这个《自由中国》半月刊在 1956 年，趁蒋介石 70 岁寿辰的时候，出版了“祝寿专号”，直率地提出建言与批评，因为他们抓住了蒋介石的一句话，蒋介石说：因为是我生日，希望大家不客气地来讲话。胡适写了艾森豪威尔总统的两个故事为蒋“总统”祝寿。

艾森豪威尔，大家知道，他是个将军，后来当了总统之后什么事情都不管，整天打高尔夫球，所以胡适借此希望蒋“总统”不要管太多事，并引用道家的一句话——“乘众势以为车，御众智以为马”，就是要他不要管太多，也就是他早年送《淮南王书》的意思。但是“祝寿专号”争取到言论自由，反而被扣上损害党国声誉，打击政府威信，破坏团体激励、离间分化，“共匪”帮凶这些罪名。而且为此印发一个小册子，向毒素思想进行总攻击。把自由主义视为毒素思想，“祝寿专号”就引起了这样的反应。

《自由中国》一共维持了 11 年，雷震背后的精神支柱就是胡适，靠的是胡适的声望。其间不知发生过多少的麻烦，像被特务干扰，印刷厂拒印，书刊被扣查，这些事情经常发生。雷震也因而不能应 1954 年美国国务院的邀请出国访问，不能“出国”。公平竞争的政党政治是民主政治不可或缺的，所以在争取言论自由之余，他们想组织一个反对党。在中国的概念里，这个“反对党”就老是反对，其实在美国有民主党和共和党。所谓的“反对党”就是两个互相监督的党。1955 年，这个想法已经在酝酿当中。到了 1957 年，当时岛内渴望在党内推进民主政治，希望海外的胡适或者张君劢组织一个有力的反对党来制衡。但是胡适坚持拒绝，他不大愿意组织一个新党，而是主张国民党一分为二，互相监督。而且他早在 1951 年就希望蒋介石辞去国民党的总裁，将党自由化，分成几个独立的“宪政党”，互相竞争。可见，他也是想从体制内来改良，而不是主张成立一个完全的反对国民党的新党。

但是胡适这样的苦心得到蒋介石怎么样的回报呢？我们可以看到，蒋在表面上不动声色，但在私底下在日记中写到“闻之不胜骇异”。这个词太可怕了，他说：胡适提出这样的主张，是要我毁党，也就是要我毁自己的祖宗。蒋介石竟然认为胡适要刨他的根，恨之入骨。然鉴于胡适的声望，蒋又不得不虚与委蛇。党内要求组党的呼声越来越高，追求民主自由的当然要奉胡适为泰斗。雷震和夏涛声曾经在1960年春天去了南港，因为“中央研究院”在南港，找胡适谈组党的事情。胡适仍然说他不愿意做党魁，他说假如参加了这个事情，他当然很可能会做党魁。但胡适要他们自己去组党，他要雷震自己做，他甚至不愿意参与其事。这也是为很多自由派所诟病的：你是个头嘛，到时候却没有这个勇气。当时他们所要成立的是“中国民主党”。胡适说：你们成立这个党的时候我会来演讲，而且我也会申请入党。他还引孟子所说的“待文王而兴者，凡民他；惹夫豪杰之士，虽无文王犹兴。俟河之清，人生几何”。意思就是你们赶快组党，不要等我。正当组党宣言准备等胡适从美国回来宣布的时候，胡适就在美国托人带信，坚持不要等他回来宣布，而且称：是你们要组党，而不是我们要组党，组党和美国人无干。等雷震把胡适这封信给大家看的时候，所有组党的人大失所望。因为雷震要组党，这个“雷震叛乱案”就爆发了。雷震家人亲眼所见，几个彪形大汉把雷震引出门，当街逮捕，后来就军法审判。而且将《自由中国》的编辑傅政、马之骕和会计刘子英通通以叛乱罪，判处重刑。

从蒋介石日记的手稿中我们可以看出，所谓“雷案”，是由蒋“总统”一手策划并主导的。所以这个日记的用处又来了。1960年，胡适率领学术代表团到美国访问还没有回来的时候，蒋就在9月4日逮捕了雷震，而且在8月31日亲自拟定如何应付美国及胡适的沙盘推演。这个在日记里面写得清清楚楚，完全是他自己的看法。他称雷震为雷逆，逮捕雷震后，如果胡适出面干涉或公开反对政府，定有所准备。怎么准备呢？第一，甲、置之不理，乙、坚决警告他不宜反驳；第二，通知美国其逮捕雷震的原因以避免误会；第三，谈话时，何时谈话、以何种方法也应考虑，甲、以纪念周训辞的方式，乙、以“中央社”记者谈话的方式。所以，这完全是蒋介石一手策划的，他的指令非常清楚。蒋介石精心策划，如临大敌，他担心美方的反应。可以说雷震“通匪”叛乱，当年“冷战”时期，民主的美国也不容共产党颠覆，所以当时台湾的政治犯几乎没有不戴上“通匪”帽子的。

胡适在美国说雷震是反共人士，不可能是叛乱，公然地揭穿了蒋介石的阳谋。蒋深恶痛绝，生怕胡适口不择言，说“此人徒有个人而无国家，徒恃外势而无国法，只有自私而无道义，其人格等于野犬之狂吠”。我想这句话不太通，这个人格可以等于野犬，可是人格不可能等同于狂吠。这完全是他的原文。所以蒋在预计的方案中有警告他不能回台湾，如果蒋不让胡适回台湾，胡适真的以不回台湾来抗拒，这个可以显示胡适的决心。其实有很多人不希望胡适回台湾。后来我们可以看到，胡适连探雷震之监都没有去，殷海光就为此很生气。

蒋日记里密切关注胡适的行踪，里头骂胡适“存心捣乱，居心不良”又说胡适“文化买办，无赖卑鄙之言行。虽想着以忍耐为重，置之一笑，无奈我仍然感到痛苦不止”。胡适回台湾以后一直想要见蒋介石，其实胡适想见蒋介石的目的也是非常卑微：他是希望蒋不要以军法审判，因雷震不是军人。可是连这一点都没有做到。其实即使不是军法审判，一般的司法审判，结果也是一样。可是胡适“回国”之后，蒋介石长期不见他。最后在答应不谈“雷震案”的条件之下，蒋介石才见他。见他之后，蒋就问他，境外情势如何？胡适就抓住机会，说境外对雷震很不以为然。蒋介石就说，假如雷震不是因为“匪谍案”，我不会办他。事实上我们看“雷震案”的案由绝不是“通匪”叛乱，而是要建党。

所以胡适在“雷震案”的压力下，只好要求跟随他的人缓建，以及寄望于独裁者的善意。我们觉得胡适非常无奈，也非常天真。难怪蒋在日记里面说：“使之无话可说，即认其为卑劣之政客，何必多予辩论哉?”也就是说胡适是投机政客、买空卖空，胁迫政策未能达其目的，只可以“失望”二字了之。到最后，胡适无奈蒋竟然会这样看他。这场所谓独裁与民主的斗争，独裁大获全胜。雷震被判刑 10 年，一天都不少，而且《自由中国》也停刊了，也是受制于政治压力。胡适的斗志消失殆尽。无人期盼胡适当烈士，但是他连探雷震之监都不敢，这点使很多人都非常不满。而且胡适还说，自己不去探监其实是怕给雷打麻烦与苦恼。他说“怕给雷震添麻烦”，雷震在监狱里面会有什么麻烦呢?

我想如果他去探监，媒体必然会问“雷案”，胡适实在是没有勇气说下去了。台湾有个诗人周弃子，旧诗做得相当好。他写了首《忆雷儆寰》的诗，我觉得他是明忆雷震，实际上是暗讽胡适。他说：“无凭北海知刘备，不死书生惜褚源”。北海孔融知道刘备，可是偏偏雷震不像孔融那样了解他的刘备。褚源是一个仪表非常美的人，但是他贪生怕死，这指的就是胡适。他说“铜像当年姑漫语，铁窗今日是雕年”。当时胡适回到台湾的时候，在《自由中国》社说我们应该给争取民主、自由的雷震立铜像。雷震（现在却）在监狱里头。“途穷未必官能弃，棋败何曾卒向前”。“中央研究院院长”的官位他舍不得，《自由中国》社的发起人并不重要，“中央研究院院长”才重要。“我论时贤忘美刺，直将本事入诗篇”。他就把这个“雷震案”写出来了。我觉得这首诗写得相当好。

时间到了，我就说到这里，谢谢大家。

# 雍正帝与清初思想的转折[①]

陆胤[*]

今天的讲题是“雍正帝与清初思想的转折”。没想到来了这么多朋友。大家的知识背景各不相同，时间也只有两个小时不到，我只能简要讲一点心得，求教于各位。

清代思想史一个非常麻烦的地方，就是清代似乎没什么思想。

给人造成“没什么思想”印象的原因之一，是过去作为思想史主体的“理学”，在明清之际的变化以后，几乎就没有什么发展，也就是日本老派的中国研究者岛田虔次先生所讲的“挫折”。当然换一个角度讲，这也是我们按照现代的学科观念，把理学抽象成一种哲学的缘故。理学除了辨析心性的内在层面，也有它经世的层面、伦理道德，甚至渗透在一般老百姓日常生活的层面。有内圣，也有外王；有得君行道的思路，也有觉民行道的思路。清代理学究竟如何，对近代中国的思想有没有持续的影响，今天

① 该演讲稿根据陆胤先生2014年12月6日在北京大学的演讲录音整理而成。本演讲亦是“文化中国人才计划讲座”的一讲。陆胤本人许可发表此次演讲，特此致谢。

* 陆胤：文学博士，现任北京大学高等人文研究院助理研究员，主要研究领域为近代文学与文化、清代学术思想史、晚清士大夫群体研究。出版有《政教存续与文教转型——近代学术史上的张之洞学人圈》（北京大学出版社2015年版）等专著。曾在《中华文史论丛》《国学研究》《文学评论》等学术刊物上发表论文二十余篇。

需要重新反思，是很值得我们去挖掘的题目。毕竟以前讲到清学，就是考据学，清代理学被冷落太久了。

不过，理学在清初的确存在着某种终结的现象。一个时代过去了，更确切地说，是宋明理学——无论程朱派还是陆王派——所追求的一种君臣合作的统治方式彻底地没落了。当然你也可以说，这种合作永远只是道学家一厢情愿的理想，从来没有实现过，从南宋到明，都不过是装点门面而已。不过清初到雍正时期的一个特点，是最高统治者直接介入思想争论，公开宣告朝廷不需要跟道学家合作，甚至在把理学当作官学的同时，还能大肆打击理学。这看起来好像很矛盾，其实里面有它们的逻辑在，也有一些事件的触发。

理学的兴衰也取决于国家形态的变化。理学兴盛于宋明汉族王朝的环境当中，中间元朝只是一个短暂的插曲而已。到清朝时这种环境变化了，异族入主，“华夷变态”，多民族多体制的近代帝国形成了，理学当中的一些观念，比如说华夷二元对立的观念，就很难坚持下去。这类观念通过一些媒介，像朱舜水，流到了日本、朝鲜。它们有它们的“小中华”的观念，认为中国被胡人占了，衣冠礼乐都变了，中华的正统反而在朝鲜或日本。但在清朝本身，理学的这一部分就很稀薄了，直到晚清又被民族主义激发出来。

跟明朝大多数皇帝的不思进取相比，清初的皇帝太赞了，康雍乾三朝，真是勤奋。更惊人的是，他们也会非常关心思想的变化，于是清朝的帝王成为思想史研究的对象。思想史上当然也有皇帝的身影：秦始皇焚书坑儒，汉武帝独尊儒术、《盐铁论》，汉章帝主持白虎观会议，魏文帝修典论，梁武帝崇尚佛学，唐玄宗注《孝经》，唐武宗灭佛，宋神宗主持改革，等等，例子太多了。但有意识地进行思想操控，至少在技术层面，大概都不如清初这三位皇帝娴熟。这当然也是因为清代离我们比较近，起居注、实录、朱批奏折这些第一手的材料都很完整，让我们能够看得比较清楚。

当然，换一个角度来讲，皇帝太勤奋、太好学可能不一定是好事，因为他们太好学，他们就会来干涉思想，甚至管到人的灵魂深处。这个是非常可怕的。我们今天就来看一下其中最勤奋、最好学，也最喜欢干涉人的思想的一位皇帝，也就是雍正帝。

我今天准备讲两个方面的问题。一个是雍正帝个人的身世和性格，另外一个就是从雍正帝个人扩充到他整个时代。雍正帝的时代是非常短的，只有13年，但这短短13年中清朝的思想政策却发生了较大的转变。

图1　雍正帝洋装像

## 一、雍正帝的身世与性格

我们先来看这张画像（图1），是雍正帝洋装像。他戴着西式头套，不一定他真正穿过这样的衣服。或许是宫廷画家画一个写实的面相，然后把脸拼到画好的背景当中去，有点像今天所说的PS。清代宫廷有很多西洋画家，比如大家熟悉的郎世宁。雍正帝这幅洋装画的装束，与同时代欧洲的帝王，比如太阳王路易十四，非常相似。其实雍正时期中国皇帝的统治模式、对文化的关心，就为欧洲17、18世纪西方学者所追慕。在启蒙运动初期，甚至有西洋学者认为中国的统治方式才是值得学习的，跟近代以后的观点完全颠倒过来。

闲话休讲，我们还是进入正题。当然讲到明清皇帝的身世，我们的材料就比前代丰富得多了。他们在世时编起居注，还有宫中档案，去世之后还要编实录。当然有些材料不一定可靠，实录不免有一些粉饰的成分。雍正帝比较特别，他登极时年纪比较大，已经是四十多岁了，所以他最后留下来的在位13年的记录，相比康熙帝、乾隆帝规模浩大的起居注和实录来就单薄很多。我们不可能把他整个的身世来看透，只能从他性格中抽取出一两点来看对思想史可能的影响。

### （一）“40年皇子”

当然我们平常所说的雍正帝是一种俗称，正式称呼应该是清世宗，名字是胤禛。他在位的时间很短，只有13年。他去世之后的谥号是“敬天昌运建中表正文武英明宽仁信毅睿圣大孝至诚宪皇帝”。谥号是对皇帝一生的评价，一般是客观的评价，比如周朝最后一个王是赧王，“赧”就是羞耻脸红的意思。不过后代的谥号一般都是正面的评价，少有“赧”这种恶谥，一般都是高大上、伟光正的词汇。雍正帝的谥号也是如此。

但在我看来，其中有5个字还是蛮能表现雍正帝的个性的，就是“大孝至诚宪”。我们一般说雍正帝是“世宗宪皇帝”：“宪”有“法”的意思，雍正皇帝是非常重视法度的，跟他前面的圣祖康熙帝很不一样。所以《清史稿》评价为“圣祖政尚宽仁，世宗以严明继之。论者比于汉之文、景。独孔怀之谊，疑于未笃”。就是说康熙帝时是一种宽容仁厚的统治，而到了雍正帝时就是严苛的、具有法家色彩的统治。有人把这比作汉代文帝、景帝之间的差异。“孔怀之谊”是说兄弟之情，雍正帝多少有亏。讲到这儿不能不提康熙末年的即位之争。当时有不少流言，比如今天北大西面的畅春园，本是康熙帝晚年住的地方，有说法称雍正帝就是在畅春园把康熙帝毒死的。所以谥号中的这个“大孝”，也是给世间流传的这样一种说法的一个反驳。但另外一方面，康熙帝确实给雍正帝造成了很大的阴影，因为他这个父亲太成功了，执政六十多年。雍正帝做皇子就做了四十多年。这四十多年他一直在等待，并且与他的兄弟形成激烈的皇位争夺。这就与康熙帝的 8 岁登基，形成鲜明的对比。所以雍正帝在诏敕里经常说：你们这些大臣不要来骗我，你们当我是 8 岁登基的小孩子啊。这样说甚至有点不顾忌他父亲。

四十多年当中，雍正帝一直在努力准备做一个皇帝。他即位之后刻过一部《悦心集》，在这部集子的序中，他写到：在藩邸时，即便是身处繁华，仍非常喜欢清远闲旷、超然脱俗的生活。这部《悦心集》，就选了很多脱俗的文字，比如陶渊明的《归去来辞》《桃花源记》，刘禹锡的《陋室铭》，禅宗大德比如拾得、寒山、布袋和尚的作品，等等。但是可以想象一下：他真的可以超然脱俗吗？不可能是吧。实际上是一种表态，也是为了自己的安全，相当于向他的兄弟，包括康熙帝，表示希望远离权力斗争这样一种心态。所以胤禛在那个时候，让人画过两套《行乐图》，其中有一套穿着汉族士大夫的装束，或是弹琴，或是濯足，或是看书，或是吹箫，非常悠然自得的样子。这实际上是给自己政坛争夺的这些对象打了一个烟幕弹。

另外，雍正帝也十分会揣摩康熙皇帝的心思，比如说在康熙三十五年（1696 年）的时候，圣祖康熙帝就让宫廷画师焦秉贞绘了一套《耕织图》。《耕织图》在美术史上是一种类型，把耕地、纺织各个工序都图示出来。皇帝画这样的图，就说明对农桑非常重视。我们看胤禛：当时他还是皇子，却也让人一丝不苟地模仿焦秉贞的原图画了自己的《耕织图》。好玩的是他在这些图中把自己的脸都放进去了，像今天所说的 PS 一样。我们看一下这两张（图 2、图 3），可以看到胤禛的《耕织图》的构图、人物都跟康熙帝让焦秉贞画的《耕织图》是一样的，上面还有他的题诗。（笑）

图 2　焦秉贞《御製耕织图：浸种》，康熙三十五年（1696 年）

图3 胤禛耕织图册：浸种

这个图其实能读出好多意思：对于康熙帝而言，表现出雍正重视农本，是一个很好的皇位候选人；对于跟他竞争权力的兄弟而言，我们知道耕织也是一种归隐的象征，所以也表示他对权力斗争的冷淡；对于大臣而言，对于将来可以成为他的拥趸的一些人，通过这样的一个场面，可以展现自己对于民间疾苦的一种了解，表示自己不仅是一个好皇帝，也是一个不那么好忽悠的皇帝。这些图当然现在在网上也很流行。它们体现出胤禛在做皇子期间对于皇位继承权的一种经营。虽然关于雍正帝即位有很多不同的流言，但是他能在激烈的权力斗争中胜出，显然，这种刻意的经营，是非常重要的。

（二）“至诚”

雍正朝短短13年，但是它在清代甚至近世中国的发展过程中有承上启下的作用。有很多新的变化，大家从中学历史教科书中就读到了，比如在土地政策上“摊丁入亩”，边地治理上“改土归流”，吏治方面“耗羡归公”，以及消除贱民与平民的差异等方面的作为，大家都非常了解。但是他在取得诸多政绩的同时也面临着很大的压力，当然最大的压力就是他即位的谣言，尤其是他流放、残杀了自己的兄弟。接下来就有一些大案了，年羹尧案，以及朋党的争执。怎么排解这些压力呢？我们可以看到雍正帝的很多奏折上的朱批，有一些率性的话可以说出来，比如最有名的——“朕就是这样汉子，就是这样秉性，就是这样皇帝”。大量的朱批奏折也可以成为思想史研究的材料。

另外，奏折制度是清代康熙以后才出现的新的制度。清代早期秉承了明朝的旧制，有题本、奏本的制度，下级官员向皇帝上本子需要经过很多关卡，官员与皇帝的交流没有什么私密性。每一个议题都可能是公开的。所以，为了加强基层官僚体系跟皇权的直接联系，从康熙时代开始就出现了一个新的制度——密折制度，我们后来所说的奏折就从此而来。这样的制度规定了一定级别以上的官员，可以直接给皇帝写奏折，而且这个奏折是严格保密的，只有皇帝才能够拆开。保密到什么程度呢？那时候的办法就是，让地方官员和皇帝各保留一把钥匙，这两把相同的钥匙只能开同一个箱子，这就充分保障了奏折只有两个人可以看到。所以雍正帝后来就有一句话，说这个奏折制度好比是“君臣万里谈心”——我们相当于是可以面对面直接说话的，你有什么体己的话，都可以在奏折里跟我讲。所以在大量的朱批奏折当中，有很多私人性的论述，包括“问你全家好啊”这一类的话。

在雍正时代就有一个很重要的词，叫“至诚”，在君臣关系中被强调到无以复加的地步。与他在做皇子的时候那种机关算尽相对照，做了皇帝以后，胤禛他就要求自己和臣下都能做到一个“诚”字。他在奏折当中经常有很多坦诚甚至沉痛的话，我们看到他的谥号当中有个“至诚”，可见不是虚誉，而是实有所指。他后来在审有名的“曾静—吕留良案”时说了一句话，说：我做皇帝，实际上待你们这些大臣就像心膂、股肱一样，“日日以至诚训诲臣工”，即每天就教他们至诚、无所隐。

任何东西到雍正帝那里，只要他讨厌，他都会说是假的。比如说有很多讲道学的人，雍正帝不喜欢，就会说你是“假道学”。在雍正时代，理学的味道就改变了，这就是我们将要提到的一个转折。过去的宋明理学士大夫精神，是首先在自身修养上的完善，然后在君王修身方面发挥引导作用。那在清代呢？虽然康熙帝也很推崇朱子，但从雍正帝开始，这个理学逐渐带有了“作假”的意味，当时社会非常流行对“假道学”的嘲讽和批判。所以我们后来才有像《儒林外史》《阅微草堂笔记》这样的小说、公然地嘲笑“假道学”的文字。

那么，雍正帝讲的这个“至诚”，是否就是儒家讲的“至诚”呢？我们知道在《中庸》里面，“至诚”是一个非常重要的概念。有一句大家可能非常熟悉的话：“唯天下至诚，为能经纶天下之大经，立天下之大本，知天地之化育。”在雍正六年（1728年）八月六日这一天的经筵上，儒臣也给雍正帝选讲了这段话。这段话通常的理解，特别是朱熹——宋明理学上的理解，是把这个“至诚”分为“体”和“用”或者说内和外两个层次。在体的方面，也就是说内心的方面，朱子讲“至诚”就是“圣人之德极诚无妄，所性之全体，无一毫人欲”。“至诚”背后有一个没有人欲掺杂的“理”在里面，这个“理”就是“至诚”的本体。而接下来，“为能”下面这些话呢，朱熹讲这些都是“至诚”的“用”。

就是说“至诚”的“体”是这个理，那这个“用”呢，是“经纶天下之大经，立天下之大本，知天地之化育”。这些都是“理”这个内圣的东西对外表现出的“外王”，成为这些“大用”。所以一个最基本的看法，就是把“至诚”分为“体”和“用”两个层次。

雍正帝却对朱子的解释有点儿不以为然。他自己发了这样一段议论：“经纶天下之大经，立天下之大本，知天地之化育，向来诠解皆以为至诚之用。朕以为此即至诚之体。至诚浑然天理，真实无妄，天下之大经、大本、天地之化育，皆全备于性分之中。非大经、大本、化育之外，别有至诚；亦非至诚之外，别有大经、大本、化育也。至诚全体，包含具足，自然而然。若因本文‘能’字，遂指为至诚之功用，恐于理解未融。”

这段话说得很绕，简单的意思就是说，“至诚”这个全体，是包含具足、自然而然的，它不需要分成“体”和“用”两个方面。接下来就是对朱熹的解释而言，如果因本文这个“能”字就说“能”以下就是“用”了，恐怕这样的话是说不通的吧。我们知道朱熹的解释是清朝官定的解释，是科举的标准。但皇帝居然可以不以为然，可以直接跳出来，给出自己的新理解，把这个“体”和“用”全部打破了。

### （三）经筵制度的变化

如果大家对经筵制度比较了解的话，可能会对我刚才说的情况觉得有点儿奇怪，因为在经筵上，照例来说，皇帝是不会跑出来说话的。这些儒臣，像程颐、朱熹等等，给皇帝讲授儒家的经典，象征着儒学经典对政治的引导作用。在清代，经筵是在仲春、仲秋举行两次，此外还有日讲。

宋代经筵特别兴盛。宋儒有一个理想是“得君行道”，希望自己能得到皇帝的信任，使皇帝在道德上得到提升，最终呢，通过皇帝的力量来行他们心中那个大道，最明显的例子就是王安石。程朱等道学家也有一样的想法。程颐就说过这样两句话："天下治乱系宰相，君德成就责经筵"。就是说皇帝的道德，要成就它，靠的是什么呢，靠的是经筵。（他们）甚至产生了这样一种自我认同：以皇帝的导师自居。于是在经筵上，皇帝就是一个听众、一个受影响的人。本来清朝早期经筵制度也应该是这样子的，但是从康熙朝开始有了点改变。

这个转折是在康熙十四年（1673 年）发生的。这一年皇帝下了一道上谕，说"日讲"要有一个"覆讲"的环节。什么叫"覆讲"呢？就是让这些儒臣先把这些经典自己讲一遍，讲完之后皇帝要根据自己的理解重新再讲一遍，然后问这些大臣们：我讲得对不对啊？谁敢说不对呢（笑）。所以相当于他就可以随意发表对经典的解释了。所以康熙帝晚年就总结过，他很自得，认为自己是对儒学的发展作了很大贡献："朕观前代讲、筵，人主惟端拱而听，默无一言。……朕御极五十年，每儒臣逐日进讲，朕则先为讲解一过，遇有一句可疑、一字未协之处，亦即与诸臣反复讨论，期于义理贯通而后已。"（这句话大意是：）之前的经筵，皇帝只是很傻地坐在上面听，但是我做了 50 年皇帝呢，大臣们每日进讲，有时候我都不让他们讲，我要先为他们讲，反而是我来教他们。有意见不同的，反复讨论。这就是一个很大的变化。

所以我们能看到雍正帝可以，发表跟朱子完全不同的解释。这样的结果是，帝王不再仅仅是经典训义的接受者，而是能够自己分析经典的意义，对经典发表自己的权威阐释。于是皇权和学术思想就结合得更加紧密了。这在思想史和皇权的关系上，是一个很大的改变。

大家可以顺便通过这个图（图 4），来看一下清代中期经筵的情形。这是 1805 年日本刻的《唐土名胜图会》，画着清朝文华殿经筵的场面：皇帝坐在当中，西侧是讲官。他也是可以坐的，可见对儒臣还是有点形式上的尊重。东侧有一个坐着的人是谁？是衍圣公。在这样的仪式上，他也是可以坐的。皇帝是坐北朝南，衍圣公坐在东面，西面是讲官。下面列的几排人，都是文臣，分成两班。此外还有记注官、科仪官以及持鞭的鸣赞官等。

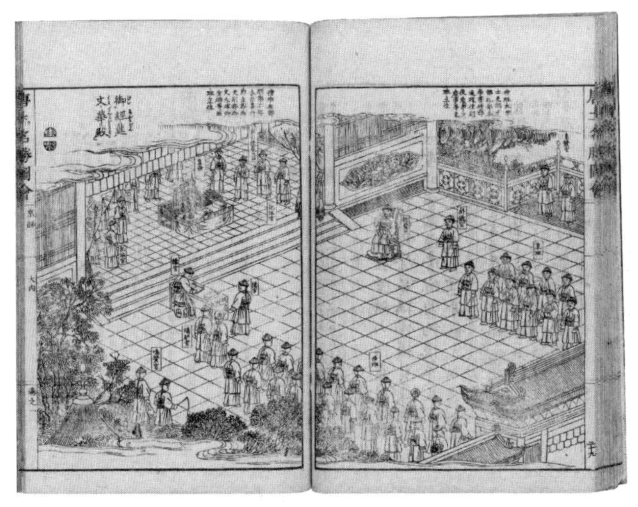

图 4　日本刻《唐土名胜图会》(1805 年)

## 二、雍正朝的思想政策

在雍正朝，整个时代的思想氛围是怎样的？我用 3 个词来总结，这 3 个词可能看起来有些互相矛盾：包容、压制、普及。包容怎么又能压制呢？压制怎么又能普及呢？实际上这是从不同的层次来讲的。

（一）包容与抽取

刚才提到了雍正帝在做皇子的时候，画过两套《行乐图》。这两套是很不一样的。（有一套中），我们看到他有隐士的形象，弹琴、写字、赋诗、濯足。这是一套，基本上都是汉族士大夫的装束。胤禛本人不可能穿汉人的衣服，这在清朝是禁止的，却通过这种装束表达了他要远离即位之争的态度。实际上还有另外一套《行乐图》，也是他在做皇子的时候画的。这套图中他穿着各个民族、各种宗教甚至是一些历史人物的服装。这些图都是大家非常熟悉，比如他把自己打扮成一个喇嘛的形象，还有扮成一个蒙古的王公。很有意思的是，每幅图都有一个动物。比如喇嘛的图这儿有一条红的蛇，我不太熟悉藏传佛教，不知道这个蛇是不是有什么意义在里面。蒙古王公图里则有个小兔子。甚至还有西南的民族服装，有一张是“射猎苗酋”，苗族的形象，实际上都是他的脸。所以我怀疑是先画好这个外形再把脸装进去。还有西洋的装束，跟刚才那个肖像一样，是“刺虎洋人”。最近也有把这些画全部做成了动态图的。还有一些宗教的形象，比如道教的“降龙仙人”，再比如这个行僧是禅宗的。总之，都是他自己的形象，在多维的空间里，好像可以游走于不同的国度、宗教和人物身份。

回过头来看，这些画是不是暗示了他的包容性呢？可以肯定的是，清代皇帝的确需要包容的素质，因为他统治的区域比宋代或者明代大得多。一个清代皇帝，既是八旗的领主，又是汉人的皇帝；对蒙古人来说是大汗，对藏地来讲，又是藏传佛教中文殊菩萨的化身。这当然是在清初逐渐形成的一种叙述了。包括“满洲”这个名称，后来在乾隆时代，也被塑造成与“曼殊室利”（文殊菩萨音译）是有关系的。他一个人身上有好几重不同民族、不同地域的身份。对宗教同样是如此。雍正帝自己对禅宗最感兴趣，但他对其他宗教甚至西洋人的天主教都能理解。对中国传统上所谓“三教”——儒、释、道，更是取一种包容择取的态度。他大概继承了明代以来“三教调和”的思想潮流。

同时，雍正帝还有自己的一种调和逻辑。他的《悦心集序》里面有一段话：我拿什么来调和、来统一这儒、释、道三教呢？那就是“心”。这让我们想起王阳明的观点。他的《悦心集序》里还说：“夫心者，人之神明，所以为万化之源、万事之本。……故圣贤有‘存心’‘洗心’之明训，佛祖有‘明心’‘寂心’之缄言。无非涵养一心之冲虚灵妙，使无所累，与天地太和元气浑然流行，无入而不自得也。如孔门之春风沂水，仙家之吸露餐霞，如来之慧雨香花，以及先儒之霁月光风，天根月窟。其理同，其旨趣何弗同耶？”（大意是：）说的实际上都是一样可以贯通的东西，就是拿“心”来作为本体，贯通所有的宗教和思想。雍正帝提出“心”可以贯通三教，可以说是很包容，给不同宗教找到了一个“公约数”。

这种“公约数”的观念，我们今天也经常讲。“文化多样性”嘛，好像不同文化之间可以约之又约、损之又损，抽取出一个“公约数”来，大家都承认了，于是天下就太平了。不过反过来想一下，这种抽取“公约数”的思路，表面上是宽容、是理解，本质上却是把每种文化最特别的东西都排除掉了，只取它那一点可以和其他人沟通的东西，实际上是把这种多样性给简化了。雍正帝也是这样，他是把自己所看重的“心”，在每一种宗教当中都放大了；而把这三教当中不符合其标准的、不符合他所说“心”的内容，都驱除出去。我们今天经常讲宗教对话、文明对话、文明包容，是不是为了取得这个“公约数”，就只去注意那些共通的部分，而牺牲了很多层次，牺牲了很多本土的甚至说有点部落性的、有点封闭的东西呢？这也是需要我们来进一步考虑的。

（二）“异端”新解

所以，这表面的包容性之下，实际上是有很不宽容的东西的。雍正帝只能包容他自己理解的，对他不理解的呢，就要摈弃了。所以，他会非常强调不同的思想当中都有“异端”。“异端”这个词当然是从孔子那边来的了，《论语》记载孔子说“攻乎异端，斯害也已”。孟子讲杨朱、墨子是异端。唐宋以来，一般讲到“异端”二字，都是指儒家以外的“二氏之学”，就是释氏和老氏，也就是佛教和道教。

雍正帝不接受把佛教视为异端的看法，他非常喜欢禅宗。更重要的是，宋明士大夫排斥佛教和道教，其实背后有类似于我们今天所谓“民族主义的一种情绪”。特别是大家看韩愈的《原道》就可以发现，他排斥“异端”，主要因为佛教是外夷之教，不服中土的教化。宋儒讲“尊王攘夷”的时候，对于外来的佛教也有排斥的态度。只不过他们一边骂一边又汲取其中关怀心性的部分，形成他们的所谓的“道学”。也就是陈寅恪所讲的，一方面他们要吸收这些外来的新学说，但是另一方面又不忘记本来的民族地位，“买珠还椟”。这是很高的境界。韩愈以后讲“道统”和“异端”之辩，往往都有一个华、夷的观念在背后支撑着。

到了清朝，这样的观点恐怕就不行了。清朝以“异族”入主中原，“华”和“夷”的关系就颠倒了，所以韩愈以后建立在华、夷观念基础上的“异端”观点肯定要有所调整。那雍正帝的“异端”所指为何？在雍正五年（1727 年）四月，西洋国的使臣来表贺。雍正帝就趁着这个机会跟廷臣讲：你们要对西洋人宽容，要对他们的宗教宽容。然后就说到这个“异端”的问题，为什么呢？他议论的切入口是讲佛教、道教和西洋教（天主教）的关系。他说佛、道向来都是诋毁天主教的，西洋教（天主教）也很诋毁佛教、道教，“互相讪谤，指为异端”。雍正帝就说，这都不是圣人所说的“异端”。换句话说，你不能通过本国的、外国的区别来讲正统和异端——我本国的就是正统，你外国来的就是异端——这样说不对。那什么是正统和异端的区别标准呢？雍正帝接着就说：“中外所设之教”——就是世界上林林总总各种宗教——实际上每一种教他都有他的正统，也有他的异端。如果你是“用之不以其正，而为世道人心之害”——危害到了世道人心的话，那你就是异端。如果你能够讲忠君、孝亲、奖善、惩恶、戒淫杀、明己性、端人品这样一些基本的人伦道德，只要你能够遵守，那你这种宗教就是值得提倡的，就是正学了。

雍正帝完全抛弃了宋明士大夫讲的用华夷标准，他提出了一个新的标准：凡是能够符合这些基本日用伦理标准的，那就是正统；如果违反了这些标准呢，那就是异端。当然，他能够包容西洋人教（天主教）或其他宗教，也有很多现实的打算。比如雍正帝提到“西洋人精于历法，国家用之”——洋人数学很好，天文学也很好，清朝在顺治、康熙时代，钦天监里面就有很多西洋教士。这是他一些现实的考虑，当然不是主旨。雍正帝的主旨，还是要强调任何宗教它都有正统和异端，而是不是异端的标准，就看能不能维护世道人心。

还有一点值得注意：在雍正帝看来，儒教也是和佛教、道教、喇嘛教、西洋教并列的一教。也就是说，他并没有给儒教一个特殊的地位。这是很特别的。总而言之，我们可以看出雍正帝不再以“教”为单位来定义正统和异端——这个教是好的，那个教是异端——而是在每个教当中都要区分出来正统和异端。在各教之上，他抽离出一种超越性的标准来，就是所谓的“世道人心”，用这个“世道人心”来调和和控制各种思想、各种宗教。这和我们前面提到他用“心”来调和三教的思路是一样的，都有一个抽象的过程。

（三）“人主而兼教主”

那雍正帝是怎样来对待他所定义的“异端”的呢？我们可以从佛教和儒教两个方面来看。在佛教方面，雍正帝很注意从政治策略上笼络喇嘛教，但其个人兴趣完全是在禅宗。雍正帝调和三教的基本原理，实际上也是用了禅宗的观念。雍正帝自幼喜好佛学，他给自己起过两个号——一个叫“圆明居士”、一个叫“破尘居士”，都是一个从禅宗里面来的说法。

那么他心目当中佛教的“异端”又是什么样的呢？他讲过这个话：佛教要以“清净无为为本，明心见性为功”。如果讲佛教的人“弃置伦常，同归寂灭”——为了追求那种空寂，丢弃了人伦日用，父亲、母亲也不要了，兄弟姐妹也不要了，甚至“煽惑凡庸，借口空门，潜藏奸宄”，那就是“佛教中之异端也”。这个“潜藏奸宄”，实际上是有针对性的。清初特别是雍、乾两朝出了民间信仰，如白莲教之类。很多地方的农民起义都是打着宗教的旗号。这当然在皇帝看来是所谓“奸宄”了。这是他对佛教正统和异端的一个辨别，我们看到“日用伦常”还是里面一个最重要的标准。

更加惊人的是，雍正帝居然还以皇帝之尊，直接去干涉禅宗的宗门论争。在雍正十一年（1733 年），刻了一本书叫《拣魔辨异录》。雍正帝借此驳斥禅宗里面有一派，就是明末天童密云派下面的法藏、弘忍一派。他们的著作如《五宗原》《五宗救》等，在雍正帝看来，都是邪魔外道，要“厉行毁版”——把这些书全部毁掉，不准私藏。藏这个书的，给他抓起来，以不敬律论。更糟糕的是，这一支所有的徒众，全部要削去支派，不许复入祖庭。这相当于把这一个宗派全部给消灭了。这本《拣魔辨异录》在雍正时代是一本非常流行的书，跟我们熟悉的《大义觉迷录》《名教罪人》等书一样，当时是颁行全国的一个政治性文件。

为什么要大费周章地去消灭一种禅宗门派呢？里面原因很复杂。那目前的研究可以向我们展示很多方面。比如说在政治上，法藏、弘忍的一派，雍正帝觉得他们是“媚悦士大夫”。什么意思呢？就是他们跟士大夫有很多关系，很多士大夫喜欢加入他们这一派，于是他们门下就有了很多明朝的遗民甚至于志士，也就是那些想反清复明的人。清初的遗民有所谓“逃禅”：就是不想服从清朝的统治，怎么办呢？那就遁入禅门，甚至以空门为反清的基地。

这是一个大事件。民国以后梁启超就有一个评论，他说：凭心来讲，雍正皇帝驳斥这两个人的禅宗观念呢，也许是驳得不错的，因为禅宗本来就是不立文字的，法藏、弘忍反而要立文字，这是有问题的。但梁启超觉得最担心的是这种“以人主而兼教主”的态度——就是你一个人做了皇帝，又要去做教主——就有点像西方所谓的“政教合一”了，这在中国传统上是比较少见的，太咄咄逼人了。实际上是要以他“人主”的权力，去影响宗教甚至思想的走向。

佛教有异端，禅宗有异端，可能也还能理解。但雍正帝又说儒家也有异端，这就很奇怪了，因为异端从来都是儒家去讲其他教的。儒教也是有异端的，这是雍正皇帝的一个创新。什么是儒教、儒者当中的异端呢？雍正帝说：儒者如果能够“守先王之道，读圣贤之书，庶民奉为坊表”——就是大家成为四民的表率，当然都是很好的了。但是你如果一个儒生，把诗书作为钓取功名的这样一种工具，而且把科目作为“广通声气之途”，或者“逞流言邪说以动人听闻”，以及“工艳曲淫词以荡人心志”，那就是儒者当中的异端了。

(四)“科甲朋党”

雍正帝有计划地摧残读书人，也跟他手下的一些大臣有关系。他非常信任的几个大臣，如田文镜、李卫，都不是正途出身，而是通过军功或其他渠道来获得地位的。雍正朝的13年当中，有很多“文字狱”出现，最有名的，像钱名世的“名教罪人案”、汪景祺的“《西征随笔》案”、查嗣庭的“维民所止”案。这些案件当然也还可以理解，就是因为他们都跟雍正帝执政时期很多其他的大案有关系，实际上是政治斗争的牺牲品。

但是另外一些案子就不一样，比如说谢济世的“《古本大学注》案”、陆生楠的“《通鉴论》案”，这些都是直接地打击文人，就因为你的思想不正确。虽然雍正帝他自己是可以驳程朱的，但是他臣子如果驳程朱呢，那仍然是大罪。此外，“《通鉴论》案”当中呢，实际上就有一个“封建论”“井田论”的问题。

雍正帝还在田文镜这些人的诱导下，发明了一个“科甲朋党”的概念。他认为从科举正途上来的人，是有结党的嫌疑的。因为你讲科举，肯定有你的老师，肯定有你的门生。你们这些人就相当于通过科举，结成了一个人际网络，成为一个“朋党”，而有“朋党”就有可能威胁到皇帝的统治。里面一个重要的人，就是李绂。他是一个理学家，且是信奉陆王心学的理学家。李绂被雍正帝打成“科甲朋党”的领袖，雍正帝几次要杀他，但是好像又有点儿不舍得杀他。直到乾隆时代，才给他平反。

讲到这个“科甲朋党”，就牵涉到清代皇权对于朋党的态度：一向是深恶痛绝。顺治帝的时候就有《植党论》，要求这些士大夫去除师生陋习，不要再讲谁是老师、谁是学生，你只要有师生关系，就可能形成对统治的威胁，所以要“永绝朋党”。在雍正时代呢，当然也是同样的意思了：雍正帝认为科甲出身的人，经常是不能秉公持正，而喜欢去植党营私，“夤缘请托，朋比袒护，以至颠倒是非，排陷报复，无所不为”。

雍正帝他在一即位的时候就出了一本书，叫《御制朋党论》，来批驳朋党。我们知道宋朝欧阳修写过一个《朋党论》，这个《朋党论》是颂扬君子朋党的：君子有君子的朋党，小人有小人的朋党，君子的朋党实际上是对政治有益的。这个雍正帝说，如果欧阳修活在我们现在，他就有颜色看了，所以“为人臣者，义当惟知有君。惟知有君，则其情固结不可解，而能与君同好恶”。就是说做人臣的啊，不要去结党，不要有你那些师生关系、朋友关系，你只要知道有皇帝就可以了。你眼中只能有皇帝，必须与皇帝同好恶，因为只有皇权才能做到“大公”。雍正帝把这个《御制朋党论》让礼部颁发全国，朔、望宣诵，每个月的初一、十五，都要把这篇文章反复地来读。

（五）普及“圣谕”

当时颁布全国的文件，除了《御制朋党论》，还有《圣谕广训》。这本书呢，我觉得更能体现在雍正时代在文化压制的同时，另外还有一个方向，就是教化的普及。

《圣谕广训》这个书，也是雍正帝刚即位的时候颁布的，但是它有很深远的民间基础在里面。实际上它是一种管理民间基层的方式。因为在中国城乡民间，从宋明时代以来就存在一种叫做“乡约”的自治的方式。比如说一个村子，大家形成一个共同的约定来遵守。为了遵守这个约定，还形成了一些自治管理的组织。“乡约”往往是和“保甲”结合在一起。

保甲，有点儿类似于我们今天的警察制度。要确保人们遵守乡约，就需要保甲。

乡约的起源很早，宋代的《蓝田吕氏乡约》，明代时候比较有名的是王阳明的《南赣乡约》等。不过乡约到了明清时代，有一个新趋向。本来呢，它是自发的，就是大家为了维持乡里的秩序、维护一村一镇的利益，自发地结成一个约定。不知道大家有没有看过《白鹿原》或者电影版的《白鹿原》？电影里面一出来就是大家一起在读乡约的景象。大家有一个约定，然后这个约定就相当于这个村子、这个集镇的宪法一样的东西。

明清时代，朝廷也会有意给大家来提供乡约的标准。从明太祖就开始了，有所谓的“六谕”。“六谕”，就是6句话。在清朝呢，顺治皇帝，实际上是继承了前代的“六谕”制度，改成了所谓的“顺治六谕”。当然这个“顺治六谕”，基本上是跟“明太祖六谕”一样，只改了两个字而已，可以给大家念一下，实际上很简单：孝顺父母，尊敬长上，和睦乡里，教训子弟，各安生理，勿胡作非为。

但是到了康熙九年（1670年）的时候，清圣祖把“六谕”扩充成了“十六条圣谕”。通常清朝讲“圣谕”，不是说所有的上谕都叫圣谕，一般讲这个“圣谕”呢，就指这“十六条圣谕”。一般都会做成这样的一块龙牌，放在举行乡约的祠堂里。内容是：

> 敦孝悌以重人伦；笃宗族以昭雍睦；和乡党以息争讼；重农桑以足衣食；
>
> 尚节俭以惜财用；隆学校以端士习；黜异端以崇正学；讲法律以儆愚顽；

明礼让以厚风俗；务本业以定民志；训子弟以禁非为；息诬告以全善良；

戒匿逃以免株连；完钱粮以省催科；联保甲以弭盗贼；解仇忿以重身命。

从最基本的孝悌开始，经过一些宗族、伦理的层面，逐步深入到正学和异端的分辨，最后大家就实现一个和谐社会了。大概这样一个笼统的意思。所以从康熙十八年（1679年）开始呢，开始改讲"十六条圣谕"。到雍正二年（1724年）的时候，雍正帝觉得16条太简单了，怕大家不懂，就在"十六条圣谕"的基础上做了一个"广训"，进行详细的解释。而且，正好是一万个字，又叫"万言谕"。

这就可以联想到前面我们讲的雍正帝调和各教，有一个"世道人心"的标准，好像是超越各种思想、各种宗教之上的一个原理，我们可以姑且说是雍正朝的"元宗教"吧。这个"元宗教"的具体内容是什么呢，就是"圣谕十六条"讲的这些人伦、世道、人心。

而且为什么说圣谕宣讲到雍正朝出现了一个大的突破呢？是因为它把普及度大大地提高了。像雍正七年（1729年）有一道对上奏的批复，里面就提到，"直省各州县大乡、大村人居稠密之处，俱设立讲约之所，于举贡生、员内拣选老成者一人为约正"。除了这个"约正"以外呢，还有一个叫"值月"的：每月朔望，即初一、十五，都要集齐乡间的老人、德高望重之人，还有里长，还有读书人，一起来宣读《圣谕广训》。而且这个《圣谕广训》，不是说只给识字的人看，还要让不识字的人、"乡曲愚民"知道，"鼓舞向善"。

还有一道上谕提到，各省督抚，都要催促这些约正、值月，每月讲两次圣谕，而且讲完以后呢，还要注意“以方言谚语为愚民讲说”。如果你说官话、说普通话，老百姓不一定懂，还得说方言。然后呢，还要通过大家喜闻乐见的形式，用谚语给大家解说。这样一来，朝廷的最高意志就跟最底层的不识字的所谓“愚民”联系在一起。所以这个《圣谕广训》它的普及度是非常高的，可能清朝没有另外一个圣谕能够达到这样的普及程度的。就是不识字的人呢，仍然能够通过声音，通过读书人的宣讲，来理解《圣谕广训》的意思。到了后来，为了让一般老百姓懂得，《圣谕广训》还被译成了方言，而且，还被翻译成了满文、蒙古文，甚至英文、葡萄牙文，等等。因为当时这些传教士，刚来中国觉得这个很有意思，而且他们觉得这是了解中国基层社会的一个很好的材料，所以很快就把它翻译出来了。

（六）娱乐化的圣谕宣讲

到晚清时候就更离谱了，《圣谕广训》完全被宗教化跟娱乐化了，就成了大家每个月聚两次乐一下的方式。（笑）而且它与宣扬因果报应的“善书”，比如《文昌帝君阴骘文》《武圣帝君十二戒规》、吕洞宾的《家规》这样一些书一起来宣讲。它完全成为一种跟民间文化、民间宗教结合在一起的形式。

而且晚清时候，就是19世纪时候，还往往采用一些讲故事或者说唱、宣卷（现在在江南的农村还有这样的）这样一些形式。所以它一下子就跟唐宋以来的那种民间文学、俗讲、变文、宣卷、说书等这样一些传统，结合在一起，有很强的普及性。这方面内容非常丰富，也非常有趣。如果再想了解，日本有一位学者叫酒井忠夫的，大家可以借他的书来看，（他的书是）关于基层社会和基层信仰的研究。

这样干讲，大家可能不太理解，所以来看一下图（图5）。不一定每一个地方都能执行得这么好，就是士大夫他们心目中理想的宣讲圣谕，怎样把皇上的意思，变成一般老百姓都能懂的话。它是怎样子的呢？实际上当时是有一个理想在里面，大家可以来看：

图 5 《圣谕广训》宣讲图

上面这个牌子就是《圣谕十六条》，然后就是“天地神明”“纪纲法度”这个牌位，然后两边就是来主持乡约的约正，左边是副约正；然后来讲这个圣谕的人叫司讲，对应的左边的是司书——管这个《圣谕》书的人。然后下面的人就跪着：首先是这些基层的领袖——甲长、地方、禀事，然后就是下面这些老百姓——“善人、恶人、悔过、和处、四睦”，还有“中人”，大多数人都是这一类。这样画出来呢带有象征性，实际上就是说，它通过圣谕宣讲，希望能够把人分成这么 6 类。两边是什么人？大家可以看到他们是穿长袍的，读书人才穿长袍，实际上都是所谓“绅衿”。

所以总结一下，分为 3 班人：一个是基层的管理者，一个是读书人，然后是下面这些老百姓，都跪着。实际上就是 3 个系统：一个是乡约的系统，约正、司书、司讲；然后是地方自治的系统，甲长、地方；两边呢，是绅衿，就是读书人。可以看到，科举在地方的势力还是非常大的。虽然在中央，雍正帝很打击科甲出身者，但是在地方上还是靠这些读书人来维持秩序。他们实际上就是官和民的中介：上面是官，下面是民，他们就在当中起到沟通的作用。然后最下面的就是所谓的“草民”了，有“善人、恶人、悔过、和处、四睦、中人”。大家还能看到桌子上有4个本子，字太小了看不清楚，实际上是用来记录的，分别是“记善”“记恶”“悔过”“和处”，“和处”就是和睦相处。就是说你有什么好事呢要记下来，有坏事要记下来，谁悔过了也要记下来，谁跟大家很好地和睦相处也要记下来。

具体怎样执行呢？等到宣讲的时候，会有一个人来唱这个圣谕，不是直接读，是要唱出来的。唱了一条之后，下面老百姓就要起来汇报，要表扬就当场表扬了，谁做了好人，就要记到这个记善簿里；当然也有互相检举揭发的，做得不好呢，就要记到这个记恶簿里面去；谁悔过了，谁和四邻相处得很好了，都有记录。

这当然不是清朝的一个创造，我们一般会提到有一类书叫《功过格》，和“三教合一”的思潮有关系。在跟佛教的接触当中产生，有什么功过，士大夫都会给自己记下来，我今天得了几个功、几个过，如果相抵，能够有什么结果。后来，这样一种原本流行在士大夫中间的《功过格》，被运用到基层社会当中，成为社会维持秩序的重要的手段。发生这样的事情有什么好处呢？当然也不一定完全是好事，是吧？一方面它鼓励人向善，有什么好的行为都会当场提出表扬，来引导人民遵守基本的伦理规则；但另一方面它是在激发一种群众的道德热情。特别是这种公开的揭发，所谓“记恶”，有什么坏处大家都来讲一下，谁做得不好大家都可以来讲一讲。联系到20世纪，很多群众运动、舆论的压力，特别是在基层、在乡村当中，形成一种道德的暴力，谁也不能逃脱出舆论的掌心。所以清代中期以来就有人说，“以理杀人”，并不是说这个理学的学说本身“杀人”，而是“天理”强化为基本的人伦观点以后，形成了一种道德氛围，很多时候是可以“杀人”的。

当然这样的仪式，它本来设计的时候初衷是很好的。《圣谕广训》到了晚清时候，一方面，如我刚才讲的，会变成娱乐的一个场合；另外一方面，在很多地方会成为具文，成为一个徒有形式的东西。这是晚清上海的《点石斋画报》上面画的一件事情（图6）。有一个人叫吴大澂，在晚清是一个学者。他是苏州人，做官做到湖南巡抚。等到他做完湖南巡抚，回到苏州的时候，他发现呢，湖南还不错，因为是内地嘛，好像民风还比较淳朴，大家都在宣讲《圣谕广训》。这个苏州就糟糕啦，大家都根本就把《圣谕广训》宣讲给荒废了。吴大澂很不以为然，就在那个苏州的城中心，有个叫玄妙观的地方，去重新开始宣讲《圣谕广训》。当时的《点石斋画报》，就把他当时这个宣讲的实况，用很写实的手法来画下来。

图6 吴大澂苏州宣讲《圣谕广训》

当中这个人，就是吴大澂了，旁边是江苏巡抚，很有面子啊，坐下来听。大家可以对照图5，发现前面这张图呢，是站得很整齐的3班人。但到了图6，大家可以发现整个《圣谕广训》宣讲是这样一个混乱的场合：大家都在交头接耳，还有人打着扇子，有的人好像听得不太认真，还有货郎，挑着水果过来。可见整个基层的宣讲制度，在晚清实际上是非常松散的，大家可能就像看“西洋镜”一样，来看这个《圣谕广训》的宣讲。

前面提到《圣谕广训》，还有满文和蒙古文的版本，以及白话文的版本。很好玩啊，大家一看就知道，“皇上的意思”，怎么怎么样，每段话基本都是“皇上的意思”。所以《圣谕广训》实际上就是把皇上的意思说给最底层的人来听。当然，这是雍正朝在思想史上的一个突破，它把教化普及到最基层，不识字的人你只要听得到，能够通过声音把这个文化普及下去。但它也有反作用：本来这个就是乡约，明代以来就是民间自治的东西，它是有利于官方，或者说半自由于官方，是民间自发的维持伦理秩序的手段。但是在清代以后就越来越出现这种最高权力侵蚀民间自治空间的情形，大家都是根据这个“圣谕”来进行乡约。所以这个也是两方面的内容：一方面是普及，另一方面是侵蚀。

（七）儒教的“日用伦常化”

那通过这一整套的，我们说包容也好、压制也好，最终普及，雍正帝在思想史上实现的是怎样一种突破呢？我们可以说用儒教的“日用伦常化”来总结。讲到这个儒教，当然范围很广了，先秦以来儒家，跟政治结合在一起，成为一种我们说的“儒教”，但它本身又不是一种我们今天理解的宗教。到了中唐以后，特别是宋代和明代，因为理学的兴起，儒教就越来越讲究心性之学，跟我们今天讲的哲学越来越接近，它成为士大夫的修养。可是到了清朝呢，它就出现大的转折：本来这个是士大夫讲心性、讲性命的这样一种非常深奥的东西呢，它越来越普及，越来越简化，甚至简化到了极点，成了日常的伦理，它跟民间的文化越来越结合。

这就要提到当时一个官员叫李绂的。一方面，前面也讲到了，他是被雍正帝迫害的一个士大夫。但是另外一方面，他在思想上确实颇能反映当时一般士大夫的心态，很能符合雍正帝的思想设计。李绂有篇文章叫《原教》，就讲“教”是怎么一回事儿即“教”之“原”。他讲的这个“教”，一方面，当然不同于我们今天讲的宗教，但另一方面也不完全等同于中国传统讲的“教化”。李绂“原”的这个“教”，实际上就是我们讲的日用伦理。他讲到这个儒教的根源，“道恶在”？那就是“五达道”：“君臣、父子、夫妇、昆弟、朋友”，就这个“五伦”。这五种伦常你做对了，那你就是得到了“道”，那你就是得到了“教”。那这在宋明理学看来不可思议，是吧？在理学的眼光看来，你要得到“道”，多难啊。朱熹、王阳明想了半天都没想明白的事情，那李绂就讲得很简单——你只要处理好君臣、父子、夫妇、昆弟、朋友这五个方面关系，你合乎世道人心了，那你就是合道了，你就是得到了“教”。那你如果没有达到“五达道”，废弃了人伦，无论你在思想上多么深奥，无论你在心性上多么崇高，那你都是无所谓“教”，你这个“得道”最终是不能实现的。就是这个“道”又从个人拉回到了社会。

李绂还有一个很有意思的观点。我们过去讲“儒”，只有读书人，特别是信奉儒家的人，或者入学读书的人，才能讲自己是“儒”。儒家只是四民之一，士、农、工、商，只有“士”当中才有“儒”。而在李绂看来，“君民皆儒”，无论是君主还是臣民，都是；而且呢，士、农、工、商也都可以成“儒”。所以他说：“儒不必冠章甫而衣逢掖也”，即你不必是穿着这个儒生的衣服、戴着儒生的帽子才是“儒”。李绂说，“儒”有5类。哪5类呢？首先，“南面而临天下者”，这个是君王，君王同时也是儒者；然后，“承流宣化于下者”，这些公卿士大夫、大臣呢，自然也是儒者；接下来，“趋走而在官者，府史胥徒”，这样一些基层的师爷、幕僚，也可以是儒；而且，“耕且敛者”，农民呢，也可以是儒；最后，“懋迁有无，执艺事以食其力者”，商人呢，工人呢，也可以是儒者。只要他们遵守了“君臣、父子、夫妇、昆弟、朋友”这5条伦理，任何人都可以是儒者。

那这是一个极大的放大，就是把“儒”这个观念，放大到所有人。你只要符合了“五伦”的标准，就可以被称为“儒”了。所以，又呼应我们前面讲到的观点：雍正时代实际上存在一种超越一切思想、一切宗教、一切民族甚至一切阶级的这样一种“元宗教”。那就是他讲的伦理。你只要符合了这个伦理呢，相当于达到了国家最基本的一个道德、思想的规范。

和这样一个趋势相对应的就是，在经典的阐释上面，雍正时代有一个特点，就是“首重孝悌”，《孝经》的地位被提得非常高。《孝经》在儒家的经传系统当中，本来也很重要。特别是宋代以前，《孝经》是有非常崇高的地位的。但是等到宋明理学起来以后呢，特别是朱子写了《孝经刊误》之后，《孝经》的地位就一落千丈了。“四书”起来了，成了科举的标准；《孝经》则衰落了，未能有效地进入科举体制。但是到了雍正时代，或许是他要提倡自己是“大孝”吧，所以他一即位就下了道御旨，乡、会试第二场的论题，原来是用宋代的这些理学家的著作，像《太极图说》《通书》《西铭》《正蒙》来出题，现在全部取消掉，改成用《孝经》来出题。他还自己编了《御纂孝经集注》。然后呢，包括一般儒生这个层次啊，就是考秀才，他也提倡《小学》论题要改用《孝经》。这些举措，在之前的顺治朝，就已经有了。不过到康熙帝时，却很推崇理学，遂使宋儒著作进入乡、会试的第二场。雍正皇帝相当于恢复了顺治时期的制度，他说，“宋儒之书，虽足羽翼”——宋儒的这些理学啊虽然非常好，但是“未若圣言之广大悉备”，（他讲的“圣言”就是《孝经》）宋儒理学书不如《孝经》来得重要，来得“广大悉备”。提升《孝经》，也是跟他提倡“五伦”、把伦理作为儒教的核心这样一种新的观点是结合在一起的。

《孝经》很特别。我们知道儒学在日本也很盛，很多儒家经典都有日本刻本。日本江户时代，朱子学是官学。可是当时就有一些古学家，他们要反对朱子学，那怎么办呢？他们就是提倡这个《孝经》，把《孝经》刻了很多，然后认为朱子贬低《孝经》、不读《孝经》，实际上是背弃圣学。而且认为小孩子一入学呢，不是要读“四书”，而是要读《孝经》。这也是一个变化。通过这种中日的对照，我们可以看到，原来程朱理学在明清时代虽然是官学，但它这种地位，正在逐渐地消逝中。接下来从雍正朝到了乾隆朝，大家都知道“汉学考据”就起来了，考据学就压过了宋儒的理学。

我们过去，怎么解释考据学的产生呢？过去一般是讲，因为清代“文字狱”多，读书人都不敢发议论，不敢讲理学，所以只能躲到书卷当中去，只能去做考据。然而，今天的研究越来越不支持这样一种“政治迫害说”，反而是越来越发现，这个考据原来是被在上者、被皇权提倡出来的。并不是说，考据学家受了政治压迫才去搞考据，而是说这些皇帝本身，像雍正帝、乾隆帝，都有厌恶理学的这样一些成分，他们想把理学简化为一些伦理的规则。既然他们厌恶理学，上之所好，下必甚焉，那下面这些士子，实际上是顺着这些在上者的趋向，开始转变为攻击理学，所以紧接着呢，“汉学考据”就出现了。

这就是清代思想史，它这样一个基本变化，可以给它提供一种新的解释。那不是政治迫害，而是我们可以说是政治引导的结果。

那我今天就简单讲这些，请大家指教。

# 西湖在日韩

## ——略谈风景转移在东亚文学中的意义①

金文京*

### 一、前言

西湖堪称中国东南海岸的一颗明珠。其湖光山色之美及周围许多名胜古迹、历代文人韵事传说，早已誉满中外，成为人们神驰心仪的对象。清代王晫《西湖考》云：“吾杭西湖名胜甲天下，其盛自唐宋迄今，笙歌画舫无虚日，甚至异域亦有披图而歆羡者。”王氏又列举当时全国各地被称为西湖者有五十多所，其中不少为模仿杭州西湖而取名西湖，如浙江龙游县西湖则：“宋马天骥拟杭州之西湖开此，以备游览。”此外，扬州瘦西湖、北京圆明园福海以及颐和园昆明湖等，亦皆以仿照西湖而闻名。

---

① 本文是2014年3月金文京教授在北京大学中文系进行一个月的参访时所举行的系列演讲之一。本文首次发表时间为2009年9月11日～12日，时为我国台湾地区“中央研究院”历史语言研究所举办的“东亚文化意象之形塑——第十一至十七世纪间中日韩三地的艺文互动”国际学术讨论会。之后，随着资料和想法的深入，金教授对文章内容有所改动。为了方便阅读，文章原有的注释和引文出处等经作者同意后略去，希望读者见谅。

* 金文京：1952年3月出生于日本东京，1974年日本庆应义塾大学本科毕业，1976年日本京都大学硕士毕业。现为日本京都大学人文科学研究所教授。曾任日本京都大学人文科学研究所所长、日本中国学会副理事长、“台湾大学”中文系客座副教授。主要代表作有：《三国演义的世界》《〈董解元西厢记诸宫调〉研究》《中国小说选》等。

其实，拟杭州西湖之风，不仅在中国，于异域如日本、韩国等也颇见流行。自来很多日韩文人披图歆羡之不足，将身边近处的池水江流呼为西湖或小西湖，用以聊寄缅怀。直至现在，虽中间屡经沧桑，或遗构尚存，或文献可稽，得以凭吊当年。

## 二、西湖在中国

1.“潇湘八景”与“西湖十景”

西湖在唐、北宋时期已驰名全国，其中白居易、苏东坡自是功不可没。而西湖成为风景典范，则始于南宋时期“西湖十景”之点定。目前能知有关十景的最早记录为祝穆《方舆胜览》［嘉熙三年（公元124年）自序刊本］，该书卷一《浙西路临安府·山川·西湖》云：“好事者尝命十题，有曰平湖秋月、苏堤春晓、断桥残雪、雷峰残照、南屏晚钟、曲院风荷、花港观鱼、柳浪闻莺、三潭印月、两峰插云。”接着吴自牧《梦粱录》卷十二《西湖》亦有同样记载：“近者画家称湖山四时景色最奇者有十曰：苏堤春晓、曲院荷风、平湖秋月、断桥残雪、柳岸闻莺、花港观鱼、雷峰落照、两峰插云、南屏晚钟、三潭印月。”两者虽排列次序有异，命意却基本相同。可知南宋后期“西湖十景”已为杭州代表性景点，且为画题。而十景之设，当与此前北宋末期所定之“潇湘八景”有关，“西湖十景”可能是“潇湘八景”之翻版。十景与八景后来都成为全国性的景点典范，其实两者之间既有相同，亦有不同之处。以下分述之。

（1）道教与佛教

八景之名，盖取自道教。梁朝陶弘景《真诰》卷五《甄命授第一》云：“君曰：仙道有八景之舆，以游行上清。”是知八景原来是仙人之乘舆，用以飞行天上。游仙之具，转为佳景，所谓庄老告退，山水方滋也。至于十景，在“西湖十景”之前，佛教寺院中往往有十景者，如范成大撰《吴郡志》卷三十三《郭外寺》记云：“尧峯院在吴县横山。即唐免水院也。院有十景，谓清辉轩、碧玉沼、多境岩、宝云井、白龙洞、观音岩、偃盖松、妙高峯、东斋、西隐。”释契嵩《镡津集》卷十二《法云十咏诗叙》有云：“故法云胜槩，遂远闻播。昼师犹以为未尽其山水之美，乃益揭其十景者，拳拳引诗人咏之。缙绅先生之流，与吴中名僧，闻皆乐为之赋。”此或援用佛经所云十境。《摩诃止观》卷五云：“夫止观者高尚者高尚，卑劣者卑劣。开止观为十。一阴界入。二烦恼。三病患。四亚相。五魔事。六禅定。七诸见。八增上慢。九二乘。十菩萨。此十境通能覆障。”亦称十境十乘。唐朝梁肃《天台止观统例》云：“十境者发动之机，立观之谛也。十乘者妙用所修，发行之门也。”（《佛祖统纪》卷四十九）十境、十乘正好与八景做对，游历风景之中，寓悟道阶梯之意。日本禅宗寺院有十境者，如东山十境、悟峰十境、龟山十境等，当来源于中国。

（2）卧游与亲临

对沿海城市居民而言，潇湘乃邈远之地，难以亲临其境；而西湖紧靠杭州，朝夕可游。作为画题，“潇湘八景”仅供卧游，“西湖十景”兼有导游之用。

（3）泛指与特定

“潇湘八景”并非特定地点，平沙雁落、远浦帆归、山市晴岚、江天暮雪、洞庭秋月、潇湘夜雨、烟寺晚钟、渔村落照，凡有其境界者，皆当之无愧。西湖十景则不然，每一景点都是地名。此亦卧游与亲临之差别所致：卧游之地不妨泛指，而欲亲临必须有固定地名。换言之，八景只取境界，不管其地；十景则境、地兼而有之。后来模仿八景者，无不有特定地点，名为八景，实则十景之延续。

（4）大小不同

潇湘洞庭，浩无垠涯，乾坤日夜浮，涵虚混太清。西湖弹丸之地，六桥十里可尽。西湖之与潇湘洞庭，可谓小巫见大巫也。对杭州居民而言，西湖只不过是一日之游。

2. 大隐与小隐

不管八景或十景，山水渔樵之乐，乃渊源于游仙隐居思想。而“小隐隐陵薮，大隐隐朝市”是六朝以来对隐居的典型看法。陶渊明之“结庐在人境，而无车马喧。问君何能尔，心远地自偏”，亦同此意。不过，此小隐、大隐之价值衡量，至唐以后，发生较大的转变。首开其河者当为白居易。其诗《中隐》云：“大隐住朝市，小隐入丘樊。丘樊太冷落，朝市太嚣喧。不如作中隐，隐在留司官。”白居易厌烦官场风波，却迷恋于城市生活之安乐。之所以提出中隐，只不过是一种妥协方法，仍不脱离传统大隐、小隐之藩篱。

至晚唐，韩偓《小隐》诗则云：“借得茅斋岳麓西，拟将身世老锄犁。清晨向市烟含郭，寒夜归村月照溪。”韩偓所作为小隐——朝往市郭、晚归村斋，显然，已与“隐陵薮”之小隐不可同日而语，与白居易一样，靠拢城市生活；且似乎甘心作小隐，此又与白居易不同。

此一倾向到北宋更为显著。宋庠诗《西都官属咸备尹政得以仰成暇日池圃便同尘外》云：“谁谓留都剧，翻同小隐年。沐头休吏日，闭阁读书天。”此所谓小隐，实指白居易之中隐。再看苏东坡《六月二十七日望湖楼醉书》五首其五：“未成小隐聊中隐，可得长闲胜暂闲。我本无家更安往，故乡无此好湖山。”此诗当为东坡在杭州之作，仍是白居易中隐之意。而“未成小隐聊中隐”，却把小隐、大隐之价值、档次颠倒过来。白居易之意应为大隐做不成，聊为中隐。此时自称小隐之人不少，隐居西湖孤山，梅妻鹤子的林逋具有代表性。《林和靖集》中小隐诗不一而足，如《湖山小隐》《小隐自题》《小隐》(卷一)、《湖山小隐》二首（卷二)。其中《小隐自题》云：“竹树绕吾庐，清深趣有余。鹤闲临水久，蜂懒得花疏。酒病妨开卷，春阴入荷锄。尝怜古图画，多半写樵渔。”林逋向往古图中的樵渔生活，却寄居于离城市不远的西湖孤山。商业城市的繁华与山水渔樵之乐，可得兼享，小隐亦可作大隐。也因此，此时的小隐已然没有贬义。林逋不仅自称小隐，人也视其为小隐，如范仲淹《寄赠林逋处士》云：“玉田耕小隐，金阙梦高真。”另一位不可或缺的小隐是邵雍，其诗《小园逢春》云：“小隐园中百本花，各随红紫发新芽。东君见借阳和力，不减公侯富贵家。”《愁恨吟》云：“城里住烟霞，天津小隐家。经书为事业，水竹是生涯。恨为云遮月，愁因风损花；恨愁花月外，何暇更知他。”邵雍终身不仕，却在他的洛阳“天津小隐家”、安乐窝中逍遥自在，亦可视为典型的小隐。

此类“城里住烟霞”的小隐，至南宋后已不可胜数，如以编刊《江湖小集》等书出名的杭州书商陈起，以及集中诸多江湖派小诗人，或多或少有过类似生涯。而金代元好问之《市隐斋记》最能道出其中道理，兹不妨引全文：

吾友李生为予言：“予游长安，舍于娄公所。娄，隐者也，居长安市三十余年矣。家有小斋，号曰‘市隐’。往来大夫士多为之赋传，渠欲得君作记，君其以我故为之。”

予曰：“若知隐乎。夫隐，自闭之义也。古之人隐于农、于工、于商、于医卜、于屠钓。至于博徒、卖浆、抱关吏、酒家保，无乎不在。非特深山之中，蓬蒿之下，然后为隐。前人所以有大小隐之辨者，谓初机之士，信道未笃，不见可欲，使心不乱，故以山林为小隐；能定能应，不为物诱，出处一致，喧寂两忘，故以朝市为大隐耳。以予观之，小隐于山林则容或有之。而在朝市者，未必皆大隐也。自山人索高价之后，欺松桂而诱云壑者多矣，况朝市乎？今夫乾没氏之属，胁肩以入市，叠足以登高利嘴长距，争捷求售，以与佣儿贩夫血战于锥刀之下。悬羊头，卖狗脯，盗跖行而伯夷语，曰：'我隐者也，而可乎。'敢问娄之所以隐，奈何？"

曰："鬻书以为食，取足而已，不害其为廉。以诗酒游诸公间，取和而已，不害其为高。夫廉与高，固古人所以隐也，子何疑焉？"

予曰："予得之矣。予为之记之。虽然，予于此犹有未满焉者，请以韩伯休之事终其说。伯林卖药都市，药不二贾，一女子买药，伯休执价不移，女子怒曰：'子韩伯林邪，何乃不二价？'乃叹曰：'我本逃名，乃今为小女子所知。'弃药径去，终身不返。夫娄公固隐者也。而自闭之义，无乃与伯休异乎。言，身之文也，身将隐，焉用文之？是求显也，奚以此为哉？予意大夫士之爱公者，强为之名耳。非公意也。君归试以言问之。"（贞佑丙子十二月河东元某记。）

元好问对娄公鬻书为隐的行径虽有所保留，然已明确否定大隐、小隐的传统框架，基本上肯定了市隐的生活方式。林逋、邵雍之流的小隐，就其具体生活形态而言，无非是市隐。这种市隐的产生，与宋以后城市商业的繁荣有密切的关系。出世转为入世是唐宋嬗变的标志之一，市隐把隐居化为世俗的谋生或寓隐居于谋生之中，同时，也把山水引进到城市中。

3. 欣赏小景

山水被引进到城市中，大景便不得不化为小景。而西湖可以说是典型的城市性小景。元代庄肃《画继补遗》卷上云："宋高宗天纵多能……而万机之暇，时作小笔山水。专写烟岚昏雨难状之景。非群庶所可企及也。予家旧藏小景横卷，上亲题西湖雨霁四字。"西湖各处烟岚昏雨之景，最宜做小笔山水。欣堂小景之风，于焉兴起。南宋多位画家皆以擅长画小景而出名，而"西湖十景"可谓小景之最佳者。

《武林旧事》卷七云："干道三年三月初十日……遂奏知太上，命修内司，日下于北内后苑建造冷泉堂，叠巧石为飞来峰。开展大池，引注湖水，景物并如西湖。"所谓大池，无非是小湖。西湖之小景，又引进到宫内再为缩小。将欣赏小景之风更上一层楼。盆景、盆石等缩小景观大为流行，亦当与这种风气有关。与此同时，大景化小景，小景化微景，且由微观小、由小想大的游戏式思考方式，也开启了另一种思考游戏，这就是风景的转移。

## 三、西湖在日本

1. 早期文学中的西湖

日本自从接受中国文化之后，朝廷派人或僧人私渡、商人贸易，历代都有人曾漂洋过海，引进中国文物；其中到过杭州西湖者自也不少。如成寻（1011—1081）《参天台五台山记》（见《大日本佛教全·游方传》卷三）中就有关于杭州的详细记载，成为宝贵数据。而源为宪（？—1011）之诗《见大宗（宋）国钱塘湖水心寺诗，有感继之》（见《本朝丽藻》佛事部），大概是吟咏西湖最早的作品。至13世纪初，由当时的帝王后鸟羽院、出名和歌作家藤原定家、名僧慈圆等19个人合作的《元久诗歌合》

（1205 年），以《水乡春望》和《山路秋行》为题，各自做汉诗或和歌。其中《水乡春望十九首》中有 8 首与西湖有关，有“杭县风光属镜湖”“钱塘湖上晚霞薄”“风绿杭州春柳岸”等句。

2. 五山文学中的西湖

西湖被正式介绍到日本后，引起广泛关注，盖由五山禅僧开始。自南宋到明初，为数不少的禅僧被留学中国，长期滞留，且他们所住之地，多半为杭州附近的禅宗五山十刹。如后来任京都东福寺退耕庵第一世的性海灵见工自至正二年至十一年（1342—1351 年）在元工。其《性海灵见遗稿》中有“莲”诗云：“亭亭抽水清于碧，片片泛波轻似舟。十里西湖风景好，六桥烟雨忆曾游。”之外，五山文学中所见有关西湖之诗篇，大致如下：义堂周信（1325—1388）《空华集》卷二《拟忆西湖》云：“行脚买穿三耳鞋，此心早已自孩提。百城未到跟先断，扬在赵州东院西。”卷四《题西湖小草堂图》云：“十里西湖一草堂，断桥柳色晚凄凉。何当借得扁舟去，分取梅花月半床。”绝海中津（1336—1405）于洪武元年至十年（1368—1377 年）入明，住杭州中竺山。其《蕉坚稿》有《西湖归舟图》：“访僧寻寺去，随鹤棹舟回。来往俱潇洒，宁惭湖上梅。”唯忠通恕（1349—1429）《云壑猿吟》有《梦游西湖》诗：“此夕神游果旧期，西湖烟雨半晴时。吟中犹未分杭颍，十里荷华一棹迟。”与绝海中津同时入明的愕隐惠（大岁）（1357—1425）之《南游稿》有《西湖放鹤图》：“智（知）是先生不在家，雪余放鹤日西斜。诗人若到岂劳待，门有寒梅数树花。”西胤俊承《真愚稿》有《西湖晴雪图》：“一幅新图潮面开，碧波晴雪共悠哉。只今谁是梅花主，鹤与逋仙去不回。”

3. 京都建仁寺两足院和馒头屋林净因

近代以前，五山时期的中日交流最称兴旺，此时除多数禅僧去中国留学之外，亦有不少中国人来到日本定居，其中最值得一提的是建仁寺两足院的开创祖师龙山德见携之俱来的林净因与其后人。

建仁寺是1202年日本禅宗之祖荣西禅师所创建的京都最古老的禅宗寺院，素称京都五山学问之最。其塔院之一两足院至今藏有数万册中国古籍，其中亦有宋元版希觏书，弥足珍贵。而其开创祖师龙山德见（1284—1358），自1305年入元，至1349年66岁时归国，在元长达45年之久，亦为留元为期最长的禅僧。两足院能有大量藏书，除因其开创祖师长期留在中国之外，其历代主持拥有雄厚可观的财力当是重要原因，而其中关键人物乃为林净因。

龙山德见回国之际，几位中国人随之同来，林净因是其中之一。林净因，杭州人，自称林和靖子孙。随德见师来日本之后，定居京都、奈良，开馒头（即今人所谓包子）店，据说此为日本馒头之嚆矢。其后孙改姓盐濑，历数百年，至今营业盛行不衰，盐濑本店今在东京。京都今有馒头屋町，是林家开店旧址；奈良则有林神社，奉林净因为馒头之祖。而今西湖孤山亦有林净因纪念碑，是几年前盐濑馒头家的主人为显扬先人功德而建，与旁近林和靖之墓，前后辉映，传为当今中日交流史上一段佳话。

两足院初期几代住持僧皆为林氏后代，第四代悦岩别号西湖、六桥，可谓不忘本。林家与两足院有如此密切关系，其对该院乐于资助，当是意料之内。其中族人林宗二（其子梅仙任第六代住持）好学不倦，在以鬻馒头致富之余，与当时名流贵族、缁流学者来往从学，写过大量的“抄物”（是旁听有名学者讲学的详细记录），也出版过日本第一部辞典《节用集》，被称为馒头屋本。其为人为事，堪称市隐。

4. 西湖图

早在室町时代，当时有名的画僧雪舟（1420—1506）所画《天桥立图》（天桥立是日本三大名胜之一），其山水布置就完全模拟于宋元时期的《西湖图》而得以脱胎换骨。其后，雪舟门弟秋月等观有《西湖图》（1496年），为等观在北京会同馆时所画。至江户时代，则有伝狩野元信之《西湖图》（大德寺真珠庵藏）、海北友松之《西湖图》（妙心寺麟祥院藏）、池大雅（1723—1767）之《西湖春景图屏风》《钱塘观潮图屏风》《西湖图》等不一而足，另外，袋中上人（1552—1639）从琉球带来的中国民间西湖图，亦别具特色。

5. 朱舜水和西湖堤

明清鼎革之后，浙江余姚人朱舜水（1600—1682）于1659年亡命到日本，出仕于水户藩主德川光圀。他受光圀之嘱，在水户藩江户藩邸设计庭园，命为“后乐园”。园中有西湖堤、小庐山等小景点。其《游后乐园赋》称：“于是暂休召伯之堂，容与苏公之陂。”后来很多大名（诸侯）庭园都取法于后乐园，如广岛缩景园。另外，松江宍户湖、水户千波湖等也被看成西湖，是与南宋孝宗把西湖缩小引进宫内之举，易地而同法。

于是，西湖之名愈为人所知，江户初期有名俳句作者北村季吟（1624—1705）作《比牟礼山十景和歌》，是将近江比牟礼山的景点比拟成“西湖十景”，且以日本和歌加以吟咏，进一步促进西湖的日本化。松尾巴蕉《奥细道》是俳文名作，文中把松岛、象舄等名胜之地都比拟为西湖。

6. 游戏版八景、十景

八景、十景之缩小化、城市化，在日本衍生出一种另类游戏文学。如延宝八年（1680年）刊行的《役者八景》，把歌舞伎的名伶作为八景；贞柳狂歌《座敷八景》[见于享保七年（1722年）初演的纪海音《东山殿室町合戦》]，把八景全部搬到室内。按照《座敷八景》画家铃木春信所画锦绘《座辅八景》之中，八景为扇子晴岚、行灯夕照、琴柱落雁、涂桶暮雪、悦架妇帆、时计晚钟、台子夜雨、镜台秋月，竟把闺中小家具做为八景之资，可谓极尽缩小化、城市化之能事。

又如，大田南亩（蜀山人）、卯云合作的《叡麓八景诗歌》（见于《江户一斑》《檀那山人艺舍集》），则以狂歌、狂诗的方式，描写江户（今东京）繁华区上野（即叡麓）的商业境况，诸如鹤吉晴岚、茶铺夕照、土弓落雁、饼屋暮雪、机关妇帆、佛店晚钟、沟店夜雨、蹴转秋月。

同样的文学，无独有偶，其实中国亦有之。如元代徐琰作《青楼十咏》，以十景方式描绘青楼嫖客之习俗，诸如初见、小酌、沐浴、纳凉、临床、并枕、交欢、言盟、晓起、叙别。与日本的游戏文学可谓同工而异巧。

7. 不忍池（小西湖）——想象中的城市交流

在日本西湖缩小化、城市化的倾向已然显著，其中当年最负盛名者应屈指位于东京有名的繁华区上野西边的不忍池。不忍池与上野的地理位置及人文环境，正如西湖与杭州，由此，当是文人墨客把不忍池叫称小西湖。

菅茶山（1748—1827）是江户时代晚期的代表诗人之一，他在文化元年（1804年）从他的家乡来到江户（即东京），于不忍池傍与他多年来的好友且当时有名的学者文人伊泽兰轩（字都梁，1777—1829）以及狩野掖斋等共赏荷花，且赋诗云："庭梅未落正辞家，半岁东都天一涯。此日秋风故人酒，小西湖上看荷花。”据目前所知，这就是将不忍池称为小西湖的最早例子。此时与他携游的伊泽兰轩后来于文化六年（1806 年）徙家不忍池旁。据近代有名的小说家森鸥外（1862—1922）的史传体小说《伊泽兰轩》，他当时写诗一首《移居湖上》，中间两句为：“择胜构成湖上家，雨奇晴好向人夸。”其用意和菅茶山的诗可谓殊途同归。兰轩的诗友石田梧堂甚至自命其居为小西湖亭。可见当时这些诗人们都染上了一股西湖热。菅茶山不仅写了几首小西湖的诗，而且托兰轩想办法从长崎买一棵西湖之柳。后来他和另一位诗人石原亮共得柳树，他就赠一首诗给石原，聊表庆贺之意：“曾在西湖系画船，偶来东武拂金鞭。谁图苏小坟前影，近接梅儿墓畔烟。”可谓一片痴心、情往已甚。同时，从中亦可窥见当时通过长崎的中日贸易的盛况。

江户末期的诗人如此痴迷于西湖，究其原因，恐怕与当时的诗风有关。江户中期的日本诗坛深受明代古文辞派的影响，模拟盛唐豪放风格大张其道。直至 18 世纪后半叶，此风始衰，代之而兴起明末袁宏道等公安派的平明，开朗的诗风，以致宋诗尤其南宋四大家的作品深受欢迎。南宋四大家的故乡都在江南，他们的作品中吟咏江南旖旎风光的篇什比比皆是，加以袁宏道也曾热烈赞赏西湖之美。小西湖之流行，于是乎应运而生，不忍池因地处江户繁华之区而成为其中心。攻击古文辞派最有力的山本北山（1752—1812）于宽政四年（1792 年）在不忍池畔召开了观莲咏诗之会，以后每年六月二十四日例有雅集，骚人墨客互酬诗酒，一时传为盛事。菅茶山等上述诗人乃浸育涵泳于此一风气，而当时爱好小西湖的代表作家非大沼枕山莫属。大沼枕山（1818—1891）约活跃于江户末期至明治初年，是当时江户或东京诗坛最具影响力的诗人之一。他曾长期住在不忍池畔，得以朝夕欣赏小西湖的雨奇晴好、莲香柳色。在他的诗集《枕山诗钞》中，咏小西湖的诗篇如《晓游小西湖》《小西湖看荷花有感寄怀彦之》《十六夜饮小西湖即事同毅堂交山》《开岁二日饮小西湖紫茄亭》等，不一而足。有一次他曾寓居于江户增上寺，寺中有一池塘，正逢藕花盛开。他竟然把它也视为小西湖，做诗云："谁移佳景在此乎，小湖之外一小湖。石桥朱塔依稀是，雨奇晴好亦同区。"最后两句为："但使繁华在吾眼，到处无非西湖天。"可见在他心目中的西湖早已成为理想的胜地，不限于只在杭州。

8. 明治以后的小西湖

明治维新以后，枕山不屑于出仕新朝，以江户幕府遗臣自居，优游世事之外，依然诗酒自娱。不过，时代的风起云涌渐渐迫使他落后于时流，以致穷死陋巷，而小西湖也随之难以苟免，遭到厄运。

明治政府一改以往幕府时代作风，对外开放，导致日本社会的巨变。对在此以前的日本人而言，中国是个只能神往却无法身临之地。今则不同，国禁一除，来往之路开矣，文人梦寐以求的西湖也可望亲临其境了。这就在小西湖的历史上带来显著的变化，大沼枕山的诗友小里湖山（1814—1910）在他的《莲塘唱和集》续编中说："看云翫水兴未尽，又自小湖思大湖。"从小西湖上驰怀于大西湖，已经反映出这种情况。直到明治中叶，身游杭州、饱看大西湖之风光者已大有人在。例如，大沼枕山的族弟鹫津毅堂的女婿永井久一郎（号禾原，1852—1913）于明治二十三年（1897 年）供职于日本邮船上海分公司，游杭州赋诗《雪日游西湖》《出钱塘门望西湖》《孤山》《苏小小墓》《灵隐寺》等，可知其足迹几遍西湖各处。有趣的是，他于明治二十五年（1899 年）返回日本后，随即宴请清廷派日本考察的刘学询一行于不忍池畔湖心亭，并赋诗相赠。刘学询，字问刍，广东香山人，他在东京受清廷密意欲谋害康有为，且私自与同乡孙文密会。刘学询是个西湖迷，后来于西湖上构水竹居（俗称刘庄，现西湖国宾馆），乐此忘返。想必那时永井在会上与刘学询畅谈犹在眼底、历历难忘的真西湖风景，以助诗酒之兴。永井当时送给刘学询同伴姚子芳的《又赋呈姚子芳明府》诗云："君是卸装我回棹，相逢一笑小湖天。"所云小湖，自是小西湖之谓。可见，永井对大小西湖等量齐观，毫无自卑之感。永井之子永井荷风（1879—1959）是近代有名的文人小说家，他取号荷风，似乎也与西湖有关联。

另外，在西湖旁边灵隐寺之前的飞来峰各处，至今还可以看到当时日本游客为了纪念所刻的字，如"大日本（此三字已被铲除）明治廿四年夏六月日下鸣鹤来游于此"，日下鸣鹤即日下部鸣鹤（1838—1922）明治有名的书法家；又有"明治丁亥日本源蓝水九游此"，蓝水九不知为何许人；等等。

既有往者，亦有来人。例如，小野湖山的《莲塘唱和集》续编有鄞县（宁波）郭传朴的和作。又如，黄遵宪的《日本杂事诗》也将小西湖之柳列为东京名胜之一。

大、小西湖之间的距离如此缩短，原可大为促进西湖的融合以及两边诗人的交流。不过遗憾的是，事实的进展恰恰其反。中日甲午战争（1895 年）日方得胜之后，日本更加热心推行全盘欧化，对过去来自中国的种种文化一概予以冷漠甚至否定；与此同时，也大力提倡民族主义和以天皇为核心的国粹思想。在此种情况之下，小西湖之类自然要大江东去。

明治二十九年（1896 年）出版的《新撰东京名所图会》义正词严地指责西湖，说："诗客文人称不忍池为小西湖者为多。盖西湖在清国，而以彼为大、以我为小，拟彼自称小西湖也，则视己一何卑屈耶？因事关国体，不可不匡正。”这与上述永井对小西湖的观感大相径庭，实为当时舆论所在。

在此前后日本政府于不忍池畔接二连三地开办了博览会，早在明治十年（1877 年）举办内国劝业博览会，至四十年（1907 年）又开东京劝业博览会；池畔有台湾馆，也有跑马场。其目的无外乎宣扬国威，向臣民以及西方各国夸示大日本帝国的威风。从此以后，曾经盛极一时的小西湖渐被遗忘，埋没于历史前尘之中。

有趣的是，在民国十八年（1929 年），杭州西湖也举办了西湖博览会。大西湖与小西湖，同样迎合着时代的变幻风云。

明治三十五年（1909 年），在樱花烂漫的春天，留学日本就来到上野山上的鲁迅（1881—1936）后来回忆当时，在《藤野先生》一文中说：“上野的樱花烂漫的时节，望去的确像绯红的轻云，但花下也缺不了成群结队的清国留学生的速成班。”又如，蒋光慈（1901—1931）在 1929 年赴日时所写《异邦与故国》也说：“上野公园比较大而清静些，没有浅草公园的烦杂。……后来我们走到不忍池的池畔坐下，这时已经是五点钟了，一阵一阵的沁人心脾的荷叶的清香，到驱逐去了我的疲倦不少。这不忍池大有南京的莫愁湖的景象，不禁令我想起莫愁湖的风味来。不过，为什么这池名为不忍呢？莫不是有着伤心的历史吗？我很想知道这一层。”他们大概梦也想不到在他们眼底下的池塘曾经一度被称为小西湖。

尽管如此，在日本人的脑海中，西湖及风景转移的记忆并没有完全消失，随着欧风之流行，又迁徙到西方异域。饭冢纳（1845—1929）为明治初年政府派到欧洲的留学生，与当地一德国妇人结婚。他喜欢写汉诗，自号西湖山人，盖因其家乡岛根县松江之夫道湖亦曾被称西湖之故也。其《西湖四十字诗》所附权藤成卿撰《西湖山人事历考》云：“于是夫妻相携，历游英伊独澳白兰诸邦。到瑞西，逍遥西涅湖畔，留之者经年，自号曰西湖山人。盖其乡寰松江之胜，有所相似，因取于是云。”文中西涅湖乃是Geneve的音译，省称西湖也。在日本已被遗忘的西湖，远至欧洲放出了最后的光芒。

## 四、西湖在韩国

西湖风景转移的嗜好，流风所及，也被吹到朝鲜半岛。汉城（今首尔）西部汉江边的西江，在朝鲜王朝时期曾被称为西湖。当时韩国文人对西湖之向往，从申钦（1566—1628）之《题西湖志后》——“钱塘清赏世间无，南北高峰里外湖。安得来生作湖长，放游如白又如苏。”——已足以窥见一斑。又如，金得臣（1604—1684）《终南丛志》云：“明庙尝得一图，出示群臣，皆莫知其为何图也。湖阴郑士龙进曰：此乃西湖图也。遂以手指点曰：此灵隐寺也，此涌金门也，此东坡所筑之堤也……历历若曾所目见。”其痴迷之深，绝不亚于日本文人。然而朝鲜文人向往西湖，其背景却与日本文人有所不同。壬辰倭乱（万历朝鲜役）时，明朝所派军将中多有浙江人，与朝鲜文人交流，乃引起且推动朝鲜的西湖热。也因此，向往之情中难免带有悲哀之汉。例如，李廷龟（1564—1635）之《钱塘歌，赠金华秀才》云：“相逢逆旅一胡卢。译语才传情共孚。新诗且复缀骊珠。山水清潭至日晡。闻来顿觉旧痾苏。怳入西湖游小孤。不知身在海外封疆殊。可怜亡国一大夫。迹阻偏裔空长吁。”且因朝鲜地接中国，其对西湖的遐想，比诸日本文人更加一层现实的色彩。如申琓

(1646—1707)《题西湖图并序》云："适案有西湖图一幅，不知何人所作，密如牛毛，细如蚕丝，览不移晷，目力已废。阅未终卷，意马先驰。不费长房之术，而湖山之胜概，寺刹之壮观，人物之繁华，固在阿堵中。……噫，余匏系偏方，地已左矣。虽欲以青鞋布袜徜徉于湖山之间，可得也。此江南一片地，久为戎马之地，未知今日能保昔日之繁华耶。今观此图，不能无感。"此为明清鼎革之后的观感，朝鲜受倭寇侵扰之害，比中国有过之而无不及，难免同病相怜。

虽然如此，在韩国文人国禁严密之下，不能亲临其地，则与日本文人相同，于是韩国之西湖，亦应运而生。汉城西湖，指汉城西部麻浦、西江一带。徐命膺（1716—1787）之《西湖十景古今体》云："余居西湖。所暮朝者流峙。所上下者鱼鸟。无味之中至味存焉。遂分为十景。以各体赋其事。命曰古今体。"既云"余居西湖"，自非中国之西湖。此汉城之西湖，竟把湖景化为江景，其比拟转移之妙，比日人把小池塘视为西湖，更足称奇。

## 五、小结

西湖风景之转移，原其当初，与宋代以后的城市商业的发达，以及随之发生的隐遁思想之转变，山水之城市化、缩小化等一系列的变动有关；自南宋经元至明初此一东亚三国之交流较为自由且频繁的时期，它很快传播到韩、日两国。兹后，中、日、韩三国先后都实行海禁、锁国等政策，交通堵塞，乃有畸形发展。而"禁锁"一开，就发生政治矛盾，且在欧风美雨极大冲击之下，随之消灭。欣赏小景的游戏思考，小景并不比大景差的价值导向，在疾呼国权独立的大声中，亦销声匿迹。

上海《解放报》1995 年 11 月 20 日有一篇文章，批评把外滩叫作“中国华尔街”，把苏州叫作“中国威尼斯”诸如此类的命名法，认为是殖民地文化，此与日本明治时期“事关国体，不可不匡正”的责难，先后如出一辙。

其实，这种游戏性思考模式藕断丝连，在东亚三国人的脑海中根深蒂固，不容易消灭。据日本宫下启三著《日本ァルプス（Alps）》一书，英国宣教师 Wolter Wetso 在 1896 年出版《日本ァルプス登山と探险》，把枪ケ岳叫作小型 Matterhorn，比拟成 Alps。志贺重昂之《日本风景论》（1894 年）受 John Ruskin 之 Modern Painters（近世画家论）影响，被称为日本的 Ruskin，亦推波助澜。由此，日本人至今把飞禅山脉、木曽山脉、赤石山脉分别称作北 Alps、中央 Alps、南 Alps，反而淡忘了原来固有名称。今日甚至有中央 Alps 市、南 Alps 市等行政区，在欧风美雨冲击之后，仍然旧伎重施。中、韩两国亦当有类似现象，苏州被叫作“中国威尼斯”等，皆可作如是观。

这种情形中、韩两国有其事而似无其名。日本叫作“见立”：是拟意，而不是拟形；意似，而不是形似。大的不一定比小的好，假的不见得比真的差。这是一种精神游戏。

# 南方境外：强进与退让

——对中国与东南亚间国际关系的文化史思考[①]

王赓武[*]

## 一、引言

可能是因为我最近感到年纪大了的缘故，反思了很多过去的事情。我生在印度尼西亚的爪哇岛，长在马来西亚，当时是英属马来半岛，里面有不同的王国。我长大的地方叫霹雳州，当时是叫霹雳王国，王国信奉的宗教是伊斯兰教。霹雳王国里华人的人数大约占到三分之一。我出生的地方叫怡保，是一个华人的聚居区，多数人来自中国的华南，主要是客家人。当地的生计方式是开采锡矿，锡矿的发展特别成功。我中学毕业之后，到南京中央大学（即今天的南京大学）去念书。当我上到二年级的时候，由于国共第二次内战打到了长江，南京的学校因为担心战火而关闭，我就回到了马来。马来在“二战”之后，随着英国势力的渐

① 本文为王赓武先生 2014 年 11 月 8 日于北京大学国际关系学院秋林报告厅所作演讲整理稿。本次讲座由北京大学国际合作部与北京大学国际关系学院联合承办，得到北京大学“大学堂”顶尖学者讲学计划资助。承蒙北京大学国际关系学院卞恒沁同学提供演讲速记稿，王钊同学提供现场录音，特此一并致谢。

* 王赓武：祖籍江苏泰州，1930 年生于荷属东印度（今印度尼西亚）泗水，1957 年获伦敦大学博士学位。后任马来亚大学教授、历史系主任、文学院院长。1968 年后，任澳大利亚国立大学教授、远东历史系主任、太平洋研究院院长，香港大学校长。代表作有《南海贸易：南中国海华人早期贸易史研究》《南洋华人简史》《南洋贸易与南洋华人》等。

渐退出，成为马来亚联合邦。联合邦一共有 9 个小王国，再加上槟城和马六甲，就成为马来亚联邦。本来新加坡是属于这一个系统的，曾经都是英国人管理的殖民地，但是英国人跟马来方面谈判的时候，因为顾及新加坡的华人太多，加入后会使得非马来族群人数超过国民人数半数，马来方面不希望新加坡加入马来亚联邦。因此后来马来方面就跟新加坡分开了。但是我回到马来的时候情况还没有那么清楚，因此我重新上的大学是在新加坡建的马来亚大学，是现在国立新加坡大学的前身。结束在那里的深造之后，接着到英国继续学业。

我回述这段历史，一个主要原因是每当我想起那段时期，总会有一个感觉，跟今天的题目有些关系。各方面不同的政体，不同的历史经验，每个人都会有所经历。比如，我出生的地方当时是叫东印度，长大时这地方是英属的马来半岛。到了 1941 年年底，日本军队打到东南亚的时候，我有三年零八个月是在日本实际控制的领土上生活着的。后来日本被打败了，英国的势力又回来了，不过英国人回来后的情况已经跟“二战”前大不相同。英国势力回到马来亚后，面对着许多反抗集团，有马来亚共产党，也有其他马来民族的国民党，当时各种党派之争，夺权、斗争进行得非常激烈。这段历史给我留下的最深刻印象，就是要重视在一个区域的整体视野之下各个民族之间的关系，他们既有各自退让的时候，很多时候也出现强进的情况。各种进退使我有了深深的感受。想象这段历史，联系到整个东南亚历史，以及中国和东南亚相互交流的关系史，强进与退让的问题值得我们好好考虑。

## 二、历史上的进退：东南亚与中国

我是结合自己的所见所闻，谈进退的概念的。东南亚历史中进与退的变化、中国内部进与退的变化、中国与东南亚之间进与退的变化，等等，这些都值得考虑。不过，因为我是在东南亚地区长大的，因此我最好还是从东南亚的情况说起。

（一）东南亚：内生的进退

东南亚这个地区非常有意思，是一个非常复杂的地方。从地理上看，整个东南亚大概三分之一是大陆，三分之二是岛屿。岛屿分为5个国家，大陆也是5个国家，现在一共是10个国家。东南亚这个名称本来是历史上没有的，“二战”时期英国人把东南亚作为这个地区的战区代号，才有了这个名字。之后国际上人们普遍使用，从而成为习惯，就在观念中形成东南亚这个新的区域，因此，东南亚是在“二战”之后才有的地理区域概念。“二战”之后的情况依然非常复杂。大陆上有越南、泰国、缅甸三个大国，还有柬埔寨和老挝两个小国。各个国家当中生活的族群情况也相当复杂，既有处在比较文明阶段的民族，同时也存在相对显得原始一点的民族。同样，既有现在的土著民族，也有许多外来的民族。但是现在很多所谓的土著民族不一定都是土著，以前的土著民族跟现在的土著民族可能是不同的。东南亚地区比较早的族群，可能是现在柬埔寨人的祖先，我们知道的他们在东南亚大陆长久居住的历史，都是在一两千年之前的事情。而缅甸的主体民族缅族是跟随藏族从中国云南进入缅甸的，泰国的主体民族泰族也是由中国广西、贵州那边的傣族迁入后，经过历史变迁、文化融合，演变而成的。中国的秦朝汉朝都征伐过越南，在越南南部还设立了三个郡，直到唐朝的一千多间都是以汉人为主体的。越南人的本族跟中国华南古代的越族，在语言与风俗习惯上有着共同的方面，现在我们的历史学家已经对他们之间的关系有了比较清楚的认识。越南人不停地南进，强进到南方，攻下占城。占城现在是越南的中部地区，原来的民族跟马来族一样，跟大陆的民族没多大关系，他们是从海上迁到占城去的。越南的南部原来属于柬埔寨土著民族帝国的版图。随着越南不停地朝南走，占领占城，强进到柬埔寨帝国的南部，留下了原先帝国的小部分区域，即现在柬埔寨国家的版图。同时傣族也就是现在的泰族，从广西贵州那边南移，渐渐把现在的泰国地域给占领了。历史上东南亚还有一个孟族存在，现在的人数已经很少了。孟族原先生活的地区是现在越南的南部与老挝的一部分，结果被缅族与傣族这两个大民族占据了，孟族历史上统治过的地域基本上完全属于缅甸了。这是大陆强进，从北到南的政治力量运行的结果。

海上的情况又是怎样呢？马来这个词很容易引起误解，我们现在把马来西亚的马来人叫作马来人，印尼其实也有马来人，但是很少，根据最近的人口统计，印尼的马来人只占整个国民人口的4%。印尼的国语属于印尼文，但我们都很惊奇，因为他们的语言跟马来西亚的国语马来语是一样的，只是略有一点不同。这些民族没有一个统一的称呼，以前的历史资料里都叫马来族，来源不清楚，名称也不清楚。总之，这些民族有共同的风俗习惯，历史早期他们都受印度影响，信奉印度教。但是他们来自什么地方，到现在学界还有争论。最初研究他们的学者认为，马来人也是从中国云南和广西那边迁移过去的，来到东南亚的时间比其他族群都更早。后来研究的专家说不对，现在一般大家可以接受的说法是，马来族出自中国华南，经中国台湾地区到菲律宾，从菲律宾移到南方所有的岛屿上。这样迁徙的一个结果是，语言学者发现岛屿上这些民族讲的语言都有相当的关联。如果这些认识是对的话，那么从中国华南到中国台湾地区，从中国台湾地区到菲律宾，再从菲律宾分散到很远的地方，整个东南亚所有的海岛都是马来族生活的地方，一直到马来半岛。还有的观点认为这些族群甚至去到更远的地方，他们的足迹延伸到南太平洋，直至新西兰，都是从马来族分散出来的族群。马来族的分布非常广，基本上他们都是海洋人。出海对他们而言是很自然的事情，经济上有需要的话，或者碰到灾难的话，他们上船就远去了。

这是历经千年的南洋迁徙史。南太平洋现在所有的国家，也许都与马来民族有着密切的历史联系。回顾整个东南亚的历史，从北到南迁移的趋势本身很有意思。

（二）中国：北进南退

下面谈谈中国方面的情况。秦汉以前什么是中国也是个问题。到了东周以后的春秋战国时代，后人认识的中国版图扩展至楚国和吴越，进入到长江流域。中国的境外就是百越，即现在我们叫作华南的区域，以前这些区域都是越族的地方。汉人也是从北方南进，经过好几次的南进，才形成今天的国家版图。秦汉时期边界向南发展得最远的时候，是从秦国一直打到现在的越南中部，也就是过去的象郡。在南方其他地方，存在闽越、南越诸国，秦汉之后只有一个南越国。后来汉武帝削藩，把南越国变成一个郡县。之后汉朝就不停地南移，渐渐地把华人所有的地方都汉化了。有些南方人到现在为止，都自称为唐人，不叫汉人，说明这个群体是在唐朝的时候才被中原汉化的。

到沿海地方去的时候，才能感受到海洋的问题是多么重要的一个问题。但是大概秦汉时期从北方来的人对海洋并不感兴趣，见到了大海就满足了，就不再朝南走了。百越之中有一部分人群是在海洋上生活的，比较熟悉海洋生活。这些人在历史上到底怎么样，我们并不清楚，也没有记录。但是据我了解，有一部分被驱赶着不停地朝南迁移，其中一部分去了菲律宾成为马来人的一部分；也有一些人可能迁移到占城、马来半岛，其余的则留在华南被汉化，过了好几代之后，就成为后来的唐人。

不过对于这段历史，我们还有很多疑问，不太清楚。总之到了唐朝的时候，所有的南方之地都成为中国人的地方，连越南也算是中国的地方。当然，那时候这些地方之间是有所区别的：现在属于广东、广西的地方，当时都采郡县制度，但是越南则不叫省，因为还没有完全被汉化，汉人和土著之间还带有一种殖民的性质。到唐末、宋初的时候，越南人趁中原的王朝国家陷入战乱的时候，或者分裂难以统一的时候，建立了他们独立的国家。

宋代国家势力的孱弱，导致北方出现了比较大的问题。北宋没办法控制越南，越南渐渐建立了一个相当稳定的国家，与中国渐渐演变成了两个国家之间的关系。现在所谓东南亚和中国的分别，这条边界，就是现在的中越边界，这个边界在过去的一千年间都没有变过。在亚洲的历史里，边界能够维持那么长时间，这是唯一的一个。也许在生活于山区的民族之间，实际边界有过一点小的变动，但是大体上中国和越南间的边界没有变化。可以说现在中国和其他周边国家的边界都是新的，但是中国和东南亚这个千年前形成的边界，从五代时期开始就没有变过了。

到了秦汉两代之后，中国南移的趋势是中原的王朝见到了海洋，就不再南进了，之后的历程依靠商人在海上经商。这些人基本上都来自华南两省，即广东和福建，而且出海、下海的这些人是很有本事的，其中胆量最大的是闽南人。历史上，闽南的海商发展最为成功，很早就有泉州港，后来泉州变成了一个很大的国际性海港。在五代十国的闽国时期，泉州就变成一个很有用的海港，渐渐地发展到宋朝就更加不得了。这当然跟南宋的历史有着密切关系。因为南宋的首都在杭州，泉州靠得比较近，泉州到杭州之间的海路运输非常方便。到了元朝的时候，泉州更是成为中国最大的海港，比广州还要重要。

汉武帝之后，中国的海上强进就没有什么进展，基本上是依靠商人贸易，包括外国商人到中国来，也包括中国商人到外国去。当时商人的人数非常少，外来的商人比中国的商人人数多，其中主要是马来族的商人。东南亚最富有的一个小国占城，地处今天越南中部，因为地理位置的关系，成为当时所有经商者的必经之地：去东南亚的商人都要途经这里，从印度洋那边过来的商人也要经过这里到中国去。占城建城非常早，但是在商业上经营占城的人并不是当地的原住民，而是马来族。他们占领了占城，把占城当成一个很重要的海港，分别与中国和印度洋边的国家做生意。中国的商人跟占城的关系特别密切，我们在宋代就可以发现，闽南人和占城人之间的生意往来非常频繁，也是在那个时期，中国的海南得到开发，海南岛的开发者就是闽南人。经过大陆沿海到占城去的这条海上商道，对于海南的开发应该说是起到了作用。

我们稍稍总结一下中国的情况。中国南进的这条路，到了海洋就停止，基本上停滞了一千多年。在大陆上也出现了变化的趋势，因为越南独立之后，就限制了中国在大陆南进的发展。回顾中国到南方去的总的历史趋势，第一个时期就是从秦汉到唐宋，基本上是强进到华南，把整个华南汉化，变成中国的地方，但是没有到别的地方去。第二个时期是强进至云南的时期，岭南之后就是云南。云南地区本来就存有汉化的影响，云南有一些民族渐渐地经历着汉化的过程，比如可能是最早受到中原王朝影响的大理国，受了很多唐朝的影响。以前这个地方有南诏国，但是他们的汉化程度不及大理国的那么深。而且大理国还是一个独立的国家，并不属于中原王朝。元朝蒙古人打南宋的时候，他们从四川的西部攻下大理国，再从大理国绕到南方，经过云南、贵州，把南宋的南边攻下，使得南宋难以同时应付，最后两面受敌，失败亡国，整个中国就被蒙古族统治了。在那个时期，云南省是元朝的一部分，随着明朝把云南从蒙古人手里夺回来，云南之后就成为明朝的一个省。因此我们看到，云南成为中国的南方，境外之地变成境内之地，这是五六百年前的事情。第三个时期是明清以来，属于西部，但是也是在南方的范畴内，云南以西，就是扩展至西藏的时期。西藏现在的边界也是中国向南方进展的一部分，直到现在成为印度和中国的边界。这是中国历史上最后一个向南强进的时期，其中还有许多需要扩展的有待研究的新问题。

（三）进退的动力：从宗教到文化

从岭南跳出来，我下面要讲讲云南跟东南亚的关系。这段历史非常有意思。云南被平定之后，大陆的情况有所改变。关于云南一段的边界问题，中间涉及云南和泰族之间的边界、中国主体民族和傣族的关系，这些边界的问题经过明朝、清朝之间几百年不停的争论，直到三四十年前慢慢地才真正把边界问题搞清楚。而缅甸跟中国之间，以前也没有一个很明确的边界。这个问题从英国在缅甸时开始讨论，也是到20世纪50年代才最后划清楚的。东南亚地区明确划定的边界，第一段就是中越之间，其余的都很晚，都是在近五十年才把边界划清楚的。历史上中国跟东南亚的关系，基本上都是围绕贸易展开的。生活在中国和东南亚边界地带的少数民族，他们主要面对的是怎么在边界中生存、妥协、避免汉化的问题。这都是非常有意思的历史。

华商从五代十国时期的闽国开始，就跟东南亚各国家的港口保持密切的贸易关系。起初的人数不多，但是到南宋时人越来越多。现在如果比较的话，中国人进入东南亚地区的时间并不是很早，进入当地最早的应该是印度人，因为印度人跟东南亚之间的贸易关系可能于两三千年前已经开始了。与印度人的贸易关系对整个东南亚的宗教文化、文字语言都产生了很深的影响：整个马来半岛的宗教都是来自印度的宗教，比如佛教，是当时印度的佛教，不是中国化之后的佛教。印度教在东南亚最少也有两千多年的历史，在中国的春秋时代，印度教已经深入爪哇岛和苏门答腊岛，影响整个马来半岛。一直到 15 世纪、16 世纪之后，伊斯兰教的进入才慢慢地在马来代替了印度的宗教。整个的变化非常有意思。

为什么印度的宗教会退出，让全部的马来地区都改信了伊斯兰教？文化变动如此之大，而且影响深远，这个过程很值得我们考虑。历史上发生的进和退的过程都很有意思。印度教一直在退缩，现在只有印尼的巴厘岛有印度教，巴厘岛的印度教相当纯粹，但是已经掺杂了本地东南亚文化的不少成分。总之，印度教一直退缩到巴厘岛，其余的马来地区都成为伊斯兰教的地域了。而且这种进退的速度是非常快的，不依靠战争。东南亚地区的伊斯兰教化完全是和平的，是一个一个的王国属地从信仰印度教转到信仰伊斯兰教，一直到最后所有的马来王族的国家都成为伊斯兰教国家的文化渐进过程。

印尼成为全世界伊斯兰教教徒人数最多的国家，走完这个过程不过是 400 年。13 世纪的时候，苏门答腊岛北部已经有少数的伊斯兰教教徒。这些教徒可能是早年定居于此的印度人。印度在东南亚的影响非常早，影响相当大，而印度本身也受伊斯兰教的影响。伊斯兰教教徒从波斯湾红海一带的阿拉伯半岛出来，虽然人口很少，但是通过经商，他们同时把自己的宗教带过来，渐渐地影响到当地的国王，慢慢地使得他们也改信伊斯兰教。这是好几百年的历史。13世纪的伊斯兰教教徒在东南亚成立一个小据点，从13世纪慢慢地走到15世纪的马六甲王国，跟中国发生了联系。郑和帮助建立的马六甲王国，从本来信奉印度教改信伊斯兰教。之后马六甲王国把伊斯兰教渐渐地传到其他马来族群中。从郑和下西洋时起，到18世纪的时候，整个马来群岛，除了巴厘岛外，都是伊斯兰教的地域。

中国方面对于东南亚的影响相对有限，基本上是贸易关系，文化方面除了对越南，对其他的地域都没有什么影响。越南的汉化程度比较高，尽管保存有儒家的因素，但后来也信了佛教。至于其他的地方，印度的影响非常大，受影响程度最大的是在海岛之间的各马来民族，也包括大陆的孟族、缅族与傣族。但是这个影响并不是从印度传去的，而是从锡兰传去的，就是现在的斯里兰卡。这是一段小插曲。印度本地的佛教被渐渐地消灭掉了，都被印度教代替了。佛教余下的力量被赶到斯里兰卡。斯里兰卡的传教士把他们的佛教带到缅甸和泰国，本来缅甸、泰国可能也是印度教影响相当大的区域。后来斯里兰卡的佛教传到了老挝，一直传到云南。所以云南的佛教来自两部分，一部分是从中国内地来的，另一部分是从缅甸和泰国过去的。斯里兰卡的佛教到了缅甸和泰国，因此，缅甸、泰国、柬埔寨这些国家没有改信伊斯兰教，而是改信了斯里兰卡的佛教。

我们可以看到，东南亚的历史是许多外来的强进势力，比如宗教的，渐渐征服当地土著的历史。我们要考虑的正是，受这些不同势力的影响，形成了复杂的东南亚区域。不同于宗教的影响，华人在这个地方主要是经商，人数也不多，因此并没有深刻影响当地的文化，但是他们在这个地方非常活跃，连同从印度洋上来的商人，这些势力在不停地扩张。一直到16世纪，靠商人建立和维持的贸易、经济上的关系非常稳定，非常和平，除了小规模的贸易上的争执外，没有什么大的战争。当时海洋上也有以苏门答腊岛、马六甲海峡为主要范围的国家，后来爪哇又建立了一个以海洋为主的帝国。其实无所谓什么帝国，也没有什么显赫的海军力量。海洋上的商人被不同政治的势力利用，为他们经商。从历史材料上看，没有什么强大的海军势力引发海洋上的战争，这一点与西方的历史完全不同。

## 三、现代性的进与退：东方与西方

### （一）外来者：西方的进入

我们最后谈的是16世纪之后进入东南亚的来自西欧的势力，相比之前影响东南亚的势力，它们来自非常远的地方。这是一段特殊的历史。西欧建立海洋势力是因为自身在欧洲地中海贸易争夺中的失败，伊斯兰教国家限制住了它们贸易的范围和经济力量，几次与伊斯兰教国家之间的战争都失败了。因此整个东亚、南亚，以及其他富有、文明的国家，跟西欧都断绝了关系。东、西之间都是伊斯兰教的势力，整个中亚、西亚、中东、北非一直到欧洲的南部、东南部，都是由伊斯兰教控制的。西欧被异文化势力隔开，没有办法跟其他地方展开贸易，比如大家都知道的马可波罗，他之后的欧洲人都不能到中国来了，因为传统商道都被伊斯兰教国家挡住了。

因此，西欧人只能从海洋上想办法。比如，我们都知道的葡萄牙，它是一个非常小的国家，不过100万人口，当时我国福建已经200万人口了。葡萄牙人航海远洋到印度洋、到东南亚来，它的邻国西班牙派哥伦布到美洲、派麦哲伦航行太平洋。正是这两个小国家，一起带领着整个西欧势力在海上发展，海洋的历史就是从那个时候开始的。我们对比来看，福建当时200万人，有相当重视海上贸易的传统，本来是有条件出海的，且中国海军也很有力量，但是中国自己在海上退缩了，明朝郑和下西洋之后，就没有在海上发挥过任何作用。闽南人中在海上经商的人非常有经验，他们凭借海洋做生意根本没有问题，但是明朝郑和下西洋以后的政策把他们限制住了，不让他们出去，他们根本不能去外国经商，而是靠外国人到中国来，通过朝贡制度到中国来经商，不许中国商人大量地出去，限制得很严格。中国人要出去的话，要经过非常复杂的手续才行，所以出海经商的人数就越来越少了。同一个时期，西欧在开始发展它们的海洋历史。它们原本在海上的经验非常丰富，比如欧洲文明的发端就离不开海洋战争，最早的希腊和波斯之间的战争就是海洋战争，最重要的战役也是在地中海上打的。现在我们看着地中海觉得很小，但在当时的条件下，地中海是很大的一片海域，从它们的角度来看，其中的海战是很了不起的战争。罗马打希腊、埃及、中东好多国家，也是依靠海战。它们能从欧洲打到北非，也是因为有海上的势力。

与海洋有关的海军、海战的概念在西方很早就有。对比来看，中国反而没有这个传统。秦汉以后，中原王朝对海洋不感兴趣。五代十国中的闽国因为自身条件开始依靠海洋贸易，才建立海运。南宋也是有偏安江南的理由。明朝相对特殊，到郑和下西洋的时候真的是有了海军的规模了，但结果是因为各种理由也退出了，抛弃了整个海洋活动。与此同时，西方是相反的历史进程，最后把大西洋、印度洋、太平洋都控制了。中国的华商因为没有海军的依靠，最后不能与西方的贸易规模相比。就连伊斯兰教、印度教控制海上的势力，后来也被西方的商人打败了。最后的结果是从红海、波斯湾、南中国海一直到澳门，基本上所有的港口都是由西方的海军占据的。

继西班牙、葡萄牙之后兴起的荷兰，拥有当时最为新式的海军。现在我们看荷兰是非常小的国家，但是当时它们的海军是非常了不起的。最早在海上能打仗的军舰属于荷兰的海军，英国人也是因为打败荷兰才发迹成为世界帝国的。总之，这两个国家的海军势力扩张到了东南亚。它们双方都想和中国做生意，但是中国不开门欢迎它们来。因为当时的朝贡制度很严格，不让他们进来，只开了一个小口：让葡萄牙人留在澳门这么一个小地方。所有外来的西方商人都要经过澳门，等于贸易的中转完全由葡萄牙人控制。英国人和荷兰人非常懊恼，想尽各种方法跟中国经商，都没有成功。明朝、清朝都是如此。尽管后来有了广东十三行的生意人，经过澳门跟西方人做一点小规模的生意，但是总体上还是限制得很厉害。

### （二）中间人：华商的崛起

但是这个时期华商的人数却越来越多，尽管早年受明清海禁政策的影响，从商人数有限。我认为人数增长的主要原因有两个：一是西方人进入东南亚之后，非常欢迎华商到他们的殖民地方去，帮他们去跟中国做生意。比如，当时的西班牙人就欢迎闽南的商人到吕宋去，就是现在的菲律宾，帮助当地建立与中国的贸易联系；荷兰人非常欢迎华商到爪哇来；后来的英国人也是以同样的理由欢迎华商。当然，这个历史进程里面有矛盾：一方面是明清政府严格地限制到海外去经商，另一方面是经商的人越来越多，华商的人数也就越来越多。二是明朝末年，闽南的华商借中原陷入战乱的机会，建立了许多商团，由郑成功集团领导，建立了一支很大的海军。华商的海军最后变成了反清的势力，后来占领了台湾。郑成功闽南这个集团建立了一个海上的新势力，因为有这个保护的基础，闽南商人经过台湾，到东南亚开始经商，建立了特别的关系。之后经商的人越来越多。虽然清朝同样执行海禁，同样限制华商出去经商，但是清朝也知道，这个势力太大了，而且利用好他们对于朝廷也有很多好处，商人也可以带来很多外来贸易的好处，因此限制也渐渐地放松了一点，于是经商的人数就增加了。因此，从 17 世纪开始，到东南亚去的华商越来越多，18 世纪华商的数量规模在当地已经有了相当的影响。从 18 世纪看，整个东南亚所有的港口都有华人的团体，有些地方人数还很多，比如菲律宾的马尼拉、荷兰治下的巴达维亚（即现在印尼的雅加达）。荷兰人和英国人都利用华商，在所有的港口跟本地的居民做生意，把他们所有的物产带到上述地方去。西方人就是经过这样的方式，由华商把东南亚各地的物产运到他们的殖民地，再经过他们的东印度公司与中国进行通商。在这种情况下，华商的角色显得有点复杂。从西方帝国主义政府的角度来说，华商非常有用，他们可以利用华商跟中国经商，所以要鼓励他们、帮助他们，但并不给予他们适当的政治力量，仅仅保障他们的经济利益。从东南亚当地土著的视点来看，中国人的地位比他们的高，因为这些殖民地政府欢迎华商、利用华商，看不起当地的居民。这样就在东南亚的社会文化环境中建立了一种矛盾的关系：一方面华商要跟本地居民往来经商，而且依靠他们的土产来做生意；另一方面华商也要常常进入西方世界，要跟他们的官员交涉，以保证维持他们的现有地位以及与西方世界特殊的关系。这两方面都要照顾到。到现在为止华商在东南亚都具有一种特殊的文化背景，就是因为这个群体在历史上的角色是站在中间人的位置上。中间人的角色很难做，外面的人对他们未必信任，里面的人又恨他们。这些深厚的矛盾演绎出近代几百年的故事。

说到这一点就必须谈谈现在，因为许多问题都影响到现代。到“二战”之后，你们可以想象，西方殖民者、帝国主义退出之后，所有东南亚的国家一个一个都得到独立，建立他们的新型国家。在建国的过程中，所谓民族、所谓国籍、所谓谁是当地的居民，这些问题都变得越来越重要。大量华人，包括华商与华工，在这些新型国家的地位就成为一个政治问题。

新中国成立之后，也考虑到这些问题。其实在中华民国时期，国家也面对过同样的问题。我们从东南亚地区华人名称上的改变就能看出一点端倪。原本最初称呼海外华人的名称是华商、华工之类，后来在清末民初的时候，国家开始重视海外华人，因为华人一方面支持清朝当时新政时期的经济发展，另一方面支持孙中山的革命，于是就把他们叫作华侨。华侨这个概念的含义就是：你们都是中国人，只是暂时住在国外，所有在海外的中国人都要效忠中国。这种概念之前是没有的，在海外做生意意味着国家是不管他们的。但是 19 世纪末的时候，清朝改变了政策。朝廷知道华人在海外经商很成功，可以帮助他们，因此鼓励华人认同清朝；中华民国从孙中山起同样希望华人认同中国，重新回到中国怀抱。所以说，国籍概念是一个很新的概念，从前没有什么国籍概念，国籍的概念是中华民国建立之后，国家为了整合与发展而利用的西方概念，这个概念意味着每个人都应当有自己的国籍。在清朝跟英国签订的《南京条约》里，明确允许英国人在上海等中国港口长久地居住；到了《北京条约》之后，更是允许他们到中国内地去生活、去经营。在这种情况下，条约里说明了外国人有侨居的资格。外国人能在中国侨居，那么相对地，我们中国人生活在外国人的地方，也是侨居。所以，所有的本来没有国籍概念的海外华人，他们不是明朝的移民就是清朝的臣民，现在都变成了侨居他乡的华侨。虽然很多华侨在外国生活了好几代，生活方式根本就是外国人的了，但是因为还是和中国做生意的缘故，保留了中国人的身份。那个时候，既然中国政府承认他们是华侨，那么大家也都默许了自己的中国国籍。

但是在二战之后，这个问题就变得严重了。像东南亚这些地方的新兴国家会说：我们现在建立了新的国家，那么你们这些华人到底是什么国籍？中国共产党领导的人民政府这时也是很明白这个问题的重要性的，尤其在万隆会议召开之前。这涉及中国跟东南亚这些国家怎样建交，所以是一个很严重的问题。因为在“冷战”的情形下，反共的势力在东南亚也很活跃；而东南亚的各个地方也都有当地的共产党，中国共产党也要去支持他们，但怎么样支持他们也是一个问题。在这种非常困难的情况下，万隆会议召开了。周恩来总理宣布：当地的华人可以选择当中国国民，对于回国的表示非常地欢迎；如果华人要留下，那就是中国的侨民，一定要守当地的法律；同时华人也可以选择加入其他的国籍，加入了之后，就是当地的国民。对当时的华侨来讲，这是一个很重要的决定。我们年轻的一代，反而没有什么选择余地，既然不要回中国去，就要在当地生活下来，加入当地的国籍，很多人都认为很自然。但是有些老一辈的人，感到非常伤心，就感觉好像中国把他们放弃了样，不保护他们了，他们认为自己失去了与中国的联系。

20 世纪 50 年代至 60 年代，中国方面有所改变，东南亚方面也有所改变，关于华人的地位、华人到底应作什么样的选择，那是一个很困难的时代。有很多当地年轻的中学生认同中国，而不认同当地的政权、不入籍，就回到中国来了。也有一些人想在当地生活，在当地的政治中表现得很活跃。因为“冷战”关系，“亲共”与“反共”的势力都不断出现，可见那是个非常困苦的时代。华侨要成为当地入籍的华裔，这需要一个过渡期，需要考虑的问题很多。当时还有很多其他的困难，中国也面临了很多问题。从外面看，中国国内情况也比较混乱，使得许多海外的华人不敢也不能回来。在那种情况下，有一些华人不得已选择了入籍。当时在东南亚那些地方入籍也非常困难，当地的人并不欢迎他们，给他们设置了各种各样的条件，使得他们非常艰苦。

华人身份变化的总的趋势很明显，从华商、华工到华侨，再从华侨到华人、华裔。

## 四、当代国际关系的进与退：中国与世界

下面我们进入最后一个问题，到底中国跟这些新兴国家的关系如何？这些国家对中国又怎么样？这是一个很重要的问题。中国崛起了，这是一个新的变化。我们现在还在了解这个问题，而东南亚各国家也要考虑如何跟中国建立新的关系。

### （一）崛起的中国

自汉唐以来，历经明清，中国都是亚洲唯一的大强国。但是从19世纪末到20世纪初，再到“二战”后，中国却成为一个非常衰弱的国家，被各个西方国家欺负了不知道多少次，跟日本也打了那么多年；而且近代中华民国时期，因为内战导致国家分裂，在国际上也没有什么影响力。那时候海外的华人靠不了中国，要靠自己生存，靠自己应付当地不同的情况。虽然说他们是中国人，但是中国没办法保护他们，也没有办法帮助他们、支持他们的活动。这两百多年里，外面的势力，不管是欧洲的、美洲

的还是东南亚的，已经习惯了这个概念，就是中国是个衰弱的、没有力量的国家。现在中国崛起了，这就成了一个很新的观念。

过去的中国那么强大，根本对东南亚没有什么兴趣，和东南亚没有什么来往，来往得非常有限；现在中国崛起了，反倒跟东南亚的关系变得很特殊了，非常重要。重要的理由当然有很多，我认为最重要的一点就是，中国的崛起和中国这三十多年的经济发展、和全球化的经济形态有很大的关系。全球化是一种新的势力，从前没有什么全球化的经济，传统社会都靠的是契约形态的经济。从前，从根本上讲，中国是一个自足的国家，没有什么外贸，一直到清朝末年都是如此。

现在不同了。现在的经济发展是靠全球化，中国三十多年的发展靠外贸、出口。外资投入到中国的工业中，通过中国加工生产产品，然后出口到全世界，因此贸易关系就显得非常重要了。而且除了市场之外，资源也要从外国运过来，其中石油是最明显的，其他资源也靠从外国运过来。运输途径主要是海运。我们要注意到全球化是靠海洋来展开贸易的，海洋和全球贸易分不开。没有海洋上的发展，就没有全球化。这一点是可以从很绝对的意义上说的。因此，现在的中国就不得不考虑海洋的问题。几千年前海洋对中国是可有可无的，基本不重要，现在则变得十分地重要。整个中国经济发展，跟海洋、全球化有直接的关系。中国的海洋经济主要涉及的是东海和南中国海，因此这两片海域就变得非常重要。

历史上，中国的海军势力自郑和下西洋以后，没有什么发展。开始发展是在清朝末年，经左宗棠在福州主持造船厂、培训海员才正式开始。回顾当时海上的势力，英国拥有规模最大的海军，英国培训了日本的海军，因此在亚洲，日本的海军是最强的。后来继承英国势力的，就是美国的海军，也是由英国培训的。美国因为经济力量增强而崛起并超过了英国，继承了英国海军的势力范围，这是后来的事情。当 19 世纪中国想建立海军的时候，面对的情况很复杂。找英国人来帮自己建立中国的海军，英国人不肯。英国人觉得中国过去是个大强国，不能把它的海军建得太好，就去帮日本，因为日本是小国。中国的海军建设基本上是依靠法国，但是法国的海军实力不如英国的。到中日甲午战争的时候，日本海军之强，完全得益于英国的培训。甲午之战失败虽然还有其他的原因，但是主要的一点在于日本海军是英国人在亚洲培训出来的，中国海军没有那样的基础。法国本来是培训中国的，结果中国海军第一次是跟法国海军打起来了，那是 1885 年，中国海军没有打败法国的海军。到了甲午战争的时候，中国海军就更不行了，打不过日本海军。从甲午之战一直到 1949 年新中国成立，中国有什么海军呢？国民党政府当时也没有办法建立海军，根本没有这个力量，因为从民国建立开始就军阀混战。民国建立之后，南京政府也没有这个力量，不停地在打内战、打日本，根本没有机会发展海军。虽然有了几条船，都是买的别人的，培训的人员也少得可怜。

中国共产党领导的解放军解放中国，没有靠海军，都是陆军一路打下来的。我那时在南京，记得解放军到长江后，要过江都需要克服一些问题。因为没有海军，连船都没有，都是靠当地的一些小船，所以当时连过江都很困难。后来我才知道，中国解放军的海军是 1949 年在江苏泰州建立的。在那里，人民解放军是因为需要过江，才开始着手建立海军。当时海军没有船、没有所谓的海军人员、没有专门懂得海军的人，正是从那个时候才开始培训人才。解放军的第一艘舰艇，是从国民党那边投诚过来的。

当时还有一个外部条件。在“冷战”时期，20 世纪 40 年代全世界的海军都在反共国家的手里，共产党执政的国家里有海军的国家只有苏联。但是苏联的海军实力也极有限，比起其他国家的海军，苏联的海军很可怜，黑海受到土耳其、希腊的限制，波罗的海受瑞典、英国的限制，根本打不出去，唯有一个港口在东部海参崴，剩下的都是在北极。历史上，俄国就面对来自海军的问题，日俄战争的时候，俄国的海军在对马海战争中几乎全军覆没。

中国重视建设海军是从 20 世纪 90 年代才开始的。苏联解体之后冷战结束，中国开始认真地考虑建造大量的船只，建立一支相当强的海军队伍。经历二十多年发展的海军，跟英美国家苦心经营了三四百年的海军势力相比较，肯定不一样。英美国家海军的经验非常丰富，他们在海上的势力不容小视。

这里面也有具体国情的原因。中国海岸边线有 1.8 万多公里美国大陆上没有敌人，南边的墨西哥和北边的加拿大根本不成问题。它要照顾的是东西两个大洋——大西洋和太平洋，所以海军势力对美国而言非常重要，可以说它全部精力都用在海上。当然天空上也有，这是另外一个问题。至少就海陆方面的军事注意力来比较，美国全部精力还是在海上。而中国的国防军事只有近一半的考虑是海洋的问题。

当然，就像我之前讲的，现在全球化的问题不仅是国防的问题，还有经济的、贸易的问题。因此，海洋的运输以及海运的重要性，国家必须很清楚。自己国家海洋的海线要保护，这是一项非常复杂的任务。中国也有两个海的问题：东海与南海。东海比较简单，基本上是中国和日本的两国关系，南海则涉及东南亚的很多国家，其中还有许多问题。

最新的变化是出在内部，东南亚地区本身的性质改变了，跟历史上情况完全不同。从前是一片大陆地区——马来半岛，一个海洋——中国南海，上面分布着各个不同的国家、不同的政权、不同的宗教，彼此不同，而且完全不合作、不来往。在商业上有一些简单的贸易关系，政治上没有什么特别的来往，整个东南亚没有形成一个集团能够对抗外来的势力。现在的情况就大不相同了。整个东南亚地区10个新兴国家，其中两三个是比较强大的，印尼将来可能是个大国，越南也有相当的势力。缅甸难说一点，不过也有可能。泰国也不会是一个小国。马来西亚、菲律宾也许还是小国。虽然菲律宾人口很多，但是国家很穷，可能还要长久地依靠美国。这是现在我们可以了解到的情况。

（二）统一的东盟

总之，这10个国家，现在它们对于中国的看法，跟以前完全不同了，发生了很大的变化。现在的东南亚10国之间形成了一种新的契约感，基于这个新的契约感它们建立了东盟组织。这个组织建立的背景很有趣。本来是出于共同反共的目的，泰国、马来西亚、菲律宾、印尼、新加坡五国发起建立了东盟，当时这五个国家都是倾向反共的。现在的情况则不同了。“冷战”之后东盟发展为10个国家，吸纳了像越南、老挝这些共产党执政的国家，新加入的柬埔寨也有共产党的背景，缅甸虽然是反共的国家，但是也有很多独立的观点。这几个国家无论是历史背景还是现实政治都不相同，但它们现在组成了一个国家组织——东盟，成立的理由也很简单，就是要订立一个统一的契约：一方面考虑怎么应对与中国的关系，另一方面考虑怎么应对与美国的关系，也考虑应对与印度的关系。它们秉持的基本理念就是，在这个全球化的复杂经济里，某一个小国无法独立生存，非得一统，至少在某方面发出共同的声音，才能够有话语权，才能够争取国际上的生存空间。这是它们订立契约的出发点。既然如此，这 10 个国家的领导人连同它们的政府官员们，费了不少精力，尽量想办法让这 10 个国家成为一个契约的政权。这样的话，在形成统一的局面之后，就可以应付各种各样的危险。

这种情况下，中国怎么样跟它们建立新的关系是很重要的一个问题。正是朱镕基总理提倡建立东盟与中国的特殊关系，这个政策非常有效，影响非常大。但是这个政策引起了外国人的注意，因此他们用反攻的方法来限制中国和东盟的特别关系，不停地在周边活跃着。因此现在的形势就变得更复杂了，中国与东盟的关系也就变得越来越复杂。坦白地说，南中国海的问题只是一个借口，可以用来影响中国和东盟的关系，进而趁机来影响将来的发展。而对东南亚国家来说，其实它们基本的希望，就是能够有一个独立、统一的东盟。如果它们能够统一，就能够有同样的对外政策，能够共同面对临近的所有势力，保持东南亚地区的独立与稳定。总之，东盟将来对中国非常重要。从中国的观点来看，统一的东盟不是个坏事，是好事。朱镕基总理曾经讲过，中国的利益需要有一个统一的东盟，东盟国家自己也认为要统一。我认为这是对的。我不敢说每一个国家都有同样的政策，但这是总的趋势。大家都认为：将来随着亚洲新兴国家的发展，将会使整个世界的发展东移到亚洲地区来，东盟应该在其中扮演很重要的角色。主要的理由就是它位于印度洋和太平洋这两大洋之间，在陆地上也占据重要的关键位置——中国、日本之南，澳大利亚、美国之西。随着将来印度的发展，在这几个外围国家发展的情况下，东盟站在中间，分享到的好处应该是很多的。

大家都一致认为，统一的东盟是件好事，对大家都有益，那为什么还有问题呢？所有的国家都尽量想办法，以维持东盟统一。但是存在不同的势力，会有一些人认为，要让东盟统一就要让它倾向哪一方面。在现实中，东盟的国家是不愿意“亲”哪一方面的。据我了解，所有东盟国家都希望东盟应该是完全独立的，站在中间，跟大家一样地要好，得到最大的益处。但是现在的问题是统一很难。本来大家是怀有很大的希望，说东盟统一一定会成功，但现在看起来不简单，就是因为南中国海的问题。这就是说，怎么样处理南中国海的问题，会影响到将来东盟的前途。俗话说，小事情纠纷多。出现纠纷很容易，但是我觉得要解决起来也不太难，要尽量地避免在南中国海有任何的冲突、任何的纠纷。尽量避免的话，就在无形中让东盟有时间解决它内部的矛盾，让东盟可以成为一个比较统一、独立的势力。如果不解决问题，使得南中国海不安静，就很容易分裂，让东盟自己从内部分裂。

面对当前的国际形势，东盟现在里面就有不同的意见。比如，菲律宾就太靠近美国，很多东盟国家不同意它的政策，菲律宾也知道其他国家不同意它；泰国也依靠美国，而越南却不敢依靠美国，因为它跟中国关系非常友好，至少传统上保持非常友好。中越关系特别重要，也很特殊。像缅甸本来也是跟中国很要好，而且相当独立。但是现在各种势力又想借缅甸干涉东南亚国家的关系，这个问题已经引起东南亚地区国家的关注。但是就我所了解到的情况看，所有东南亚国家的领导人，他们都同意一点，那就是东盟将来是要统一的，无论如何，东盟的前途是靠一统。只有这样，大家才能够形成一种共同的对外政策，这样的东盟才有益于亚洲将来的发展，统一的东盟才是最有希望的。

我就讲到这里，谢谢大家。

（附：提问环节）

**现场提问一：**历史上印度佛教和伊斯兰教都在东南亚生根了，为什么我们现在的孔子学院在那里发展遇到了一些困难？请您谈一下对此问题的看法。

**现场提问二：**请您从历史与文化的角度，进一步解释“上海症候”与“广州症候”的说法？

**现场提问三：**您觉得就中国崛起而言，在文化方面中华民族应该如何实现复兴？

**王赓武教授：**综合以上的提问，我觉得自己从文化问题的角度来回应较好。关于文化的问题，我想这可能跟中国本身的儒家思想有关，从最早的材料来看，儒家思想都不赞成“打出去”，都是考虑自己的文化怎么样能够发展，主要在国内能够维护，这是基本的理念，没有传教的意识。理由很多，大概是因为儒家的思想来源于农业经济的基础，最适合乡村的生活。也就是强调从家的概念出发，齐家是最重要的，齐家之后才可以治国、平天下，出发点来自修身齐家，对于家的概念太重视了，因而限制住自己的活动范围；重视家的发展、生存、富有，因此对外界的探索受到了限制。每一个家族之间的关系都特别重要，外界的其他关系不怎么重视。

外来的影响有一点特殊，其中有传教的因素，比如基督教就特别重视传教。其实伊斯兰教并不重视传教，它是由于个别商人的经历，他们把自己信仰的宗教带到别的地方去，就影响了当地的人，但是他们不重视传教。总之，他们的概念没有受家的限制，他们的教义什么人都可以去信，你只要入教，就成为教会的成员，全部的精力从自己的国家、民族移到宗教信仰上去了。这样比较来看，这些宗教很容易脱离本土，而去吸收一些新的思想适应新的意识形态。印度教也是不传教的。曾经有人说，佛教多少有一点传教的精神，但是不像基督教那么重视。它的传教精神是，跟从它的道理，把教义讲清楚。印度佛教在其他地方流行开，是因为有人出去，跟人家去解说佛到底讲的是什么。这样看，佛教有一点传教的精神，但是不像西方那样有系统、有政治背景地传教。佛教传教没有政治背景，纯粹是内部自身的发展，把它信教的道理讲给人家，使得别人清楚了解他们的意思。印度教到东南亚是不是传教来的呢？我们不知道，没有记录。我所知道的就是，许多当地土著的国王很快接受了这些印度教的概念，建立他们王国的制度。换句话说，东南亚各地建国的过程中，利用了一些印度王国的佛教概念，这些概念被带到东南亚去，当地才成为国家。在这之前，他们没有国家概念，都是各个民族在各地发展。因此我们说在东南亚，国的概念来自印度教和佛教。之后怎么会信仰伊斯兰教呢？这也是一个非常奥妙的过程。基本上是因为一些国王听这些信奉伊斯兰教的人讲自己的宗教。这些人经商很成功、很富有，而且很愿意帮助这些国王经商，说他们成功跟宗教有关系。信仰伊斯兰教的商人影响力很大，渐渐地说服了这些东南亚的国王，这些国王都被劝说接受了伊斯兰教。国王接受之后，他的臣民很忠诚地跟随，也信仰了伊斯兰教。经过几十年的工夫，好几个王国都信仰伊斯兰教了。后来的两三百年间，整个马来群岛都信奉了伊斯兰教。这么快的转变很难理解，但大家都相信这一变化来得很快。儒家思想则不一样，与另外一点也有关系。我们都知道历史上儒家思想成为中国国家的领导思想，几乎是中国各个朝代意识形态的中心。也就是说儒家思想跟中国国家政体有太密切的关系，使得儒家的思想教义本身没有了一个本性，本性已经属于国家了，跟中国的政体、跟朝廷有直接的关系。从其他国家来看，既然没有需要，也就不会对这个感兴趣；儒家思想也不会传到外面去。正是依靠自己国家的政体，一方面使得儒家很成功，另一方面使得国家被管理得相当好。但是同时，儒家的思想受到了束缚，变成国家的一套东西，要传到别的地方不容易，只能依靠国家去传播。

举例来说，越南能够跟儒家思想有密切关系是因为历史上它曾经是中国的一部分；这一千年的关系，使得越南到现在为止，还受到相当深的儒家思想的影响。朝鲜和韩国也与中国的儒家文化有着特殊的关系。它们是自愿的，因为非常仰慕中国的文化，派了许多国家精英到中国来学习。学成之后，他们认为儒家思想是非常重要的原则，所以也采取了儒家的思想当作他们国家的领导思想。就日本来说，它根本就没有完全接受儒家思想。日本最初是非常仰慕唐朝帝国的，它们也学习中国。但是唐朝的时候儒家地位还没有那么高，还有佛教、道教。最早日本建立国家的过程中，基本的理念不是以儒家思想为主，是以佛教为主的，儒家思想只是一部分而已。一直到 17 世纪德川政权建立时，日本才正式利用儒家思想当作国家的主导思想。因为之前受到佛教教义影响为主，所以到现在儒家思想对日本的影响还是比较浅的。儒家思想和中国政权的密切关系，可能是缘于儒家不能像其他宗教那样到处去传播造成的一个影响。儒家没有独立思想的自由，并不是真正能够用思想去说服人家的，结果就使得人家难以接受。中国也不去传教。中国只能正统地把东西拿出去，才算是向别人传播影响。儒家本身没有独立的教义来说服人家。因此要信儒家的话，就要跟中国走，但这样又会变得跟中国关系太过于密切。一个“家”观念的基础，加上国家跟儒家思想相结合得太过紧密，反而使得中国文化的对外影响受到限制。中国人的乡土观念非常深，我认为到现在还是如此。

关于广州与上海的“文化症候”。上海是开港的第一港，外来的势力影响是最大的，外来势力进入中国，就是从上海进来的。其实与外国联系最初是广州带头的，广州跟外国联系最少有两千年的历史了。从汉朝的南越国之后，所有中国跟海外的关系，大部分都要经过广州。广州对于中国对外发挥影响有很大关系。但是广州对于中国没有什么大的影响，广州人自己并不接受这些外国的文化影响，反倒是广州人非常爱护中华文化，抵制外来文化。上海则不同，开港是在 19 世纪以后，代表的是一种新的势力。不像早期的广州，所有外来的商人只是少数。广州可能受到一点外来影响的唯一一段时期，就是受到佛教影响比较大的那个时期。我们知道南方的佛教是来自广州的，北方的佛教是丝绸之路带过来的。南方的佛教跟北方佛教有一些不同的地方，这是因为有南方海路传来的佛教影响，但是影响并不太大，后来佛教也基本上汉化了。

从信仰伊斯兰教的人到东南亚的商人也是要到中国去的。信奉伊斯兰教的阿拉伯人，他们贸易的重点也是广州一带。阿拉伯世界的史料里说，“黄巢之乱”波及广州的时候，在广州被杀的阿拉伯人就有几万人。我第一次到广州的时候参观过一个清真寺，寺庙里的人自己认为这座清真寺有着非常古老的一段历史，他们说这是中国最早的清真寺。我不敢接受。他们说是穆罕默德的叔父把伊斯兰教带到广州的。如果这个说法是真的话，那么广州从 7 世纪起就有伊斯兰教的教堂了。这个我不信，但是广州的伊斯兰教的确有很悠久的历史，即使不是 7 世纪，8 世纪、9 世纪的广州当然也有伊斯兰教了。但是现在的结果是广州人基本上不接受伊斯兰教。后来葡萄牙人占领了澳门，使得这里成为一个天主教传教的地方。早期一些来华的基督教教徒，都是经过澳门进到中国的。但是广州人中信仰天主教的也很少。中国到现在为止最有名的天主教徒还是上海的徐光启吧。

这种差异主要还是因为中国本身内部就有很大的不同，上海人、广州人、东北人都不相同，各有各的区域之别。虽然你们现在都是中华民族，都是中国人，但在地方上还是有着很多特殊之处。这是值得注意的。改革开放以来，整个中国开放的原则就是以上海为基本模式的。当然也受到日本、韩国、新加坡的影响，但这些影响跟上海的模式差不多。其实香港以前就是一个“小上海”。香港这样正是因为 1949 年上海关掉了，所有最活跃的上海人都跑到香港去了，香港的经济从 1949 年开始才真正发展起来，香港成为了“第二个上海”。前几个月我到重庆去的时候，重庆人说在嘉陵江北部，要实施一个很大的发展计划。一开口就说，这是学的浦东，就是上海模式。但是我到西安去的时候，感觉到当地的乡土文化非常浓厚，人们的观念基本上是很保守的。中国原有的许多观念，还在那里得到体现。

这些经历都使得我开始重新考虑中国开放的模式：是一个模式吗？但是中国原有的乡土模式，好像并没有被抛弃掉，仍旧非常坚强地保留着。这两个势力相当平衡，不能够忽略一个而重视另一个。一方面是代表改革开放的上海模式，重庆现在学浦东，其他大城市受上海模式的影响也很大；另一方面，在全国任何一处地方，也能够感觉到乡土观念依旧非常强。这两者，不是对立的问题，而是平衡的问题。对于这两方面，中国都需要：一方面代表一种进步的、向外面学习的力量，尤其在科技、技术、经济方面；另一方面是对于自己的文化，可能在乡土文化里才能够很好地保存。如果平衡的话，两方面都会好，既保留自己的文化价值观，同时又能够吸收、接受新的概念，这样，才能够使得整个社会进步发展。

我的回答就到这里，谢谢大家！

# 沈艾娣：中外学术界对“天朝上国”心态的误读

——从乾隆皇帝至乔治三世的信说起①

于淑娟*

2015 年 4 月 13 日，北京大学历史学系“海外史学名家讲座”邀请牛津大学教授沈艾娣进行一场讲座，主题是围绕乾隆皇帝致乔治三世的信讲述 20 世纪初大众对于中外关系认识的起源。这是她研究马嘎尔尼使团的中文翻译李白标的“副产品”，因为想要给他写本传记。在查阅资料的过程中，她对乾隆皇帝给乔治三世的信产生了兴趣。

“天朝抚有四海，惟励精图治，办理政务，奇珍异宝，并不贵重。尔国王此次赍进各物，念其诚心远献，特谕该管衙门收纳。其实天朝德威远被，万国来王，种种贵重之物，梯航毕集，无所不有。尔之正使等所亲见。然从不贵奇巧，并无更需尔国制办物件。……”

上述文字出自 1793 年乾隆帝给乔治三世的书信，这封信由当时来华访问的英国使臣马嘎尔尼代收。长期以来，这段话被视

---

① 本文的转载与修改得到了澎湃新闻的授权，在此对澎湃新闻的记者于淑娟女士表达诚挚的谢意。

* 沈艾娣（Henrietta Harrison）：美国哈佛大学历史系教授，主要从事清代以来的中国社会文化史研究，研究领域包括地方史、华北乡村、宗教和革命经验，致力于从一个地方视角去探讨中国、法国、意大利之间的跨国史研究。代表作包括《梦醒子：一位华北村庄士绅的生平，1857—1942》《制造共和国民：中国的政治仪式与象征，1911—1929》等。

为清王朝以“天朝上国”自居的世界观、乾隆帝傲慢自大态度的典型表现，并且成为“清王朝为何逐渐落后西方”这个问题的一个解释。这不仅是中国人曾接受的历史常识，同时也是欧美人历史教育中的成见。甚至至今依然如此。

正因为这样，沈艾娣在讲座中表示她关注并研究这个问题，就是写给在欧美学习和教授世界史的人看的，因为他们到今天还保持着原有的认识。而与此形成鲜明对照的是，史学界已经对前述认识提出不同意见——乾隆帝并不是那么傲慢自大，清王朝也并非完全地闭关锁国。马世嘉（Matthew W. Mosca）2013年出版的新书《从边疆政策到外交政策：印度问题与清代中国地缘政治的转变》（*From Frontier Policy to Foreign Policy: The Question of India and the Transformation of Geopolitics in Qing China*）表明了一个新观点，即乾隆当时已经认识到英国在喜马拉雅之外对中国的威胁。

“英吉利在西洋诸国中，较为强悍。今既未遂所欲，或致稍滋事。……今该国有欲拨给近海地方贸易之语，则海疆一带营汛汛，不特整饬军容，并宜预筹防备。即如宁波之珠山等处海岛，即附近澳门岛屿，皆当相度形势，先事图维。毋任英吉利夷人，替行占据……”

这是乾隆五十八年（1758年）9月1日通过时任军机大臣的和坤传谕两广总督的指示。很明显，乾隆帝明确表露出对于英国国力的正确认识，且为了防止英国“滋事”，要求两广总督加强海防。这是对既往乾隆帝“傲慢自大”形象的直接反驳。那么，欧美人对乾隆帝以及清朝的成见是如何形成的？

## 欧美学界的成见：乾隆皇帝傲慢自大且无平等外交观念

在欧美历史学界乃至研究国际关系的人对乾隆皇帝给乔治三

世的信都还有这样的认识：乾隆皇帝是一个傲慢自大的君王，意识不到西方文明正在崛起，所以他拒绝了来自西方的礼物也就是拒绝了西方的文明和技术；乾隆皇帝以“天朝上国”的中心地位自居，以为来访的英国使团是来中国朝贡，所以要求使节行跪拜礼。

而沈艾娣不同意上述观点。首先，在马嘎尔尼使团来华之前，清廷皇宫里就有西方制造的器物，乾隆并不拒绝，他对西方技术文明有了解。其次，乾隆帝对外面的世界也并非一无所知，马世嘉的研究成果证明了这一点。另外，如上文所引述，沈艾娣在翻阅马嘎尼尔访华档案时也发现在使团离开中国以后，乾隆即已意识到英国可能会对中国造成威胁，并作出了两个决定：一个是部署海防，另一个是要求海关不可提高税率，免得英国人以此找到进一步行动的理由。

还有，以“跪拜礼”来说这和欧洲的主权平等原则相对立也并不准确。欧洲也存在有等级的外交关系，比如罗马教皇、神圣罗马帝国皇帝，他们都认为自己的地位超过国王。所以，当时的英国向奥匈帝国派驻大使被对方拒绝，因为奥匈帝国认为英国是王国，两国并不平等。荷兰、葡萄牙为何会对中国皇帝磕头行礼，因为它们在欧洲也是一样的处境。在欧洲，直到1815年维也纳会议，才第一次确立了各国主权平等的原则。

所以，对18世纪的英国人来说，乾隆皇帝要求“跪拜礼”也并非出乎其意料。而且，在马嘎尔尼使团来华之前，英国就已经出现了这样一幅具有讽刺性质的漫画：英国大使正向中国皇帝单膝下跪行礼。这表明，英国人已经料想到会有这样的场面，只是要提醒出访大使避免给中国皇帝磕头跪拜。这样的内容在马嘎尔尼的日记中也有体现。

马嘎尔尼使团访华之后的故事是这样的：1793 年，马嘎尔尼出使中国寻求贸易合作失败。1816 年，阿美士德来访中国，寻求贸易合作再次失败。后来就发生了鸦片贸易以及战争。英国人将乾隆帝给乔治三世的这封信放在战争前面，就形成了这段历史的因果逻辑链条：因为中国的愚昧自大，给予了英国不平等的外交待遇，所以鸦片战争发生了。

## 中国学界的成见：历史背景下的激进情绪

沈艾娣说，中国第一档案馆出版的《英使马戛尔尼访华档案史料汇编》公布了军机处、宫中档、内阁、内务府的六百多个文件，其中涉及“磕头礼仪”的文件数量远不如其想象的那么多，实际上这个数字是很小的。所以，她以为，英使访华已经让乾隆感受到英国对清朝的威胁，乾隆在军事防御上作出的反应也说明他并不是盲目自大的。然而，19 世纪中国人记载的历史却是另一番模样。

19 世纪中国人留下的这段历史的记载，主要有《大清高宗纯皇帝实录》、1884 年的《东华续录》、1839 年的《粤海关志》和 1838 年的《广东海防汇览》等。在这些历史记载中，他们同样把马戛尔尼出使中国和英国对清朝造成的军事威胁紧密联系在一起。

《东华续录》出版后，还被翻译成英文。不久，英国人据此写了一本《清室外记》，收录了乾隆写给乔治三世的信的全部内容。在西方这本书极为热销，但事实上，它的内容充满八卦，有如肥皂剧。1916 年，上海的中国书局也出版了这本书的中文译本，也很畅销。

那么，为什么国人也会产生乾隆帝骄傲自大、清朝以“天朝上国”自居的历史印象呢？沈艾娣以为，这与民国时期中国学者对史料的选择性编辑有关。陈垣、许宝衡等人曾主持故宫博物院文献部出版《掌故丛编》，其内容就是朝廷的一些档案资料，其中涉及马嘎尔尼使团访华的档案。然而，马嘎尼尔访华留下的六百多件档案，《掌故丛编》仅从中选择了 47 件，而涉及“磕头跪拜”的 8 件档案中，《掌故丛编》收录了 3 件，但是该书对于马嘎尔尼使团离开之后乾隆皇帝对海防、海关的部署行为却并未涉及。沈艾娣以为这样的史料选择或许与历史学家的身份及所处环境相关——这些史学家都是北洋政府的人，也曾参加过辛亥革命；另外，与史学家个人的关注点也有关系。将其置于近代中国经历的社会变革中来说，清朝是批判的对象，是要被改革的对象。或许，这是《掌故丛编》在史料选择上的一个重要的社会背景。然而，看到《掌故丛编》的人并不知道史料选择上有什么故事，大家的成见也就在历史学家的编辑和写作中产生了。

## 回到历史现场：向真实的历史迈进

《中国对西方的反应：文献通考》（China's Response to the West：A Documentary Survey）是费正清和邓嗣禹合作撰写的一本书。多年来，这本书是牛津大学历史系教授中国近代史的教材。书中就选取了《掌故丛编》中的资料，包括乾隆皇帝给乔治三世的这封信。所以，这封信的内容在欧美实在是很流行。但需要注意的是，历史学家往往无法摆脱自己的时代语境与史学立场。费正清这套流行的教材背后，体现的是他的两个核心关切：一是“现代史观”，批评乾隆有这种“天朝中心”的思想，所以中国不能实现现代化。二是“冷战史观”，当时费正清在美国面对的主要问题是美国政府该如何对待新生的中国共产党政权，他们在这套书中包含了对20世纪50年代的美国外交的批评——美国人不能像清朝人一样去这样处理外交关系。

沈艾娣教授的这场讲座无疑是令人耳目一新且启人深思的。自近代以来，我们往往将中国的天下观描述为“华夷观”，这种华夷观之下往往形成朝贡体制。这种历史认识甚至被社会科学领域的学者加以提炼和升华为“古代东亚地区的国际秩序”，是一种“天下体制”。无疑，这种社科式的认识和总结还会进一步加剧人们对古代中国“世界观”的僵化印象，认为古代中国的政策制定者总是抱有一种刻板、傲慢的心态来设计中国的对外政策，而中国人这种自命不凡的“天朝上国”的心态和不平等的外交政策最终将中国拖入了鸦片战争，并致使中国不得不遭受近代以来的屈辱经历。这种模糊、错误的认识最终被历史学的最新研究攻破，国人也不必将所有罪过都归之于清人乃至古人所拥有的“天朝上国”心态。沈艾娣教授的讲演，无疑丰富了我们的历史认识，对于我们今天如何反思当今中国的外交政策定位，以及面对所谓“中国崛起”国人应该抱持着怎样的心态，都有着重要的参考借鉴意义。

**图书在版编目（CIP）数据**

未名湖畔大师谈．上·演讲／陈永利主编．—北京：中国人民大学出版社，2017.7

ISBN 978-7-300-24059-6

Ⅰ.①未…　Ⅱ.①北…　Ⅲ.①人文科学-文集②社会科学-文集
Ⅳ.①C53

中国版本图书馆 CIP 数据核字（2017）第 022772 号

**未名湖畔大师谈（上·演讲）**

主编　陈永利

Weiminghupan Dashitan

| | | | |
|---|---|---|---|
| **出版发行** | 中国人民大学出版社 | | |
| **社　　址** | 北京中关村大街 31 号 | **邮政编码** | 100080 |
| **电　　话** | 010－62511242（总编室） | | 010－62511770（质管部） |
| | 010－82501766（邮购部） | | 010－62514148（门市部） |
| | 010－62515195（发行公司） | | 010－62515275（盗版举报） |
| **网　　址** | http://www.crup.com.cn | | |
| **经　　销** | 新华书店 | | |
| **印　　刷** | 天津中印联印务有限公司 | | |
| **规　　格** | 150mm×230mm　16 开本 | **版　　次** | 2017 年 7 月第 1 版 |
| **印　　张** | 24.25 插页 2 | **印　　次** | 2023 年 3 月第 2 次印刷 |
| **字　　数** | 277 000 | **定　　价** | 59.00 元 |